高等学校经济与工商管理系列教材

管理会计学

（第 2 版修订本）

主编 隋 静 高 樱

清华大学出版社

北京交通大学出版社

·北京·

内 容 简 介

　　本书共 13 章：第 1 章对管理会计进行概述，包括管理会计的概念、发展、与财务会计和财务管理的关系和管理会计师职业道德等内容；第 2 章至第 4 章介绍了管理会计的基本方法，包括成本性态分析、变动成本法和本量利分析的内容；第 5 章至第 12 章介绍了管理会计的基本职能及新方法，包括预测分析、短期经营决策、长期投资决策、全面预算、成本与存货控制、作业成本计算与管理、平衡计分卡和责任会计的内容；第 13 章阐述了管理会计的发展趋势——战略管理会计。

　　本书可作为高等院校财经管理专业的教材，也可作为会计人员从业人员的参考书。

图书在版编目（CIP）数据

　　管理会计学/隋静，高樱主编 . —2 版 . —北京：北京交通大学出版社：清华大学出版社，2018. 3（2021. 7 修订）

　　（高等学校经济与工商管理系列教材）

　　ISBN 978-7-5121-3492-8

　　Ⅰ . ①管…　Ⅱ . ①隋…　②高…　Ⅲ . ①管理会计-高等学校-教材　Ⅳ . ①F234.3

　　中国版本图书馆 CIP 数据核字（2018）第 021594 号

管理会计学

GUANLI KUAIJI XUE

责任编辑：	黎　丹
出版发行：	清 华 大 学 出 版 社　邮编：100084　电话：010 - 62776969　http：//www. tup. com. cn
	北京交通大学出版社　邮编：100044　电话：010 - 51686414　http：//www. bjtup. com. cn
印 刷 者：	北京时代华都印刷有限公司
经　　销：	全国新华书店
开　　本：	185 mm×260 mm　　印张：18　　字数：449 千字
版　　次：	2018 年 3 月第 2 版　　2021 年 7 月第 1 次修订　　2021 年 7 月第 2 次印刷
书　　号：	ISBN 978-7-5121-3492-8/F·1760
印　　数：	3 001～4 000 册　　定价：49.00 元

本书如有质量问题，请向北京交通大学出版社质监组反映。对您的意见和批评，我们表示欢迎和感谢。

投诉电话：010-51686043，51686008；传真：010-62225406；E-mail：press@bjtu. edu. cn。

前　言

管理会计是从传统会计中分离出来与财务会计并列的、着重为企业改善经营管理、提高经济效益服务的一个会计分支，是多种学科相互渗透、相互结合的综合性边缘学科。管理会计自 20 世纪 20 年代产生至今，已经成为企业现代化管理的重要方法。我国管理会计的应用基本上始于 20 世纪 80 年代中期，与我国改革开放、市场经济建设逐步深入和发展密切相关。如果说打造中国经济"升级版"的关键在于推动经济转型，那么打造中国会计工作"升级版"的重点就在于大力培育和发展管理会计——在 2014 年 2 月 20 日召开的中国总会计师协会第五次全国会员代表大会上，财政部部长楼继伟在其发表的书面讲话中进行了这样的类比。这足以说明培育管理会计人才的重要性。2016 年 6 月财政部制定了《管理会计基本指引》。

管理会计作为企业实现科学管理、提高经营管理效益的重要信息系统和管理工具，不仅是会计学专业的必修课，也是工商管理各专业的必修课之一。本书主要针对应用型本科会计人才培养目标编写，全面、系统地阐述了管理会计的基本内容及专门方法，对管理会计理论与实务作了较为深入的研究和探讨，广泛借鉴了国内外管理会计理论研究的最新成果。本书具有以下主要特点。

1. 通俗性。教材内容逻辑严密，概念准确，条理有序；语言表述简明、通俗易懂，读者容易理解掌握。

2. 新颖性。本书既涵盖了传统管理会计的基本内容，又大量吸收了近年来国内外管理会计理论研究的最新成果，可以说是传统管理会计和战略管理会计的较好结合。

3. 实用性。本书注重培养学生参与管理会计工作所需的基本技能和基本观念，以培育学生的实践能力。本书每章后附有习题，便于学生实际操作，突出学生动手能力的培养。

4. 理论与实践相结合。本书既有理论的概括和解释，又运用基本原理去解决实际问题，以提高学生分析、解决问题的能力。

本书由隋静教授和高樱副教授主编，并负责全书大纲、初稿的拟定、撰写及定稿。全书的编写分工是：第 1、12 章由隋静执笔；第 2、3、4 章由徐琪霞执笔；第 5、6 章由裴雪执笔；第 7 章由卢霞执笔；第 8 章和第 9 章的存货控制部分由李娜执笔；第 9 章的成本控制部分和第 10、11、13 章由高樱执笔。

本书配有教学课件和相关的教学资源，有需要的读者可以从网站 http：//www. bjtup. com. cn 下载，或者与 cbsld@jg. bjtu. edu. cn 联系。

本书在编写过程中参阅了大量国内外专家的相关论著，在此致以诚挚的谢意。限于编者的学识水平，本书难免存在不足甚至谬误之处，诚望广大读者批评指正。

编　者
2018 年 2 月

目 录

第1章

管理会计概述

学习目标与要求

通过本章学习，应理解管理会计的概念、形成与发展，掌握管理会计的基本内容、目标和职能，管理会计与财务会计的关系，了解管理会计师。

1.1 管理会计的概念

什么是管理会计？国内外会计学界众说纷纭。有的认为管理会计是为企业内部管理提供决策信息的内部会计；有的则认为管理会计就是预测、决策会计。

1.1.1 国外学者对管理会计的解释

1952 年，会计师国际代表大会正式提出"管理会计"的术语，但未对其进行明确的定义。美国会计学会管理会计委员会在 1958 年和 1966 年两次提出："管理会计是指在处理本企业历史的和计划的经济资料时，运用被认为适当的技巧和概念，协助经营管理人员拟订能达到合理经营目的的计划，并做出能达到上述目的的智能的决策。"这个定义将管理会计的活动领域局限于企业。

世界著名管理会计大师、哈佛大学卡普兰教授在 1982 年出版的专著《高级管理会计》中指出："管理会计是一个对信息进行搜集、分类、汇总、分析和报告的系统，它有助于管理者进行决策和控制。"

1982 年，英国成本和管理会计师协会提出了一个观点，把审计以外的会计各个组成部分都说成属于管理会计的范围。其定义是："向管理当局提供所需的信息的那部分会计工作，使当局得以确定方针政策；对企业的各项活动进行计划和控制，保护财产的安全；向企业外部人员反映财务状况；向企业职工反映财务状况；对各个行动的备选方案做出决策。为此，需要确定为达到各个目标而制订的计划（编制长期计划）；确定短期经营计划（编制预算/编制盈利计划）；对实际业务进行记录（财务会计和成本会计）；采取行动纠正偏差，将未来的实际业务纳入控制轨道（财务控制）；获取并控制各种资金（司库）。"

1986 年，美国全美会计师协会管理会计实务委员会对管理会计的基本定义是：管理会计是向管理当局提供用于企业内部计划，评价、控制及确保企业资源合理使用和经营责任履行所需的财务信息，确认、计量、归集、分析、编报、解释和传递的过程。管理会计还包括编制供诸如股东、债权人、规章制定机构及税务当局等非管理集团使用的财务报表。

1997 年，美国管理会计师协会（IMA）对管理会计的定义是："管理会计是提供价值增值，为企业规划设计、计量和管理财务和非财务信息系统的持续改进过程，通过此过程指导管理行为、激励行为，支持和创造达到组织战略、战术和经营目标所必需的文化价值。"该定义有如下几个方面的创新。①对现代管理会计的目标有了更深刻的认识。该定义将管理会计目标由企业利润的最大化或者说帮助企业创造利润，界定为提供既考虑短期利润增加又考虑持续利润增长的价值增值。②提出了"持续改进"这一管理会计定义上的重大创新。一个企业或组织只有持续改进才能不断创新，不断创新才能降低成本、提高质量、增强企业自身的核心竞争力。③该定义提到了"激励行为"，这实际上是美国管理会计师协会认识到行为科学将对现代管理会计产生重大影响。④该定义指出管理会计要为企业或组织的战略服务，进而把现代管理会计提升到战略管理层面。⑤该定义把现代管理会计上升到现代管理文化层面，促使人们从哲学和文化的高度认识现代管理会计，为我们提供了更加广阔的思路。

2009 年，为了反映管理会计与日俱增的战略角色，IMA 公布了最新的管理会计综述——《管理会计定义》。其定义是："管理会计是一个包括支持管理决策制定、计划及绩效管理系统制定，并且在财务报告和控制中提供专业见解，在战略制定完善过程中辅助管理的职业。"IMA 认为，对于管理会计的重新定义可以有许多作用，可以是教学的基础、评估实务人士的方法、定义这一职业在目前和将来社会中的地位等。

1.1.2　国内学者对管理会计的解释

在我国，对管理会计的定义也存在不同的观点。

汪家佑教授认为：管理会计是西方企业为了加强内部经营管理、实现最大利润的目的，灵活运用多种多样的方式方法，收集、加工和阐明管理当局合理地计划和有效地控制经济过程所需的信息，围绕成本、利润、资本三个中心，分析过去，控制现在，规划未来的一个会计分支。

李天明教授认为：管理会计主要是通过一系列专门方法利用财务会计提供的资料及其他有关资料进行整理、计算、对比和分析，使企业各级管理人员能够对日常发生的一切经济活动进行规划与控制，并帮助企业领导做出各种决策的一整套信息处理系统。

温坤教授认为：管理会计是企业会计的一个分支，它运用一系列专门方法，收集、分类、汇总、分析和报告各种经济信息，借以进行预测和决策，制订计划，对经营业务进行控制，并对业绩进行评价，以保证企业改善经营管理，提高经济效益。

我国《管理知识手册》（1983 年 9 月出版）中指出："管理会计作为现代管理的方法之一，从传统的会计中分离出来，成为与财务会计并列的一门独立学科。""现代管理会计就是把会计同现代管理技术结合起来，以会计提供的经济信息为基础，对经营管理各方面情况的变化和未来趋势进行预测，为领导者进行正确决策提供最优化抉择，以便确定经营目标，引导和监督经济活动，达到增收节支、提高经济效益的目的。"

1.1.3 管理会计的概念

本书采用孙茂竹等学者的观点，认为管理会计是以提高经济效益为最终目的的会计信息处理系统。它运用一系列专门的方式方法，通过确认、计量、归集、分析、编制与解释、传递等一系列工作，为管理和决策提供信息，并参与企业经营管理。

正确研究和理解管理会计应注意以下四点。

① 从属性看，管理会计属于管理学中会计学科的边缘学科，是以提高经济效益为最终目的的会计信息处理系统。

② 从范围看，管理会计既为企业管理当局的管理目标服务，同时也为股东、债权人、规章制度制定机构及税务当局甚至国家行政机关等非管理集团服务。也就是说，其研究范围并不限于企业，从目前来看，有扩大研究范围的倾向。

③ 从内容看，管理会计既要研究传统管理会计所要研究的问题，也要研究管理会计的新领域、新方法，并且应把成本管理纳入管理会计研究的领域。

④ 从目的看，管理会计要运用一系列专门的方式方法，通过确认、计量、归集、分析、编制与解释、传递等一系列工作，为管理和决策提供信息，并参与企业经营管理。

管理会计既是会计的分支，也是管理的分支，尽管管理会计是会计学科发展的必然结果，但在其形成和发展过程中，一系列的管理理论对管理会计产生了极其重要的影响，并奠定了坚实的理论基础。

1.2 管理会计的发展

1.2.1 传统的管理会计阶段

1. 管理会计产生的时代背景

19 世纪的英国工业革命，企业生产规模迅速扩大，合伙经营、股份公司等企业组织形式相继出现，企业的所有者逐渐将企业经营权委托给专门的管理阶层。为适应所有权与经营权的分离，满足各有关方面（如股东、债权人、经营者等）对公司财务状况和经营成果的关心，需要编制会计报表，于是形成了从填制和审核凭证、登记账簿到编制会计报表的近代会计。由于近代会计与当时以经验和直觉为核心的传统管理方式相适应，对社会经济的发展起到了积极的促进作用。

20 世纪初，随着社会化大生产程度的提高，生产规模日益扩大，竞争开始激烈起来。许多企业经营粗放、资源浪费、企业基层生产效率低下等弊端同大机器工业的矛盾越来越尖锐。这样所有者和经营者都意识到，企业的生存和发展并不仅仅取决于产量的增长，而是取决于成本的高低。也就是说，企业利润的多少在收入已定的情况下，取决于成本的高低。因此，为了在激烈的市场竞争中战胜对手，必须要求企业以科学管理方式取代旧的、落后的传统管理，即加强内部管理，提高生产效率以降低成本、费用，获取最大限度的利润。

在这种情况下，为适应社会经济发展的客观要求，产生了泰勒（F. W. Taylor）的科学管理理论。该理论旨在解决如何提高生产和工作效率，并认为：对于完成每一项工作来说，总存在一个"最佳途径"，管理的职责在于为工作业绩提供明确的指导，选择最适合于某项工作的方式来完成这项工作，并用最有效的方法对工人进行培训。同时，工人被假设只受经济奖励的激励。

企业实行"泰勒制"对会计的影响主要表现在 3 个方面：第一，实行标准化管理，要求事先根据科学的方法制定工资定额、材料消耗标准等，即是会计早期采用的标准成本；第二，实行差别计件工资，通过对各车间、工段、班组及个人的工作成果的会计记录，做出对比评价，即是会计进行的差异分析；第三，重视企业内部的计划管理，要求事前预算、事中控制、事后核算结合起来，即是会计的预算控制制度。这一切对片面强调反映职能的传统会计提出了严峻挑战和巨大冲击。1911 年泰勒发表了《科学管理原理》，"泰勒制"得到广泛应用。伴随着企业科学管理方式的变革，会计开始了由近代会计向现代会计转变的进程，原始的管理会计也初见端倪。1922 年美国会计学者麦金西、奎因斯坦分别出版了《预算控制》和《管理会计——财务管理入门》，1924 年麦金西又出版了《管理会计》，主张会计工作的重心应该从对外提供信息转移到对内强化经营管理方面；布利斯同期也出版了名为《通过会计进行管理》的著作。这些都标志着管理会计的雏形已经形成，这些书在西方会计发展史上被誉为早期管理会计学的代表作。管理会计的产生，标志着近代会计开始转变成为现代会计。

2. 管理会计的形成

科学管理理论的出现促使现代会计分化为财务会计和管理会计，现代会计的管理职能得以表现出来。正因如此，科学管理具备了定量化、规范化、制度化的特征。与此相适应，新的会计观念与技术方法相继出现，其主要内容包括以下几个方面。

① 标准成本。是指按照科学的方法制定在一定客观条件下能够实现的人工、材料消耗标准，并以此为基础，形成产品标准成本中的标准人工成本、标准材料成本、标准制造费用等。标准成本的制定，使成本计算由事后的计算和利用转为事前的计算和利用，是现代会计管理职能的一大体现。

② 预算控制。是指按照人工、材料消耗标准及费用分配率标准，将标准人工成本、标准材料成本、标准制造费用以预算形式表现出来，并据以控制料、工、费的发生，使之符合预算的要求。

③ 差异分析。即在一定期间终了时，对料、工、费脱离标准的差异进行计算和分析，查明差异形成的原因和责任，借以评价和考核各有关方面的工作业绩，促使其改进工作。

总之，标准成本计算制度和预算控制的着眼点是规划与控制企业内部的经济活动。尽管预算和控制、标准成本和差异分析等传统管理会计的内容在实践中其行为还停留在个别或分散方面，但是由于它们的出现使会计工作将单纯的事后计算、分析与事前的预算、控制结合起来，使传统的事后算账会计向事前算账会计发展，这样传统的管理会计集中体现在"以成本控制"为基本特征的管理会计阶段。

1.2.2 现代管理会计阶段

1. 现代管理会计迅速发展的时代背景

早期的管理会计产生后，从 20 世纪 50 年代起，管理会计首先在西方得到迅速发展。世界经济进入战后发展的新时期以来，由于科学技术的日新月异，社会生产力得到了迅速的发展，企业的生产规模进一步扩大，跨国公司大量涌现。与此同时，市场竞争愈演愈烈，企业获利能力普遍下降。企业如何适应这些环境成为一个非常迫切的问题。这个时期的特点主要表现在以下几个方面。

① 现代科学技术的迅猛发展，新技术、新工艺、新装备广泛用于生产实践中，企业广泛推行职能管理，利用行为科学研究的最新成果来改善人际关系，调动职工的主观能动性，以激励职工提高产品质量、降低产品成本、扩大企业盈利。

② 资本进一步集中和世界市场的拓展，使产品生产从重视单一品种的大批量生产转到按顾客要求进行多品种的小批量生产，以提高市场竞争力。

③ 由于市场竞争日趋激烈，企业经营更加复杂化，迫使企业不得不重视对市场的调查研究，借助最新研究成果，加强生产经营的预测和决策工作。与此同时，进一步强化了生产经营的日常控制和考评工作。

由此可见，企业简单地依靠提高生产和工作效率及内部标准化管理已显得力不从心。将企业管理的重心转移到提高经济效益上来已经水到渠成。这个时期管理科学已由科学管理阶段转变为现代管理科学阶段，出现了以管理科学为依据的预测决策会计和体现行为科学思想的责任会计，同时发展和完善了规划控制会计，促进了管理会计同传统会计的分离，这时的管理会计已成为现代管理会计。

2. 现代管理会计的形成与发展

（1）现代管理会计的理论基础

为适应企业管理重心由提高生产和工作效率转到提高经济效益的需要，西方管理理论有了迅速的发展，如行为科学、系统理论、决策理论、组织理论等对管理会计产生了一定的影响，极大地推动了管理会计的发展。这个阶段，管理会计适应现代经济管理的要求，不仅完善、发展了规划控制会计的理论与实践，而且还逐步充实了以"管理科学学派"为依据的预测决策会计和以"行为科学"为指导思想的责任会计等内容。以科学管理为代表的"泰勒制"被现代管理科学所取代，出现了以管理科学为依据的预测决策会计和体现行为科学思想的责任会计；同时，发展和完善了以"标准成本制度""预算、控制"等为内容的规划控制会计，促进了管理会计同传统会计的相互分离，使传统会计的事后反映和监督职能发展为现代会计所具有的对未来进行科学预测和决策职能，以及对生产经营活动的事前规划和控制职能。现代会计也因此而成为财务会计子系统与管理会计子系统的集合体，从而有力地推动了会计科学的发展。

（2）现代管理会计的发展

社会经济的发展和经济理论的丰富，使得管理会计的理论体系逐渐完善，内容更加丰富，逐步形成了预测、决策、预算、控制、考核、评价的管理会计体系。企业不仅要注重内部管理的合理化、科学化，而且还要重视企业与外部经济环境相互关系的研究，为企业正确地进行经营决策提供客观依据，使企业具有强大的竞争能力、灵活的反应能力和较高的适应能力。

管理会计在强化控制职能的同时，开始行使预测、决策职能。管理的关键在于决策，决策的关键在于预测。随着各种预测、决策的理论和方法广泛引入会计工作，逐步形成了以预测、决策为主要特征并与管理现代化要求相适应的行之有效的会计信息管理系统。

（3）现代管理会计的内容

现代管理会计的主要内容包括以下几方面。

① 预测。预测是指运用科学的方法，根据历史资料和现实情况，预计和推测经济活动未来趋势和变化程度的过程，包括销售预测、成本预测、利润预测、资金需要量预测等内容。

② 决策。决策是指按照既定的目标，通过预测、分析、比较和判断，从两个或两个以上的备选方案中选择最优方案的过程，包括经营决策（如产品品种决策、产品组合决策、生产组织决策、定价决策）、投资决策等内容。

③ 预算。预算是指用货币度量和非货币度量反映企业一定期间收入、成本、利润、对资产的要求及资金的需要，反映经营目标和结果的计划，包括业务预算、专门决策预算和财务预算等内容。

④ 控制。控制是指按预算要求，控制经济活动使之符合预算的过程，包括标准成本法和责任会计等内容。

⑤ 考核和评价。考核和评价是指通过实际与预算的比较，确定差异，分析差异形成的原因，并据以对责任者的业绩进行评价和对生产经营进行调整的过程，这一过程往往在标准成本法和责任会计的实施中表现出来。

在现代管理阶段，不仅管理会计的实务内容及其特征发生了较大的变化，其应用范围日益扩大，作用越来越明显，并受到重视。1952 年，在伦敦召开的世界会计学年会上正式通过了"管理会计"这个名词。1972 年，管理会计与财务会计成为两大会计分支，美国的全国会计人员联合会建立了单独的管理会计协会。同年，该管理会计协会举行了第一次公证管理会计师考试。从此，在西方国家，不仅有公证注册会计师，还出现了注册管理会计师。1980 年 4 月 24—26 日，各国会计人员联合会在巴黎举行第一次会议，讨论如何应用和推广管理会计问题。可见，西方国家管理会计的职业化与专业化都表明现代管理会计进入了成熟期，狭义管理会计的内容体系已经建立起来了，其特征是以预测、决策为主，以规划控制会计和责任会计为核心。

1.2.3 战略管理会计阶段

1. 战略管理会计发展的时代背景

进入 20 世纪 80 年代以后，全球所面临的经济环境的改变，主要表现在以顾客为导向、管理职能的交叉、全球化的竞争、全面质量管理、信息技术的进步等方面。由于市场竞争的日趋激烈，要求企业进行"顾客化生产"。即以顾客为中心，以顾客的满意程度为判断依据，在对顾客需要进行动态掌握的基础上，在较短的时间内完成从产品设计、制造到投放市场的全过程。再有，信息技术被广泛应用于各个领域，使传统的生产方式、管理理念和管理技术发生了巨大变化。企业的计划必须以外部环境的变化为基础，同时更关注市场和竞争对手。科学技术的发展为"顾客化生产"提供了可能。数控机床、计算机辅助设计、计算机辅助制造、计算机管理系统等的广泛应用，使得产品的订货、设计、制造、销售等各环节综合成一个整体，设计人员可以据此取得新产品的功能、形状、成本构成等的最佳结合，从而实现新产品的技术先进性和经济可行性的统一。这不仅为企业进行灵活多样的"顾客化生产"提供了技术上的可能，而且提高了劳动生产率和产品的市场竞争力。与此相适应，战略管理的理论有了长足的发展。

战略管理是管理者确立企业长期目标，在综合分析全部内外相关因素的基础上，制定达到目标的战略，并执行和控制整个战略的实施过程。战略管理过程一般分为 3 个阶段：战略的制定、战略的实施、战略的评估和控制。战略制定的关键是在不断审视企业内外环境变化的前提下，寻找一个能够运用优势、抓住机会、弱化劣势及避免或缓和威胁的战略；战略实施的关键在于将企业战略具体化，使之在时间安排和资源分配上有所保障；战略评估和控制的关键在于及时、准确地将有关信息反馈到企业战略管理的各个环节上，以便企业各级领导采取必要的纠正行动。重视环境对企业经营的影响是企业战略管理的基本点。

2. 战略管理会计的产生

随着战略管理理论的发展和完善，适时制（JIT）采购与制造系统及与其密切相关的零库存、单元制造、全面质量管理等崭新的管理观念与技术应运而生，极大地提高了劳动生产率，降低了大量的劳动力成本及材料能源成本，为管理会计的变革和应用创造了良好的环境。著名管理学家西蒙于 1981 年首次提出了"战略管理会计"一词。他认为战略管理会计应该侧重于本企业与竞争对手的对比，收集竞争对手关于市场份额、定价、成本、产量等方面的信息。战略管理会计研究的主要内容应包括：市场份额的评估；战略预算的编制（把本企业的和竞争对手的信息按多栏式预算格式加以对比反映）；竞争地位的变化研究（以企业现有状态为起点，改变资本结构或定价策略将会给企业竞争地位造成的影响）等。

战略管理会计的理论与方法具体体现在以下方面。

① 为适应适时生产系统的需要，建立"及时适量生产和存货控制制度"，树立"零存货"的管理理念，依靠最先进的计算机技术，合理规划并大大简化生产和销售过程，减少库存，完全消除"停工待料"或"有料待工"的现象，借以提高产品质量和劳动生产率，降低库存水平和储存成本。随着适时制生产系统的建立，作业成本得以广泛应用于低成本战略的企业中，从而成为战略管理会计的一项重要内容。

② 为了强化全面质量管理，应该改变原有的"可接受的质量水平"管理思想，树立"零瑕疵、高质量"的管理理念和方法，以产品的高质量来赢得竞争激烈的市场。1987 年，西蒙以调查问卷的形式，访问了防卫者和开拓者。他发现在持防卫者战略的

企业中，战略管理会计并不十分注重对预算的编制和控制，而是侧重于研究影响战略的不确定因素，如产品或技术的变化对企业现行低成本的影响；在持开拓者战略的企业中，战略管理会计极为重视预测数据、设立严格的预算目标，以及控制产品的产量，而对成本的控制比较疏松。

③ 改变传统的成本计算方法（主要是传统的间接费用分摊方法），推行与作业管理相适应的作业成本计算法（ABC 法），以适应当前的技术密集型企业对成本信息的需要，并在企业成本预测、决策和绩效评价方面发挥重要的作用。

④ 对组织规模越来越大的企业，进行有效的资源分配、设计合理的责任体制和进行有效的业绩考核，以保证企业整体目标的顺利实现。例如，平衡计分卡的出现使得传统的只使用财务资本和实物资本为基础的评价体系发生了变化。理想的评价体系不仅包括传统的财务指标，还应该包括企业无形资产和智力资产的综合价值，如高质量的产品和服务、雇员的技术和积极性、可以预测的企业内部流程及客户的满意和忠诚度。

⑤ 为了适应企业从战略的高度面向全球，以取得竞争优势为主要目标，运用各种方法收集、加工、整理与企业战略管理相关的各种信息，帮助战略管理者进行战略决策，"战略管理会计"应运而生。

从以上的分析不难看出，战略管理会计是与企业战略管理密切联系的，它运用灵活多样的方法收集、加工、整理与战略管理相关的各种信息，并据此来协助企业管理层确立战略目标、进行战略规划和评价管理业绩。

综上所述，关于管理会计的发展问题，通过其理论与实务的现状分析可以发现，管理会计是一门新兴的综合性的交叉学科，它的产生与发展既是社会经济发展和科学技术进步的要求，也是管理科学化、现代化的产物。随着社会生产力和科学技术的不断进步，管理会计的基本理论与方法将日趋成熟和完善，其在现代企业管理中的地位和作用也将进一步加强。

1.3 管理会计的内容、目标与职能

1. 管理会计的基本内容

管理会计的内容是指与其职能相适应的工作内容，包括预测分析、决策分析、全面预算、成本控制和责任会计等方面。其中前两项内容合称为预测决策会计，全面预算和成本控制合称为规划控制会计。预测决策会计、规划控制会计和责任会计三者既相对独立，又相辅相成，共同构成了现代管理会计的基本内容。

预测决策会计是指管理会计系统中侧重于发挥预测经济前景和实施经营决策职能的最具有能动作用的子系统。它处于现代管理会计的核心地位，又是现代管理会计形成的关键标志之一。

规划控制会计是指在决策目标和经营方针已经明确的前提下，为执行既定的决策方案而进行有关规划和控制，以确保预期奋斗目标顺利实现的管理会计子系统。

责任会计是指在组织企业经营时，按照分权管理的思想划分各内部管理层次的相应

职责、权限及所承担义务的范围和内容，通过考核、评价各有关方面履行责任的情况，反映其真实业绩，从而调动企业全体职工积极性的管理会计子系统。

2. 管理会计的目标

美国会计学会（AAA）的下属单位"管理会计学科委员会"曾对此做过研究，认为确定管理会计的目标是建立管理会计理论结构的一项基础工作。美国经济学家艾哈默德·贝尔考依教授在其《管理会计概念基础》专著中指出管理会计的基本目标是帮助管理当局对资源的最优化使用做出决策。本书认为管理会计的目标为："协助管理当局做出有关改进经营管理、提高经济效益与社会效益的决策。"至于它的具体目标，应与其主要职能联系起来，具体表现在以下 4 个方面。

① 确定各项经济目标。包括对目标利润、目标销售量（或销售额）、目标成本、目标资金需要量的预测与确定；协助管理当局对计划期间一次性的重大经济问题做出专门决策（包括短期经营决策与长期投资决策），以及在上述基础上编制资源最佳配置与流动的全面预算与责任预算。

② 合理使用经济资源。包括在责权利相结合的基础上制定适合本企业具体情况的责任会计制度，并利用行为科学的原理与策略，充分调动职工的主观能动性，促使他们自觉自愿地以最少的人力、物力、财务消耗和最少的资金占用来完成计划所规定的各项目标。

③ 调节控制经济活动。包括事前制定成本控制制度和开展价值工程活动进行预防性和前馈性的控制与调节，以及日常根据各责任单位定期编制的业绩报告所反映的实际数与预算数的差异进行反馈性的控制与调节，借以保证各项经济目标的实现。

④ 评价考核经济业绩。包括利用标准成本制度结合变动成本计算法，对日常发生的经济活动进行追踪、收集和计算；定期根据各责任单位编送的业绩报告评价和考核它们的实绩与成果；确定它们履行经管责任的情况和应受的奖罚；总结经验、揭露矛盾，挖掘增产节约、增收节支的潜力，并及时提出合理化建议，促进生产力的发展。

3. 管理会计的职能

管理会计的职能是指管理会计客观上具有的功能。由于管理会计是管理学与会计学相结合的产物，为企业管理服务，所以管理会计职能也应当与企业管理的职能相匹配，其职能也是随着社会经济的发展而逐步扩大的。按照管理五职能的观点，可以将管理会计职能的主要职能概括为预测、决策、规划、控制和考核评价。

（1）预测职能

所谓预测，是指采用科学的方法预计、推测客观事物未来发展的必然性或可能性的行为。管理会计发挥"预测"的职能，就是预测经济前景，即按照企业未来的总目标和经营方针，充分考虑经济规律的作用和经济条件的约束，选择合理的量化模型，有目的地预计和推测未来企业销售、利润、成本及资金的变动趋势和水平，为企业经营决策提供第一手信息。

（2）决策职能

决策是在充分考虑各种可能的前提下，按照客观规律的要求，通过一定程序对未来实践的方向、目标、原则和方法做出决定的过程。管理会计发挥"决策"职能，就是参与经济决策，主要体现在根据企业决策目标收集、整理有关信息资料，选择科学的方法计算有关长短期决策方案的评价指标，并做出正确的财务评价，最终筛选出最优的行动方案。

（3）规划职能

规划是指企业未来经济活动的计划，它以预测、决策为基础，以数字、文字、图表等形式将管理会计目标落实下来，以协调各单位的工作、控制各单位的经济活动、考核各单位的工作业绩。管理会计规划职能就是规划经营目标，是通过编制各种计划和预算实现的。它要求管理会计提供高质量的历史信息和未来信息，采用适当的方式，量化并说明未来经济活动对企业的影响。在最终决策方案的基础上，将事先确定的有关经济目标分解落实到各有关预算中去，从而合理有效地组织、协调企业供、产、销，以及人、财、物之间的关系，并为控制和责任考核创造条件。

（4）控制职能

控制是指对企业经济活动按计划要求进行的监督和调整，以使其最终达到或超过预期目标。管理会计发挥控制职能就是控制经济过程，将经济过程的事前控制同事中控制有机地结合起来。一方面，企业应监督计划的执行过程，确保经济活动按照计划的要求进行，从而为完成目标奠定基础；另一方面，企业也应对采取的行动及计划本身的质量进行反馈，以确定计划阶段对未来期间影响经济变动各因素的估计是否充分、准确，从而调整计划或工作方式，以确保目标的实现。因此，为了实现控制职能，企业应建立完善的控制体系，确保该控制体系所提供的与经济活动有关的信息真实、完整，确保该控制体系能够适时、有效地调整计划及管理人员的行为。

（5）考核评价职能

在对未来经济活动进行计划的过程中，管理人员应提供预测、决策的备选方案及相关的信息，并准确判断历史信息和未来事项的影响程度，以便选择最优方案。在这一过程中，管理人员应对有关信息进行加工处理，去粗取精、去伪存真，以确保选用信息能够反映经济活动的未来趋势，揭示经济活动的内在比例关系。管理会计履行"考核评价"的职能，就是考核评价经营业绩。这是通过建立责任会计制度来实现的，即在各部门、各单位及每个人均明确各自责任的前提下，逐级考核责任指标的执行情况，找出成绩和不足，从而为奖惩制度的实施提供依据。

1.4 管理会计、财务会计与财务管理

管理会计从传统的会计中分离出来之后，会计中涉及日常会计核算及对外报告的那一部分内容称为财务会计，在预测、分析、控制、决策、计划、评价、考核中除了成本会计那一部分，剩下的部分就是管理会计。如今的管理会计已经成为会计学科的一大领域。

1.4.1 管理会计与财务会计

1. 管理会计与财务会计的联系

管理会计与财务会计是现代企业会计的两大系统，它们之间的联系主要表现在以下几个方面。

① 同属于现代会计。管理会计与财务会计源于同一母体，共同构成了现代企业会计系统的有机整体，两者相互依存、相互制约、相互补充。

② 管理会计与财务会计的最终目标是一致的。管理会计与财务会计所处的工作环境相同，同为经济管理的重要内容，两者提供的会计报告都是为有关方面提供决策服务，都是为了改善企业经营管理，提高经济效益。

③ 两者的信息来源一致。管理会计和财务会计的原始资料大多相同，都以企业的经营信息作为主要的信息源。但管理会计一般不涉及会计核算的专门方法和固定程序，其信息可直接从财务会计的账册中取得，也可对来自财务会计的信息进行加工、处理、改制和延伸，再结合其他有关信息进行计算、对比、分析后，以各种管理会计报表的形式向企业管理者提供。

2. 管理会计与财务会计的区别

管理会计与财务会计的区别主要表现在以下几个方面。

① 会计主体不同。管理会计主要以企业内部各层次的责任单位为主体，更突出以人为中心的行为管理，同时兼顾企业主体；而财务会计往往只以整个企业为工作主体。

② 具体工作目标不同。管理会计作为企业会计的内部管理系统，其工作侧重点主要是为企业内部管理服务；财务会计工作的侧重点在于为企业外界利益关系集团提供会计信息服务。

③ 基本职能不同。管理会计主要履行预测、决策、规划、控制和考核的职能，属于"经营型会计"；财务会计履行核算、报告企业经营成果和财务状况的职能，属于"报账型会计"。

④ 核算依据不同。管理会计只根据内部的需要进行核算，不受财务会计"公认会计原则"的限制和约束。

⑤ 方法及程序不同。管理会计适用的方法灵活多样，工作程序性较差；而财务会计核算时往往只需运用简单的算术方法，遵循固定的会计循环程序。

⑥ 信息特征不同。第一，管理会计与财务会计的时间特征不同：管理会计信息跨越过去、现在和未来三个时态；而财务会计信息则大多为过去时态。第二，管理会计与财务会计的信息载体不同：管理会计大多以没有统一格式、不固定报告日期和不对外公开的内部报告为信息载体；财务会计在对外公开提供信息时，其载体是具有固定格式和固定报告日期的财务报表。第三，管理会计与财务会计的信息属性不同：管理会计在向企业内部管理部门提供定量信息时，除了价值单位外，还经常使用非价值单位，此外还可以根据部分单位的需要，提供定性的、特定的、有选择的、不强求计算精确的，以及不具有法律效用的信息；财务会计主要向企业外部利益关系集团提供以货币为计量单位的信息，并使这些信息满足全面性、系统性、连续性、综合性、真实性、准确性、合法

性等原则和要求。

⑦ 会计规范程度不同。财务会计工作具有规范性和统一性，体系相对成熟，形成了通用的会计规范和统一的会计模式；管理会计缺乏规范性和统一性，体系尚不健全。

1.4.2 管理会计与财务管理

财务管理是企业管理的重要组成部分，通常企业管理的最终绩效都将落实并反映到具体的财务指标上来。而管理会计作为企业管理的信息系统，又与财务管理有着千丝万缕的联系。在我国的高等教育中，作为会计专业的两门主干课程，财务管理与管理会计是分别独立开设的。因此，认清二者之间的联系是值得深入思考的一个理论命题。

1. 管理会计和财务管理的联系

财政部在全国注册会计师资格考试指定参考书中提出，财务管理是"企业管理的一部分，是有关资金的获得和有效使用的管理工作"。这一定义突出财务管理是有关资金如何获取、如何有效使用的管理工作。国内的专家学者在引进西方管理会计之后，积极探讨并结合我国的国情，给管理会计做了比较明确的定义。有的认为，管理会计是一门新兴学科，它是适应企业内部管理预测、决策、控制、考核的需要而产生的，把会计与管理结合起来，为加强企业管理，提高经济效益服务。它既是实现企业管理现代化的手段，又是企业现代化管理的一项主要内容。有的则认为，管理会计是西方学者把管理和会计这两个主题巧妙地融汇在一起，以强化内部管理、提高经济效益为根本目的的一门实用性很强的新兴学科。两种定义都认为管理会计是管理和会计的精巧结合，目的都是加强企业的内部管理，提高经济效益。从以上定义的比较中不难看出，财务管理与管理会计，二者具有相同的管理属性，其基本作用都是为企业管理服务，满足企业营运发展的需要。除这一根本共性外，财务管理和管理会计还有如下共同点：从管理理论、方法体系及管理过程看，二者都是按照计划、决策、执行与控制这一顺序进行的；二者都以企业的财务会计资料为信息分析来源，在此基础上进行计划、决策与控制；二者在管理中产生的报告文本、数据资料等文字载体均不具法律效力，对外一般不承担法律责任；二者都是根据企业运作的现实情况，采取一定的措施积极规划未来，着眼于企业的未来发展。

2. 管理会计和财务管理的区别

财务管理与管理会计发展至今，二者的不同点也很明显。最根本的区别是，财务管理主要管理资金，考虑的重点是如何以较低的成本获取资金，如何更有效地运用资金。财务管理是连接企业与外部环境的重要纽带，它与金融市场的运行密切相关。可以说，成功的财务管理是在高度关注金融市场现状及其动态趋势这一前提下，考虑企业本身的实际情况，从而为自身寻求宽松的资金运作空间，并以企业价值或者股东价值最大化为目标的管理活动。管理会计则是有关企业经营管理的信息系统，考虑的对象不仅是资金如何高效地物化，还要考虑物化后的资源在经营管理中如何以最佳效率进行配置。而且，管理的对象还包括人，它通过责任会计、业绩评价与控制会计实现对人的成功管理；通过有效的激励安排，达到人、岗位、财物的高效搭配，从而达到提高经营管理效率的目的。

管理会计和财务管理的工作侧重点有着显著的区别。现代化企业的经营包括生产经营和资本经营两项内容，这两项内容均属管理的范畴。作为企业管理组成部分的管理会计与财务管理，其工作侧重点有明显区别，管理会计为内部管理者提供如何加强内部经营管理的会计信息，应侧重于生产经营，其工作范畴着眼于企业的日常经营管理活动；而财务管理为企业提供如何保持良好财务状况的手段和措施，侧重于资本经营，其工作范畴应着眼于资金活动本身的管理。

管理会计与财务管理的具体对象有区别。从表面现象来看，管理会计与财务管理的对象都是价值运动或资金运动，即能够用货币表现的经济活动，但深入分析后就会发现二者的不同。管理会计是从量的角度对其进行规范，一方面表现为对产品成本历史的反映，另一方面表现为对未来的筹划。而财务管理则是从质的角度对其进行规范，即资金实体的运动及其所体现的货币关系，它是对货币运动的直接管理行为，具体表现为货币的取得、运用、分配及规划等。基于此，将管理会计的对象界定为成本及未来动态的价值运动或资金运动，涉及的具体会计要素是成本及未来的收入、费用和利润；将财务管理的具体对象界定为过去及未来静态的价值运动或资金运动，涉及的具体会计要素为资产（不包括存货）、负债和所有者权益。之所以在资产中扣除存货，是因为存货属于日常生产经营之范畴，它与管理会计的联系更为紧密。

3. 管理会计和财务管理内容的交叉

财务管理与管理会计均以资金运动或价值运动为研究对象，其具体范畴涵盖资产、负债、所有者权益、收入、费用和利润六大会计要素，并且均以定量分析为主要研究方法。相同的内容，采用相同的方法，由此导致的交叉重复无法避免。

在学科建设中，理论工作者不断拓展各自的研究领域，使管理会计与财务管理职能不断扩大。目前管理会计理论工作者以加强企业内部管理为目的，也在不断地扩展其研究领域，把触角伸到了财务管理的某些部分，造成了其内容与财务管理的重叠。另外财务管理以加强企业资金管理为目的，其工作环节不仅包括财务的预测、决策、规划，同时还包括财务的控制、分析及考评。显然两种学科的部分职能明显一致，由此导致的内容交叉在所难免。

1.5　管理会计师

作为会计专业的学生，可能大多数都了解注册会计师，并且有相当一部分人参加过注册会计师资格考试。同样，作为会计的一个重要分支，管理会计也有自己的专业化职业队伍，即管理会计师队伍。

管理会计自身的发展和管理会计在管理中的作用，也促进了管理会计职业化发展。在一些发达国家，如美国，管理会计师也同注册会计师一样，成为专业化的职业队伍。

美国管理会计师协会是一个全球领先的国际管理会计师组织，也是全球最大的会计师协会之一。美国管理会计师协会成立于1919年，由美国成本会计师协会（NACA）衍生而来，拥有遍布全球265个分会，超过70 000名会员。在国际上，作为COSO委员会的创始成员及国际会计师联合会（IFAC）的主要成员，IMA 在管理会计、公司内部规划与控制、风险管理等领域参与到了全球的最前沿实践。此外，IMA 还在美国财务会计准则委员会（FASB）和美国证券交易委员会（SEC）等组织中起着非常重要的作用。CMA 是美国注册管理会计师（certified management accountant）的简称，是美国管理会计师协会的专业资格证书，是目前全球管理会计及财务管理领域最权威、顶级的专业资格认证，40 年来一直被公认为是国际财务领域的黄金标准，广泛地被世界 500 强企业采用并成为主要人力资源评估标准。

CMA 与理财规划师（CFA）、美国注册会计师（AICPA）一起被称为全球财经领域最牛的三大黄金认证，刚登陆中国就被财政部、国资委、商务部、总会计师协会等 16 大机构列入国家重点人才培养计划。CMA 认证客观评估了学员对管理会计和财务管理知识体系掌握的能力和技能，成为求职就业有力的敲门砖。与注册会计师（CPA）、全球著名会计师公会（ACCA）不同的是，CMA 不仅涉及财会方面的知识，而且涵盖了整个管理知识体系，特别是在帮助管理层决策分析方面，能够起到非常好的指导作用。

我国自 20 世纪 80 年代引进西方管理会计以来，在理论和实践应用上都获得了一些成功的经验。不少管理会计学家也指出，中国目前最需要的其实是管理会计而非财务会计。著名的实证会计鼻祖，罗切斯特大学的保尔教授曾明确指出，中国国内会计亟须解决的是管理问题。的确，国内对于这个问题的研究缺乏应有的重视和兴趣，存在人云亦云的现象。国外对于管理会计的研究成了国内学者研究的风向标，国内学者缺乏自己独立的见解及根植于中国特殊国情下的管理会计理论。而且管理会计在实务应用中也极为有限，我国大多数企业会计还处在事后核算的传统阶段，只注重反映企业过去的交易事项，对于未来交易事项的反映还显得很苍白，没有进入实质性的管理阶段，不能够为管理者的决策提供强有力的数据支持。

我国的理论界长期以来将精力花在了管理会计的基本目标、基本假设及管理会计对象等问题的研究上，对于管理会计实务的研究不太深入或者说只是局限在对国外研究的翻译上，基于中国国情的东西太少。而纵观国外对于管理会计的研究，一开始就立足于解决实际问题，在实践中不断丰富和发展管理会计理论。一个理论的正确与否只有将之放入社会这个大环境中接受实践的检验方能知晓。因此，在借鉴国外发达国家先进的管理会计经验，实行"拿来主义"的基础上再结合我国的实际情况，发展中国特色的管理会计实务，提高我国会计师在解决企业实际问题、提高企业核心竞争能力等方面的能力已变得迫在眉睫，这同时也是社会发展、会计事业成熟的强烈要求。

财政部会计司曾指出，要认真贯彻落实《会计行业中长期人才发展规划（2010—2020 年）》提出的"要严格境外会计资格市场准入，加大会计市场监管力度"的要求。在这样一个发展形势下，中国注册管理会计师应运而生。中国注册管理会计师是根据我国《国家中长期人才发展规划纲要（2010—2020 年）》的总体要求，根据《会计行业中长期人才发展规划（2010—2020 年）》的具体指导，配合财政部、证监会、银监会、审计署、保监会关于印发《企业内部控制基本规范》的精神要求，在中国企业联合会、人力资源和社会保障部等相关部门的指导与支持下，开展的本土化、具有中国特色的注册管理会计师。

近期，财政部会计资格评价中心与上海国家会计学院课题项目组联合开展了针对企业会计人员的问卷调查活动，主要目的是了解高、中、初级会计资格应考核的内容及其重要程度等信息，掌握会计及相关学科知识在实际工作中的应用情况等第一手资料。调查显示：管理会计已超过财务会计，成为企业高级会计人才最需要的专业知识。据统计，中国的管理会计人才缺口达 560 万，企业经营管理面临着向科学化、精细化管理转型的巨大挑战，在我国推行管理会计的职业化，培养职业的管理会计师已势在必行。

思 考 题

1. 管理会计的核心内容是什么？
2. 管理会计的职能有哪些？
3. 请说明管理会计形成与发展的根本原因。
4. 管理会计与财务会计有哪些主要区别和联系？
5. 如何理解管理会计与财务管理之间的关系？

习 题

一、单项选择题

1. 现代企业会计的两大分支：财务会计和（　　）。
   A. 成本会计　　　　　　　　　　　B. 预算会计
   C. 财务管理　　　　　　　　　　　D. 管理会计
2. 现代管理会计的基本内容包括预测决策会计、规划控制会计和（　　）。
   A. 内部会计　　　　　　　　　　　B. 管理会计
   C. 外部会计　　　　　　　　　　　D. 责任会计
3. 在某种意义上被称为"内部会计"的是（　　）。
   A. 财务会计　　　　　　　　　　　B. 成本会计
   C. 管理会计　　　　　　　　　　　D. 责任会计

二、多项选择题

1. 无论是广义的管理会计，还是狭义的管理会计都有（　　）等会计管理职能。
   A. 预测　　　　　　　　　　　　　B. 决策
   C. 控制　　　　　　　　　　　　　D. 规划
   E. 责任考评
2. 管理会计的内容是与其职能相适应的，它包括（　　）。
   A. 预测决策会计　　　　　　　　　B. 规划控制会计
   C. 责任会计　　　　　　　　　　　D. 宏观管理会计
   E. 国际管理会计

第2章

成本性态分析

学习目标与要求

通过本章的学习，应掌握固定成本和变动成本的概念、构成内容、特征及其类型，了解成本性态分析的各种方法，重点掌握高低点法和回归直线法的应用技巧。

2.1 成本及其分类

2.1.1 成本的概念

在管理会计学中，成本及其分类不仅属于最基本的概念，而且被赋予了与传统的财务会计学截然不同的含义。

财务会计中将成本定义为生产成本或制造成本。成本是企业为生产一定种类和一定数量产品所发生的各种生产耗费和支出。这是一个狭义的概念，是从会计角度来研究如何将为生产商品和提供劳务所发生的耗费和支出归集，计算出生产成本。所以说这个定义主要是为生产成本核算服务的。

管理会计中使用的是广义成本的概念。成本是指企业在生产经营过程中对象化的、以货币表现的、为达到一定目的而应当或可能发生的各种经济资源的价值牺牲或代价。在管理会计的范畴中，强调成本形成的原因和所发生的必要性。成本的时态可以是过去时、现在完成时和将来时，它不仅是为核算服务，而且也为管理服务。

2.1.2 成本的一般分类

由于各种管理职能的目的不同，因而履行其所需的成本信息的要求也不同，因此需要根据各种管理职能的要求来核算和提供符合各种用途的成本信息。按照企业管理的不同要求，成本一般是按经济用途分类。这是财务会计中有关成本分类的最主要的方法，也是一种传统的分类方法。成本按经济用途不同，可以分为制造成本和非制造成本两大类。

1. 制造成本

制造成本也称生产成本，是指为制造（生产）产品或提供劳务而发生的支出。制造成本根据其具体的经济用途可分为直接人工、直接材料和制造费用。

（1）直接人工

直接人工是指在生产过程中直接对制造对象施加影响以改变其性质或形态所耗费的人工成本。核算上即为生产工人的工资。

（2）直接材料

直接材料是指在生产过程中直接用于构成产品主要实体的各种材料成本。这里所说的材料，对具体企业而言，是指构成其产品的各种物资，当然也包括外购半成品，而不仅仅指各种天然的、初级的原材料。如汽车制造厂所用的汽车轮胎购自橡胶厂，对橡胶厂而言，轮胎当然是产成品，而对汽车厂来说，轮胎只不过是汽车这一产品的原材料之一。

直接人工与直接材料的共同特征是：都可以将其成本准确地归属于某一种产品上，最能体现成本"归属性"这一传统上的本质属性。

（3）制造费用

制造费用是指为制造产品或提供劳务而发生的各项间接费用。从核算的角度讲，包括直接人工、直接材料以外的，为制造产品或提供劳务而发生的、无法直接归属于某一产品的全部支出。制造费用内容繁杂，人们通常将其细分为：间接人工，指为生产提供劳务而不直接进行产品制造的人工成本，如设备养护、维修人员的工资；间接材料，指在产品制造过程中被耗用、但不容易归入某一特定产品的材料成本，或者是不必单独选择分配标准以确定其归属某一特定产品份额的材料成本，如各种工具、物料的消耗成本；其他制造费用，指不属于直接人工和直接材料的其他各种间接费用，如固定资产的折旧费、保险费、车间用动力费、照明费等。

应该指出的是，生产方式的改变和改进对上述直接人工、直接材料和制造费用的划分或三者的构成有直接的影响。如生产自动化水平的提高会导致上述意义上的制造费用在生产成本总量中所占的比重增大；再如生产上专业化分工的加深会导致制造费用的形象更加"直接化"。当制造费用按一定的标准在各受益对象即产品中分配完毕，制造成本也就演化成所谓的"产品成本"，即以产品品种来识别的成本。

2. 非制造成本

非制造成本也称期间成本或期间费用，这些成本是根据它们发生的期间来确认的，而不是根据生产或购买商品的数量。期间成本在发生的期间被确认为费用。所有销售费用、财务费用和管理费用，都被当作是期间成本。销售费用是指为销售产品而发生的各项成本，如专职销售人员的工资、津贴和差旅费，专门销售机构固定资产的折旧费、保险费、广告费、运输费等。财务费用是指企业为筹集资金所付出的代价，如利息、手续费、汇兑差额等支出。管理费用是指企业行政管理部门为使组织整体运作而发生的成本，如董事经费、行政管理人员的工资、办公费、行政管理部门固定资产的折旧费及相应的保险费和财产税等。

2.1.3 成本按性态分类

成本性态（cost behavior）也称成本习性，是指成本与业务量之间的依存关系。这里的成本是指为取得营业收入而发生的营业成本费用，包括全部生产成本和销售费用、管理费用及财务费用等非生产成本。这里的业务量，一般是指企业在一定经营期内投入或完成的经营工作量的统称。业务量的计量单位可以是多种，可以是实物量（如投产量、产出量和销售量）、价值量（如销售收入、产值和成本）和时间量（如人工小时和机器小时），也可以是百分比或比率，如开工率或作业率。具体使用什么计量单位应视管理要求和现实可能而定。

成本性态是指在业务量变化时成本所表现出来的某种特性。因此，成本总额与业务总量的依存关系是客观存在的，而且具有规律性。研究成本性态分类可以说是管理会计这一学科的基石之一，可以揭示成本与业务量之间的规律性的联系，可使企业进行最优管理决策，改善经营管理绩效。按成本性态可以将企业的全部成本分为固定成本、变动成本和混合成本三类。

1. 固定成本

（1）固定成本的含义和特征

固定成本（fixed costs）是指在一定相关范围内，成本总额不受业务量变动的影响而保持固定不变的成本。例如，行政管理人员的工资、办公费、财产保险费、不动产税、按直线法计提的固定资产折旧费、职工教育培训费等，均属固定成本。固定成本具有总额不变性和单位成本反比例变动性等特点。固定成本总额的不变性是指在相关范围内，其成本总额总是保持在同一个水平上。单位成本的反比例变动性是指单位固定成本与业务量的乘积恒等于一个常数的特征，即单位成本与业务量成反比关系。

（2）固定成本的性态模型

假设 y 代表成本总额，x 代表业务量，a 代表一个常数，则固定成本总额的性态模型可表示为

$$y=a$$

在 xOy 平面直角坐标系中，固定成本总额的性态模型是一条平行于 x 轴的直线。如果 y' 代表单位固定成本，则单位固定成本的性态模型可表示为

$$y'=a/x$$

在 xOy' 平面直角坐标系中，单位固定成本的性态模型是一条反比例曲线。固定成本的性态模型如图 2-1 所示。

【例 2-1】 企业生产一种产品，其专用生产设备的租金为 60 000 元，该设备最大加工能力为 240 000 件/年。显然，公司每年生产的产品在 240 000 件之内时，租用机器设备的租金固定不变。单位产品所负担的固定成本如表 2-1 所示。

表 2-1 单位产品所负担的固定成本

产量 x/件	设备租金 a/元	单位产品负担固定成本（a/x）/（元/件）
0	60 000	
60 000	60 000	1
120 000	60 000	0.5
180 000	60 000	0.33
240 000	60 000	0.25

从例 2-1 中可以直观地看出，每年可生产产品 240 000 件，在 0~240 000 件的范围内机器设备的租金总额保持不变，即每年均支付租金 60 000 元。尽管租用设备的总成本不变，但随着产量的变化，单位产品所负担的固定成本与产量成反比关系，即产量的增加会导致单位产品负担的固定成本下降，反之亦然。如表 2-1 所示，每件产品的租金成本从 1 元/件降至 0.25 元/件。若以 a 表示固定成本，x 表示业务量，a/x 表示单位业务量所负担的固定成本，则上述关系（即固定成本的性态）可以通过 $y＝a$ 和 $y'＝a/x$ 这样一个简单的数学模型来表达。

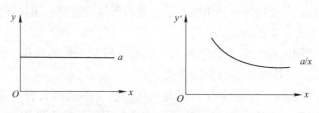

图 2-1　固定成本的性态模型

（3）固定成本的分类

固定成本按其是否受管理当局短期决策行为的影响，可进一步细分为酌量性固定成本和约束性固定成本。

酌量性固定成本也称为选择性固定成本或者可调整固定成本，是指管理当局的决策可以改变其支出数额的固定成本。例如，广告费、职工教育培训费、技术开发费等。酌量性固定成本的基本特征如下。

① 其支出额的大小由企业根据生产经营方针确定。因此，管理当局的判断力高低就显得非常重要了。

② 预算期较短，通常为一年。由于其预算额只在预算期内有效，因此企业的经理人员可以适应情况的变化及时调整不同预算期的开支数。

当然，这并不意味着酌量性固定成本可有可无、可以拒绝。因为从性质上讲酌量性固定成本仍是企业的一种"存在成本"，是一种为企业的生产经营提供良好条件的成本，而非生产产品的成本。从短期看，其发生额同企业的业务活动量水平并无直接关系。要降低这部分成本，应在预算时认真决策、精打细算，在执行中厉行节约，在保证不影响生产经营的前提下尽量减少其支出总额。通常我们讲降低固定成本总额就是指降低酌量性固定成本。

约束性固定成本是指管理当局的决策不能随意改变其支出数额的，用于形成和维护经营能力、对生产经营能力有约束力的固定成本，因而也称为经营能力固定成本。例如，厂房及机器设备按直线法计提的折旧费、房屋及设备租金、不动产税、财产保险费、照明费、行政管理人员的薪金等，均属于约束性固定成本。约束性固定成本的基本特征如下。

① 该项成本的预算期通常比较长，如果说酌量性固定成本预算着眼于在总量上进行控制，那么约束性固定成本预算则只能着眼于更为经济合理地利用企业的生产经营能力。

② 约束性固定成本支出额的大小，取决于生产经营能力的规模和质量。它在很大程度上制约着企业正常的经营活动，管理当局的当前决策无法改变，即不能轻易削减此

项成本。

约束性固定成本是企业维持正常生产经营能力所必须负担的最低固定成本，其支出的大小只取决于企业生产经营的规模与质量，因而具有很大的约束性，企业管理当局的当前决策不能改变其数额。正是由于约束性固定成本与企业的经营能力相关，因而又被称作"经营能力固定成本"，又由于企业的经营能力一旦形成，短期内难以改变，即使经营暂时中断，该项固定成本仍将维持不变，因而也被称为"能量成本"。

因此，约束性固定成本具有很大的约束性，要想降低约束性固定成本，只能从合理充分地利用其创造的生产经营能力的角度入手，提高产品的质量，相对降低其单位成本。

（4）固定成本的相关范围

固定成本的"固定性"并不是绝对的，而是有限制条件的，这一条件在管理会计中称为"相关范围"。它具有如下的特定含义。

① 是指特定的期间。固定成本表现为在某一特定期间内具有固定性。因为从较长时期看，所有成本都具有变动性，即使"约束性"很强的约束性固定成本也是如此。随着时间的推移，一个正常成长的企业，其经营能力无论是从规模上还是从质量上均会发生变化：厂房势必扩大、设备势必更新、行政管理人员也可能增加，这些均会导致折旧费用、财产保险费、不动产税，以及行政管理人员薪金的增加。经营能力的逆向变化当然也同样会导致上述费用发生变化。由此可见，只有在一定的期间内，企业的某些成本才具有不随产量变动的固定性特征。

② 是指特定的业务量水平，一般指企业现有的生产能力水平。因为业务量一旦超出这一水平，势必扩大厂房、更新设备和增加行政管理人员，相应的费用也势必增加。很显然，固定成本的固定性也是针对某一特定业务量范围而言的，如果脱离了一定的"相关范围"，固定成本的固定性就不复存在。

2. 变动成本

（1）变动成本的含义和特征

变动成本（variable cost）是指在一定相关范围内，成本总额随着业务量的增减变动而成正比例变动的成本项目。例如，直接材料费、产品包装费、按件计酬的工人薪金、推销佣金及按加工量计算的固定资产折旧费等，均是典型的变动成本项目。变动成本具有总额的正比例变动性和单位额不变性的特点。总额的正比例变动性是指在相关范围内，其成本总额随着业务量的变动而成倍数变动的特性。单位额不变性是指无论业务量怎样变化，其单位成本都保持在原有水平上的特性。

（2）变动成本的性态模型

仍以 y 代表成本总额，x 代表业务量，b 代表一个常数，则变动成本总额的性态模型可表示为

$$y = bx$$

在 xOy 平面直角坐标系中，变动成本总额的性态模型是一条通过原点，以单位变动成本 b 为斜率的直线。显然，单位变动成本越大，即斜率越大，变动成本总额线的坡度越陡。设以 y' 表示单位变动成本，则单位变动成本的性态模型为

$$y' = b$$

在 xOy' 平面直角坐标系中，单位变动成本的性态模型是一条平行于横轴的直线。变动成本的性态模型如图2-2所示。

【例2-2】 某企业生产一种产品，单位产品的直接材料成本为3kg，原料的单价为2元/kg。当产量分别为200件、400件、600件、800件和1000件时，耗用材料的总成本和单位产品的材料成本如表2-2所示。

表2-2 耗用材料的总成本和单位产品的材料成本

产量 x/件	材料总成本 bx/元	单位产品材料成本 b/元
200	1 200	6
400	2 400	6
600	3 600	6
800	4 800	6
1 000	6 000	6

由此可见，该企业发生的产品材料总成本（bx）与完成的产品产量呈现正比例变化趋势，但单位产品的材料成本（6元）却与产量的多少没有任何关系。

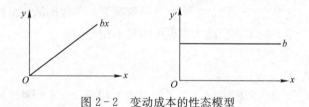

图2-2 变动成本的性态模型

（3）变动成本的分类

变动成本可以根据其发生的原因分为酌量性变动成本和约束性变动成本。

酌量性变动成本是指通过企业管理当局的决策行动可以改变其支出数额的变动成本，如按产量计酬的工人薪金、按销售收入的一定比例计算的销售佣金等。这些支出比例或标准取决于企业管理当局的决策，当然企业管理当局在做上述决策时不能脱离当时的市场环境。例如，在确定计件工资时就必须考虑当时的劳动力市场情况，在确定销售佣金时必须考虑所销产品的市场情况，并由经理决定销售佣金计提的百分数，因此这部分支出也属于酌量性变动成本。这类成本的显著特点是其单位成本的发生额可由企业最高管理层决定。又例如，在质量能保证并且单耗不变的条件下，企业的原材料可通过不同的采购渠道和选择不同的供货单位，则原材料成本的消耗属于酌量性变动成本。要想降低这类成本，应当通过合理决策、优化劳动组合、改善成本-效益关系、全面降低材料采购成本、严格控制制造费用的开支等措施来实现。

约束性变动成本也称技术性变动成本，是指企业管理当局的决策无法改变其支出数额的，并与业务量有明确的技术或实务关系的变动成本。这类成本的实质是利用生产能力进行生产所必然发生的成本。它通常表现为企业所生产产品的直接物耗成本，以直接材料成本最为典型。当企业所生产的产品定型（包括诸如外形、大小、色彩、重量、品质等方面）以后，上述成本的大小就具有了很大程度上的约束性。这类成本的改变往往也就意味着企业的产品改型了。如企业生产组装某计算机需用的部件，在外购价格一定的条件下，其成本属于受设计技术影响的与计算机产量成正比的技术性变动成本。再如某热电厂的锅炉必须使用燃烧值在一定千卡以上的专用精煤，在这种情况下，燃烧成本就属于随发电量成正比例变动的技术性变动成本。要想降低这类成本，应当通过改进设计方案，改造工艺技术条件，提高劳动生产率、材料综合利用率和投入产出比率，以及加强控制、降低单耗等措施来实现。

（4）变动成本的相关范围

与固定成本一样，变动成本的变动性，即"随着业务量的变动而成正比例变动"也有其"相关范围"。从时间范围看，即使业务量保持不变，随着时间的推移，由于客观条件的变化，如价格波动等原因，使得单位产品成本发生改变。

从业务量范围看，通常当企业的产品产量较小时，单位产品的材料成本和人工成本可能比较高。但当产量逐渐上升到一定范围内（即相关范围）时，由于材料的利用可能更加充分、工人的作业安排可能更加合理等原因，会使单位产品的材料成本和人工成本逐渐降下来。而当产量突破上述范围继续上升时，可能使某些变动成本项目超量上升（如加倍支付工人的加班工资），从而导致单位产品中的变动成本由降转升。因此，同一产品的生产，在小量生产、正常生产、增加生产这三种情况下，单位产品原材料和工时消耗量是不同的，所以不同产量上的单位变动成本也可能是不相等的。

3. 混合成本

1）混合成本概述

混合成本顾名思义是指那些"混合"了固定成本和变动成本两种不同性质的成本，也就是介于固定成本和变动成本之间，其总额随业务量变动但不成正比例变化的那部分成本。企业的电话费、机器设备的维护保养费等都属于混合成本。如前所述，人们为了进行决策特别是短期决策，需要将成本按性态划分为固定成本和变动成本。但现实经济生活中，许多成本项目并不直接表现为固定成本性态或者变动成本性态。这类成本的基本特征是：其发生额的高低虽然直接受业务量大小的影响，但不存在严格的比例关系，人们需要对混合成本按性态进行近似的描述（称混合成本的分解，见2.2节），只有这样才能为决策所用。其实，企业的总成本就是一项混合成本，一项最大的混合成本。它的存在具有客观必然性，这是因为全部成本按性态分类，并采用了"是否变动"和"是否正比例变动"的双重分类标志，其结果必然导致出现游离于固定成本和变动成本之间的混合成本。

2）混合成本的分类

混合成本项目繁多，按照混合成本变动趋势的不同，通常可以分为以下3类。

（1）半变动成本

此类成本又称标准式混合成本。它的特征是：当业务量为零时，成本为一个非零基数，当业务发生时，成本以该基数为起点，随业务量的变化而成比例变化，呈现出变动成本性态。因此，此类成本是由固定成本和变动成本两部分组成的成本。企业的公用事业费，如电费、水费、电话费等均属于半变动成本。企业支付的上述费用通常都有一个基数部分，超出部分则随业务量的增加而增大。

标准式混合成本是混合成本中较为普遍的一种存在类型，具有广泛的代表性。为此，有人干脆将标准式混合成本直接称为半变动成本。此外，前面曾说企业的总成本就是一项混合成本，那是因为总成本与半变动成本表现为一种相同的性态，也可以用 $y=a+bx$ 这样的数学模型来表示，如图 2-3 所示。

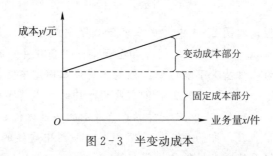

图 2-3　半变动成本

（2）半固定成本

又称阶梯式混合成本。此类成本的特征是在一定业务量范围内，其成本不随业务量的变化而变动，体现着固定成本性态；但当业务量突破这一范围时，成本就会跳跃上升，并在新的业务量变动范围内固定不变，直到出现另一个新的跳跃为止。从这些描述中不难看出，在每一个相关范围内半固定成本均体现着固定成本性态。那么，半固定成本与前述的固定成本有何差异呢？就某一特定企业而言，两者的差异表现在针对固定成本的业务量相关范围较大，直接取决于企业的经营能力，而半固定成本的业务量相关范围相对较小，固定成本的相关范围可以分割为若干个半固定成本的相关范围。半固定成本在这若干个相关范围内呈现阶梯式跃升，因而也被称为"阶梯式变动成本"。企业工资费用中化验员、质检员的工资，受开工班次影响的设备动力费，按订单进行批量生产并按开机次数计算的联动设备的折旧费等，均属于这种成本。

【例 2-3】　假设某企业的产品生产下线之后，需经专门的质检员检查方能入成品库。每个质检员最多检验 500 件产品，也就是说产量每增加 500 件就必须增加一名质检员，而且是在产量一旦突破 500 件的倍数时就必须增加。那么，该企业质检员的工资成本就属于半固定成本，随着产品产量的增加，该成本呈现阶梯式跃升。假设质检员的工资标准为 2 000 元，则质检员的工资支出可以如图 2-4 所示。

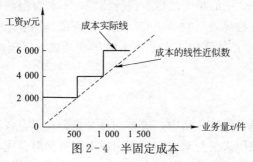

图 2-4　半固定成本

与半变动成本不同的是，半固定成本用数学模型来表达较为困难。当产量的变动范围较小（如例 2-3 中产量在 500～1 000 件之间浮动）时，半固定成本可以被视为固定成本，可以用分段函数形式的数学模型来表示：

$$y=f(x)=\begin{cases} a_1, & 0 \leqslant x \leqslant x_1 \\ a_2, & x_1 < x \leqslant x_2 \\ a_3, & x_2 < x \leqslant x_3 \end{cases}$$

而且这一数学模型是以图 2-4 中"成本实际数"所表示的。当产量的变动范围较大（如例 2-3 产量在 500～2 500 件之间浮动甚至超过 2 500 件）时，半固定成本应该被视为变动成本，因为此种情况下能保证质检员工资成本固定不变的相关产量范围只占整个产量可变范围的很小部分。此时，我们需要用平均的方式将半固定成本描述为一种近似的变动成本性态，即图 2-4 中虚线所示的"成本的线性近似数"。其数学模型与变动成本总额的数学模型一样，即 $y=bx$。其变动率（即图中虚线的斜率）在例 2-3 中为 4 元（即企业为单位产品所支付的质检员工资）。

（3）延期变动成本

又称低坡式混合成本。这类成本的特征是在业务量的某一临界点以下其总额表现为固定不变，超过这一业务量的限度，则表现为变动成本。比较典型的例子是：当企业职工的工资实行计时工资制时，其支付给职工的正常工作时间内的工资总额是固定不变的；但当职工的工作时间超过了正常水平，企业需按规定支付加班工资，且加班工资的大小与加班时间的长短存在某种比例关系。

假设某企业职工正常工作时间为 3 000 h，正常工资总额为 30 000 元（小时工资率为 10 元），职工加班时按规定需支付双薪。该企业工资总额的成本性态如图 2-5 所示。

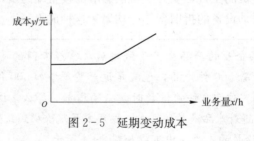

图 2-5　延期变动成本

将图 2-5 与图 2-3 中的半变动成本进行比较，不难看出，延期变动成本就是将横轴"延伸"至业务量"临界点"时的半变动成本。所谓延期变动成本，顾名思义就是指随着业务量的"延伸"，原本固定不变的成本成了变动成本。延期变动成本的数学模型可以表现为

$$y=a+bx$$

需要说明的是，现实经济生活中，成本的种类繁杂、形态各异，从性态划分成本的角度看也是如此。上述所讲的变动成本、固定成本和各种混合成本当然不能囊括成本的全部内容，但我们至少可以将某一种成本近似地描述为某一种性态。

2.2　成本性态分析方法

2.2.1　成本性态分析的含义与前提

　　成本性态分析就是指在成本性态分类基础上，按一定的程序和方法将全部成本分解为固定成本和变动成本两类，并建立成本函数模型的过程。成本按性态分类是管理会计这一学科的重要贡献之一，而对各项成本进行性态分析也是采用变动成本计算法的前提条件。实际工作中固定成本与变动成本只是经济生活中诸多成本性态的两种极端类型，多数成本是以混合成本的形式存在的，因而需要将其进一步分解为固定成本和变动成本两部分。在实践中，人们往往在一类成本中选择具有代表性的成本项目进行性态分析，并以此为基础推断该类成本的性态。这样做，只要分类合理、选样得当，就可以以一个较低的分解成本获得一个相对而言较为准确的结果。成本性态分析是管理会计的一项最基本工作，研究成本性态分析是在成本分类（相关范围基础）和一元线性假设（总成本近似一元线性方程）的基础上进行的。它可以把握成本与业务量之间的依存关系和变动规律，也是采用变动成本计算方法的前提；成本性态分析为企业应用本量利分析、展开经营决策和实行责任会计奠定了基础。因而成本性态分析具有十分重要的意义。

2.2.2　成本性态分析的方法

　　成本性态分析方法很多，通常有历史成本法、技术测定法和费用项目分析法。

1. 历史成本法

　　历史成本法的基本做法是根据企业以往若干时期（若干月或若干年）的生产经验数据所表现出来的实际成本与业务量之间的依存关系来描述成本的性态，并以此来确定决策所需要的未来成本数据。历史成本法的基本原理是：在生产流程和工艺设计不发生重大变化的条件下，历史数据可以比较准确地表达成本与业务量之间的依存关系，并以此确定所预计的未来成本将随业务量的变化而发生怎样的变化。

　　历史成本法包括高低点法、散布图法和回归直线法三种。

　　(1) 高低点法

　　高低点法是历史成本法中最简便的一种分解方法，其基本原理是初等几何中两点确定一条直线。因此，只要知道直线上的两点，直线方程就可求出。高低点法是以某一期间内最高业务量（高点）的混合成本与最低业务量（低点）的混合成本的差数，除以最高业务量与最低业务量的差数，以确定业务量的成本变量（即单位业务量的变动成本额），进而确定混合成本中的变动成本部分和固定成本部分。

　　如前所述，混合成本既然是混合了固定成本与变动成本，那么在一定的相关范围内总可以用 $y=a+bx$ 这样一个数学模型来近似地描述它。这也是高低点法的基本原理。在这个相关范围内，固定成本（a）既然不变，那么总成本随业务量的变动而产生的变量就全部为变动成本。高点和低点的选择，完全是出于尽可能覆盖相关范围的考虑。高低点法分解混合成本的运算步骤如下。

第一步，选择高、低两点坐标。在一定时期内的有关资料中，找出最高点业务量及其对应的成本（x_1，y_1）和最低点业务量及其对应的成本（x_2，y_2），即

$$y_1 = a + bx_1 \qquad (2-1)$$
$$y_2 = a + bx_2 \qquad (2-2)$$

第二步，计算 b 值。将两式相减，则有

$$y_1 - y_2 = b(x_1 - x_2) \qquad (2-3)$$

即

$$b = \frac{y_1 - y_2}{x_1 - x_2}$$

$$= \frac{高点业务量与低点业务量的成本之差}{高点业务量与低点业务量之差} \qquad (2-4)$$

第三步，计算 a 值。将式（2-4）代入式（2-1），则有

$$a = 最高点成本 - b \times 最高点业务量 = y_1 - bx_1$$

或

$$a = y_2 - bx_2$$

第四步，将 a，b 值代入式（2-5），建立成本性态模型：

$$y = a + bx \qquad (2-5)$$

需要说明的是，高、低点坐标的选择必须以一定时期内业务量的高低来确定，而不是按成本的高低。

【例 2-4】 假定某企业去年 12 个月的产量和某项混合成本的有关数据如表 2-3 所示。要求利用高低点法分解该项混合成本，并建立相应的成本模型。

表 2-3 某企业的产量与某项混合成本的数据

月份	产量/件	成本/元
1	800	2 000
2	600	1 700
3	900	2 250
4	1 000	2 550
5	800	2 150
6	1 100	2 750
7	1 000	2 460
8	1 000	2 520
9	900	2 320
10	700	1 950
11	1 100	2 650
12	1 200	2 900

去年产量最高在 12 月份，为 1 200 件，相应电费为 2 900 元；产量最低在 2 月份，

为 600 件，相应电费为 1 700 元。按前面的运算过程进行计算。

$$b=(2\ 900-1\ 700)/(1\ 200-600)=2\ （元/件）$$

$$a=2\ 900-2\times1\ 200=500\ （元）$$

或

$$a=1\ 700-2\times600=500\ （元）$$

以上计算表明，该企业这项混合成本属于固定成本的为 500 元；单位变动成本为每件 2 元。以数学模型来描述这项混合成本为

$$y=500+2x$$

运用高低点法分解混合成本应注意以下几个问题。

① 高点和低点的业务量（例 2-4 中的 1 200 件和 600 件）为该项混合成本相关范围，本例只适用 600~1 200 件之间，确定的固定成本是有效的。超出这个范围不一定适用所得出的数学模型（例 2-4 中 $y=500+2x$）。之所以说"不一定"，是因为如在例 2-4 中超过相关范围，则需要重新用高低点法求出固定成本 a。

② 高低点法是以高点和低点的数据来描述成本性态的，其结果有一定的偶然性（事实上高、低两点的偶然性较之其他各点一般要大），这种偶然性会对未来成本的预计产生影响。当然这两点的成本数据中更不能含有任何不正常情况下的成本。

③ 当高点或低点业务量不止一个（即有多个期间的业务量相同且同属高点或低点）而成本又相异时，则只需按高低点法的原理，属高点取成本大者；属低点取成本小者。

高低点法的优点在于简便易行、便于理解，缺点是由于它只选择了历史资料的诸多数据中的两组作为计算依据，使得建立起来的成本性态模型很可能不具代表性，容易导致较大的计算误差。因此，这种方法只适用于成本变动趋势比较稳定的企业。

（2）散布图法

散布图法又称目测画线法，是指将所分析的各期业务量和成本的历史数据在坐标图上标注，形成散布的成本点，通过目测画一条尽可能接近所有坐标点的直线，并据此来推算固定成本和单位变动成本的一种成本性态分析方法。它的基本原理与高低点法一样，也认为混合成本的性态可以被近似地描述为 $y=a+bx$，只不过 a 和 b 是在坐标图上得到的。

散布图法的基本步骤如下。

第一步，设立坐标图。在坐标图中，以横轴代表业务量 x，以纵轴代表混合成本 y。

第二步，标注散布点。将各种业务量水平下的混合成本逐一标在坐标图上，由此绘制的图为散布图。

第三步，目测画出成本线。通过目测，在各成本点之间画出一条反映成本变动平均趋势的直线（理论上这条直线距各成本点之间的离差平方和最小）。这条直线与纵轴的

交点就是固定成本，斜率则是单位变动成本。

第四步，确定固定成本的平均值和计算单位变动成本。所画的直线与纵轴的交点即为固定成本。在所画的直线上任取一点，即可对应地查出成本的值，则由 $b=(y-a)/x$ 求得单位变动成本。

仍以例 2-4 的有关数据为依据，现采用散布图法对该企业的混合成本进行分解。这项混合成本的性态就可以通过坐标图的方式来表达（图 2-6）。

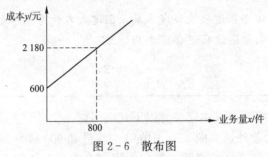

图 2-6 散布图

本例所确定的固定成本即所画直线与纵轴的交点，本图为 600 元。根据所画直线，选择相关范围内任一产量，即可得出相应的混合成本，反之亦然。若选产量为 800 件，混合成本按坐标图查得为 2 180 元，则单位变动成本为

$$b=\frac{y-a}{x}=\frac{2\ 180-600}{800}=1.975 \text{（元/件）}$$

根据散布图法得到 a 和 b 的值后，这项混合成本用数学模型来表示就是

$$y=600+1.975x$$

散布图法的优点是全面考虑了已知的所有历史成本数据，其图像可以反映成本的变动趋势，比较形象直观，易于理解，并且排除了高低点法的偶然性，因而计算结果比高低点法精确。尽管散布图法与高低点法原理相同，但两者除基本做法相异之外还有两点差别：一是高低点法先有 b 值而后有 a 值，散布图法则正好相反；二是虽然散布图法通过目测得到的结果仍不免带有一定程度的主观臆断性，但由于该法是将全部成本数据均作为描述混合成本性态的依据，因而较之高低点法还是要准确一些。

（3）回归直线法

回归直线法亦称最小二乘法或最小平方法，它是运用数理统计中常用的最小平方法的原理，对所观测到的全部数据加以计算，从而勾画出最能代表平均成本水平的直线。如前所述，散布图法是通过目测的结果来勾画混合成本性态的。不管相差多少，总之人们是可以勾画出多条反映成本性态的线来，而用目测的方法很难判断哪一条直线描述得更为准确。这条通过回归分析得到的直线就称为回归直线，它的截距就是固定成本 a，斜率就是单位变动成本 b，这种分解方法称为回归直线法。又因为回归直线可以使各观测点的数据与直线相应各点的误差的平方和实现最小化，所以这种分解方法又被称为最小平方法。

回归直线法是根据若干期业务量和成本的历史资料，运用最小平方和原理计算固定

成本（a）和单位变动成本（b）的一种成本性态分析方法。假定有 n 个（x，y）的观测数值（如前例中不同产量条件下的混合成本数额），那么就可以建立一组决定回归直线的联立方程式，定有一条由 a 和 b 两个数值决定的直线能够使各观测值（即成本 y）与这条直线上相应各点的离差平方和最小，这条线当然就是离散各点的回归直线了。根据离差平方和等于最小值原理，对混合成本 $y=a+bx$ 数学表达式运用 $\sum(y_i-a-bx_i)^2=$ 最小值这一数字性质，分别对 a 与 b 求偏导数，得出参数 a 与 b 的求解公式为

$$a = \frac{\sum y - b\sum x}{n}$$

$$b = \frac{n\sum xy - \sum x\sum y}{n\sum x^2 - (\sum x)^2}$$

对于 a 与 b 的求解推导也可以用简单的过程，即对方程 $y=a+bx$ 的每一项求和的形式表示，可得

$$\sum y = na + b\sum x \tag{2-6}$$

再将式（2-6）的每一项都乘以 x 可得

$$\sum xy = a\sum x + b\sum x^2 \tag{2-7}$$

由式（2-6）和式（2-7）求得

$$a = \frac{\sum y - b\sum x}{n} \tag{2-8}$$

$$b = \frac{n\sum xy - \sum x\sum y}{n\sum x^2 - (\sum x)^2} \tag{2-9}$$

根据 a 和 b 的计算式即可得出方程

$$y=a+bx$$

【例 2-5】 下面用例 2-4 所给的资料具体说明回归直线法分解的步骤。

根据历史资料列表，求 n、$\sum x$、$\sum y$、$\sum xy$、$\sum x^2$ 和 $\sum y^2$ 的值，如表 2-4 所示。

表 2-4 计算出的各项数值

月份 n	产量 x/件	混合成本 y/元	x_iy_i	x_i^2
1	800	2 000	1 600 000	640 000
2	600	1 700	1 020 000	360 000
3	900	2 250	2 025 000	810 000
4	1 000	2 550	2 550 000	1 000 000
5	800	2 150	1 720 000	640 000
6	1 100	2 750	3 025 000	1 210 000

续表

月份 n	产量 x/件	混合成本 y/元	x_iy_i	$x_i{}^2$
7	1 000	2 460	2 460 000	1 000 000
8	1 000	2 520	2 520 000	1 000 000
9	900	2 320	2 088 000	810 000
10	700	1 950	1 365 000	490 000
11	1 100	2 650	2 915 000	1 210 000
12	1 200	2 900	3 480 000	1 440 000
合计	11 100	28 200	26 768 000	10 610 000

将表 2-4 有关数值代入式（2-8）和式（2-9），则有

$$b=\frac{n\sum xy-\sum x\sum y}{n\sum x^2-(\sum x)^2}=\frac{12\times 26\ 768\ 000-11\ 100\times 28\ 200}{12\times 10\ 610\ 000-123\ 210\ 000}=1.99(元 / 件)$$

$$a=\frac{\sum y-b\sum x}{n}=\frac{28\ 200-11\ 100\times 1.99}{12}=509.25(元)$$

则成本性态模型为

$$y=509.25+1.99x$$

需要注意的是，当回归直线的 b 值确定之后，可以通过式（2-6），即 $\sum y=na+b\sum x$ 比较简便地得到 a 的值，但 b 的数值应该尽量保留尾数，否则误差较大。另外，采用回归法分解固定成本 a 和单位变动成本 b 之前，应先要检验它们的相关程度，确定有无分解的必要性。其相关系数 r 计算如下。

$$r=\frac{n\sum xy-\sum x\sum y}{\sqrt{[n\sum x^2-(\sum x)^2][n\sum y^2-(\sum y)^2]}}$$

相关系数 r 的计算结果越接近 1，表明业务量与混合成本关联程度越高，用回归直线法分解的固定成本与变动成本越接近实际情况；反之，相关系数 r 越小，用回归直线法分解则可能严重歪曲混合成本的真实情况。

回归直线法利用了微分极值原理，相对而言计算比较麻烦，公式更为复杂。但与高低点法相比，由于选择了包括高、低两点在内的全部观测数据，因而避免了高、低两点可能带来的偶然性；与散布图法相比，则是以计算代替了目测方式，所以是一种比较好的混合成本分解方法。回归直线法的计算结果比高低点法和散布图法更为准确，分解的结果仍具有一定的假定性和估计的成分，决策者在据以决策时需加以考虑；同时，与高低点法和散布图法一样，应剔除非正常值的影响。

2. 技术测定法

技术测定法是利用工业工程中投入产出的关系和项目财务评价技术研究方法来研究

影响各有关成本项目数额大小的每个因素，即用各种材料、人工、费用的消耗与产量之间的直接联系，来合理区分哪些耗费是变动成本、哪些是固定成本，并在此基础上直接估算出固定成本和单位变动成本的一种成本分解方法。由于它直接以工程技术的特点来划分变动成本和固定成本，所以又称为工程技术法。

技术测定法分解成本的基本步骤是：在项目可行性研究基础上确定研究的成本项目；对导致成本形成的工业生产过程进行观察和分析；确定工业生产过程的最佳操作方法；以最佳操作方法为标准方法，测定标准方法下成本项目的每一构成内容，并按成本性态分别确定为固定成本和变动成本。

在企业建设投产之前，必须进行项目的可行性研究。可行性研究报告中包括有关的工程设计说明书和成本费用估算表，规定了在一定生产量条件下应耗用的材料、燃料、动力、工时及机器小时等消耗标准，这些数据通常可较为准确地反映出在一定生产技术和管理水平条件下的投入产出规律。在企业投产初期，可以参照这种关系来进行成本性态分析。

技术测定法的主要优点是确定了理想的投入产出关系，所以企业在建立标准成本和制定预算时，使用此法就具有较好的科学性与先进性。同时，它也是在缺乏历史成本数据条件下可用的最有效的方法。技术测定法的工作量大，需对每一项耗费进行分析，因此一般只用于新建企业或新产品生产的成本性态分析。

3. 费用项目分析法

费用项目分析法是直接根据构成成本的费用项目的性质划分和事先规定的比例，并按项分解和分类汇总以确定固定成本和变动成本的一种方法。

采用这种方法的企业，根据各项费用与产量的关系逐项区分固定成本和变动成本，不需计算；对于混合成本性质的费用项目，一般都考虑实际情况，以其性态的主要表现方面确定归属。例如，企业生产中所发生的燃料和动力项目，既不与产量的变化成正比关系，也非固定不变，但由于与产量的变化关系比较密切，比较接近于变动成本，因而就将此成本项目划分为变动成本。又如车间管理人员的工资费用，虽然产量增大，也需适当增加管理人员，但由于其特点接近于固定成本，因而可将其划分为固定成本。

费用项目分析法具有简便易行的显著优点，而且它的计算结果也不像其他方法那样抽象，还可以具体了解固定成本、变动成本包括的项目有哪些，如果实际总成本发生超支，也可据此进一步查明原因。因此，这种方法在实际工作中得到广泛运用。但是，这种方法在很大程度上取决于会计人员对费用项目成本性态的主观判断，易产生较大的误差。

以上介绍了几种成本性态分析方法。虽然这些方法都有其优缺点及适应性，但它们并不是孤立存在的，因此在实际中常常将它们互相补充、结合起来应用。从混合成本分解的各种方法的讲述中不难看出，成本分解的过程实际上就是一个对成本性态进行研究的过程，而不仅仅是一个计算的过程。就成本分解的各种方法而言，应该说是短长互见。可根据不同的分解对象，选择适当的分解方法，分解结果出来后，还应当尽可能采用其他方法进行验证，以期获得比较准确的成本性态数据。

本 章 小 结

　　成本性态是指成本在业务量变化时所表现出来的某种特性，研究成本性态分类是管理会计这一学科的基石之一，按此标准可以将企业的全部成本分为固定成本、变动成本和混合成本。固定成本是指在一定相关范围内，成本总额不受业务量变动的影响而保持固定不变的成本，固定成本具有总额不变性和单位成本的反比例变动性的特点。变动成本是指在一定相关范围内，成本总额随着业务量的增减变动而成正比例变动的成本项目，变动成本具有总额的正比例变动性和单位额不变性的特点。混合成本是其总额既随业务量变动又不成正比例变化的那部分成本。

　　成本性态分析是指在成本性态分类基础上，按一定的程序和方法最终将全部成本分解为固定成本和变动成本两类，并建立成本函数模型的过程。常用的分析方法有高低点法、散布图法和回归直线法。

思 考 题

1. 何谓成本性态？为什么成本要按照性态分类？
2. 成本按性态可分为哪几类？请简要说明各类成本的特点。
3. 什么是固定成本和变动成本的相关范围？研究相关范围的意义何在？
4. 分解混合成本有哪几种常用的方法？
5. 采用高低点法时如何计算 a 和 b 的数值？高低点法适用于什么样的企业？

习 题

一、单项选择题

1. 下列成本项目中不属于固定成本的是（　　）。
   　　A. 广告费　　　　　　　　　　　　B. 管理人员工资
   　　C. 计件工资形式下的生产工人工资　　D. 房屋租赁费
2. 下列项目中属于酌量性固定成本的是（　　）。
   　　A. 保险费　　　　　　　　　　　　B. 折旧费
   　　C. 管理人员工资　　　　　　　　　D. 职工培训费
3. 企业质量检验员的工资属于（　　）。

A. 半固定成本 　　　　　　　　B. 半变动成本

C. 延期成本 　　　　　　　　　D. 曲线式成本

4. 在应用历史资料分析法进行成本性态分析时，首先确定 a（固定成本总额），然后才能计算出 b（单位变动成本）的方法是（ 　　 ）。

A. 直接分析法 　　　　　　　　B. 高低点法

C. 散布图法 　　　　　　　　　D. 回归直线法

5. 当相关系数的取值接近下列哪个数值时，利用回归直线描述成本的变动趋势才有意义（ 　　 ）。

A. 0 　　　　　　　　　　　　　B. 1

C. 2 　　　　　　　　　　　　　D. −1

二、多项选择题

1. 根据成本性态，可将成本划分为（ 　　 ）。

A. 固定成本 　　　　　　　　　B. 责任成本

C. 变动成本 　　　　　　　　　D. 混合成本

2. 下列成本中属于变动成本的有（ 　　 ）。

A. 直接材料费 　　　　　　　　B. 外部加工费

C. 动力费 　　　　　　　　　　D. 计时工资下的生产工人工资

3. 成本性态分析的历史资料分析法包括（ 　　 ）。

A. 直接分析法 　　　　　　　　B. 高低点法

C. 散布图法 　　　　　　　　　D. 回归直线法

4. 固定成本具有（ 　　 ）的特点。

A. 成本总额的不变性 　　　　　B. 单位成本的反比例变动性

C. 成本总额的正比例变动性 　　D. 单位成本的不变性

三、计算题

1. 某企业 20×7 年 A 产品 1—8 月产量及混合成本资料如表 2-5 所示。

表 2-5 资　料

	1月	2月	3月	4月	5月	6月	7月	8月
产量/件	18	20	19	16	22	25	28	21
混合成本/元	5 000	5 600	6 500	4 996	6 900	7 500	8 200	6 800

要求：用高低点法进行混合成本的分解。

2. 某企业 20×7 年 1—12 月实际发生的机器小时及维修成本如表 2-6 所示。

表 2-6　机器小时及维修成本

月份	机器小时	维修成本/元
1	1 064	312
2	1 264	356
3	960	261

续表

月份	机器小时	维修成本/元
4	1 120	284
5	756	232
6	800	282
7	856	276
8	1 234	296
9	750	228
10	1 172	310
11	860	240
12	1 220	302

要求：采用散布图法对维修成本进行分解。

3. 某企业 20×7 年 1—6 月实际发生的业务量和维修费有关资料如表 2-7 所示。要求：

(1) 根据上述资料，用高低点法和回归直线法分解维修费的单位变动成本和固定成本，并写出混合成本公式。

(2) 如果预计 20×7 年 7 月的业务量为 420 千机器小时，则其维修费将是多少？

表 2-7 有 关 资 料

月份	1	2	3	4	5	6
业务量/千机器小时	300	280	340	330	400	390
维修费/元	1 200	1 100	1 350	1 300	1 520	1 540

4. 某企业去年各月中最高业务量为 75 000 机器小时，其制造费用总额为 176 250 元，其中，变动成本为 75 000 元，固定成本为 60 000 元，混合成本为 41 250 元；最低业务量为 50 000 机器小时，其制造费用总额为 142 500 元。要求：

(1) 采用高低点法分解混合成本。

(2) 若计划期生产能力为 65 000 机器小时，则制造费用总额为多少。

5. 某企业本年产量最高的月份是 5 月份，产量最低的月份是 12 月份，这两个月的制造费用资料如表 2-8 所示。

表 2-8 制 造 费 用

	5月	12月
产量/件	75	42
制造费用/元	31 660	24 400

制造费用中包括变动成本、固定成本和混合成本，其中：单位变动成本为 200 元，每月固定成本总额为 15 000 元。要求：

(1) 采用高低点法分解制造费用中的混合成本，并写出混合成本公式。

(2) 若下年 1 月份计划产量为 50 件，预测其制造费用总额为多少？

第3章

变动成本法

学习目标与要求

通过本章的学习，理解变动成本法的含义，掌握变动成本法与完全成本法的主要区别，理解两种成本法分期营业利润差额的含义及变动规律，能够利用变动成本法和完全成本法进行成本计算。

3.1　变动成本法概述

3.1.1　成本计算及其主要分类

1. 成本计算的含义

成本计算在现代会计学中有狭义和广义的解释。狭义的成本计算是指一般意义上的成本核算，即对成本的归集和分配的过程。在成本核算中主要是以产品成本计算为主要内容。广义的成本计算是指现代意义上的成本管理系统，包括成本核算、成本计划、成本控制和成本考核等。管理会计学中使用的是广义成本计算概念。

2. 成本计算的主要分类

（1）按成本计算流程的不同分类

成本计算的流程是指成本计算的时空特征，它主要取决于企业的工艺技术和生产组织的特点及管理上的要求，表现为成本归集对象及期末存货计价方法等方面的不同。以此为标志，可将成本计算分为按批量不定期进行的分批成本计算（简称分批法）和按加工步骤定期进行的分步成本计算（简称分步法）。

（2）按成本计算时态的不同分类

以此为标志可将成本计算分为事先进行的估计成本计算、事后进行的实际成本计算和介于两者之间的标准成本计算。估计成本计算是按照经验对未来可能发生的成本进行的预计和估算；实际成本计算则是基于客观性和相关性的原则，为满足事后成本核算及分析而发展起来的，又称为实际成本制度；标准成本计算是将事前的成本估算、事后的成本核算同事中的成本控制结合起来，据以实现对成本的全过程控制的一种成本计算，又称标准成本制度。

（3）按成本计算对象的类型不同分类

以此为标志可将成本计算分为业务成本计算、责任成本计算和质量成本计算。前者的对象是企业的业务活动，目的是提供反映业务活动成果的成本参数；责任成本计算是以责任中心为成本计算对象，目的是对责任中心及其责任的考核，提供评价企业经营业绩的成本参数；质量成本计算则是为确保产品或服务质量而于近 20 年发展起来的一种全新的成本计算。

（4）按成本计算手段的不同分类

以此为标志可将成本计算分为手工操作式成本计算和电算化成本计算。手工操作式成本计算的每一个数据的取得、处理、传递和报告，都是依靠人的手工进行的。随着电子计算机在会计中的广泛应用，复杂的成本计算也被纳入电算化会计系统内。这种分类是区分传统成本计算和现代成本计算的主要标志之一。

（5）按成本计算规范性的不同分类

以此为标志可将成本计算分为常规成本计算和特殊成本计算。常规成本计算的程序相对稳定，规范性较强，可纳入日常成本核算体系，它主要用来提供日常管理所需的成本信息；特殊成本计算的程序比较灵活，缺乏规范性，是为满足管理上的特殊需要而进行的成本计算。产品成本计算属于前者，决策成本计算属于后者。

此外，现代企业会计中以划分产品成本、期间成本口径的不同和损益确定程序的不同为标志进行分类，分为完全成本计算和变动成本计算。完全成本法是财务会计核算成本的基本方法，它是在计算产品成本（生产成本）与存货成本时，把直接材料、直接人工、变动制造费用和固定制造费用全部包括在内的一种计算成本方法。变动成本法是管理会计学中核算成本的基本方法，它是根据成本习性的特点核算成本。它在计算产品的生产成本和存货成本时，不包括在生产过程中的固定制造费用，把这一部分费用以期间成本方式处理，作为贡献毛益的减除项，列入损益表。

3.1.2 变动成本法的理论前提

1. 变动成本法的概念

变动成本法是变动成本计算的简称，又称直接成本计算法，是指在组织常规的产品成本计算中，以成本性态分析为前提条件，只将产品生产过程中所直接消耗的直接材料、直接人工和变动制造费用作为产品成本的构成内容，而将固定制造费用及非生产成本作为期间成本，并按贡献式损益确定程序计量损益的一种成本计算模式。变动成本法是管理会计为改革财务会计的传统成本计算模式而设计的新模式。它能为企业内部经营管理工作提供成本资料，为正确进行成本的计划、控制和经营决策提供有价值的资料。

2. 变动成本法的理论前提

变动成本法既是产品成本计算方法，又是损益计算方法。它产生于 20 世纪 30 年代的美国。第二次世界大战以后，变动成本法广泛地运用于美国、日本、西欧各国企业的内部管理。传统的完全成本法将企业的全部成本分为生产成本和非生产成本，因而完全成本法所计算的产品成本包括直接材料、直接人工和制造费用，即为生产成本；为制造产品发生的销售费、管理费等属于非生产成本，作为期间成本。管理会计理论认为：也就是在变动成本计算法下，把转做本期费用的成本按成本习性分为变动成本和固定成本两部分。因此，应重新解释产品成本和期间成本的定义。产品成本只包括变动生产成本；固定制造费用应当作为期间成本处理。以上就构成了变动成本法的理论前提。

变动成本计算区别于完全成本计算，将固定性制造费用作为期间成本来处理，是基于以下理由。

（1）产品成本应该只包括变动生产成本

管理会计中，产品成本应该是那些随产品实体的流转而流转，产品销售出去时才能与相关收入实现配比并得以补偿的成本。按照变动成本计算的解释，产品成本必然与产品产量密切相关，在生产工艺没有发生实质性变化、成本消耗水平不变的情况下，所发生的产品成本总额应当随着完成的产品产量成正比例变动。如果不存在产品这个物质承担者，就不应当有产品成本存在。因此，在变动成本计算下，只有生产成本中的变动部分才构成产品成本的内容。

（2）固定性制造费用应当作为期间成本处理

在管理会计中，期间成本是指那些不随产品实体的流转而流转，而是随企业生产经营持续期间长短而增减，其效益随时间的推移而消逝，不能递延到下期，只能于发生的当期计入损益表，由当期收入补偿的成本。期间成本于发生当期直接转作本期费用，不能计入期末存货并随产品实体的流转而递延至下期。

与完全成本计算不同的是，变动成本计算下的产品成本不包含固定性制造费用，而是将其作为期间成本，直接计入当期损益。因此，固定性制造费用主要是为企业提供一定的生产经营条件而发生的，这些条件一经形成，不管其实际利用程度如何，有关费用照样发生，同产品的实际生产没有直接联系，并不随产量的增减而增减。也就是说，这部分费用所联系的是会计期间而非产品，其效益随着时间的推移而逐渐丧失，不能递延到下一会计期间。因此，固定性制造费用应当作为期间成本来处理。

3.2　变动成本法和完全成本法的比较

为了使管理会计能满足企业预测、决策、规划、控制、责任考评的基本管理职能的需要，必须采用与财务会计全部成本法不同的核算方法，这就是变动成本法。由于变动成本计算法与完全成本计算法对固定性制造费用的处理方法不同，因而两种方法之间存在着一系列的差异，主要表现如下。

1. 应用的前提条件和提供的信息用途不同

变动成本法的应用前提是要先进行成本性态分析，把全部成本划分为变动成本和固定成本两部分，尤其是将具有混合成本性质的制造费用按生产量分解为变动性制造费用和固定性制造费用两部分，如图 3-1 所示。

完全成本法是财务会计核算成本的基本计算方法，首先把总成本按其发生的经济职能或经济用途分为生产成本和非生产成本。凡发生在生产领域为生产产品发生的成本就归属于生产成本，发生在流通和服务领域为组织日常销售和日常行政管理发生的成本则归属于非生产成本，如图 3-2 所示。

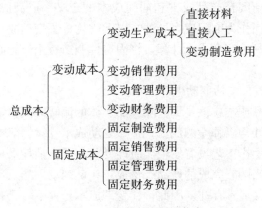

图 3-1 总成本按习性分类

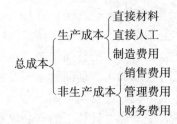

图 3-2 总成本按经济职能分类

变动成本法与完全成本法所提供的信息用途不同，这是两者之间最本质的区别。传统的完全成本法是适应企业内部事后将间接成本分配给各种产品，反映生产产品发生的全部资金耗费。它提供的成本信息可以确定产品实际成本和损益，并满足对外提供报表的需要，有助于促进企业扩大信息，刺激企业增产的积极性，因而能被外界广泛接受。变动成本法是为强化企业内部管理的要求，满足企业未来决策需要而产生的。由于它揭示了成本、业务量和利润之间的规律信息，从而有助于企业加强成本管理，强化预测、决策、计划、控制和业绩考核等职能，促进以销定产，减少或避免因盲目生产而带来的损失。

2. 成本的构成内容不同

变动成本法与完全成本法成本的构成内容不同主要是指产品成本和期间成本的构成内容不同。

（1）产品成本的构成内容不同

变动成本法是先将制造费用按成本习性分为变动性制造费用和固定性制造费用两类，计入产品成本的是直接材料、直接人工和变动性制造费用；而完全成本法则将直接材料、直接人工和全部制造费用计入产品成本。

（2）期间成本的构成内容不同

变动成本法下的期间成本由固定制造费用、销售费用、管理费用和财务费用构成。因此，变动成本法期间成本概括为固定生产成本和非生产成本之和。完全成本法的期间费用在会计核算中也称为期间成本，即非生产成本，包括销售费用、管理费用和财务费用。

对于以上成本的构成内容计算举例如下。

【例3-1】 某公司只生产一种产品，本期业务资料如下：全年产量5 000件，期初存货0件，全年销售量为3 000件，期末存货量为2 000件，销售单价为100元，本期发生的成本资料如表3-1所示。要求：分别按变动成本法和完全成本法计算当期发生的产品成本和期间成本。

表3-1 资　　料　　　　　　　　　　　　　单元：元

成本项目	直接材料	直接人工	制造费用	销售费用	管理费用	财务费用
变动性	60 000	40 000	10 000	6 000	3 000	
固定性			50 000	10 000	25 000	5 000
合计			60 000	16 000	28 000	5 000

根据上述资料按两种方法计算产品成本和期间成本，如表3-2所示。

表3-2 产品成本和期间成本计算表　　　　　　　单位：元

成本项目	变动成本法计算			完全成本法计算		
	产品成本	单位产品成本	期间成本	产品成本	单位产品成本	期间成本
直接材料	60 000	12		60 000	12	
直接人工	40 000	8		40 000	8	
变动制造费用	10 000	2		10 000	2	
固定制造费用			50 000	50 000	10	
合计	110 000	22		160 000	32	
销售费用			16 000			16 000
管理费用			28 000			28 000
财务费用			5 000			5 000
合计			49 000			49 000
总计	110 000	22	99 000	16 000	32	49 000

由以上计算结果可以看出，完全成本法单位生产成本为32元，比变动成本法单位生产成本22元多10元；变动成本法计算的期间成本为99 000元，比完全成本法计算的期间成本49 000元高50 000元。这种差异是固定制造费用处理不同，即每件产品负担固定制造费用10元（50 000/5 000）造成的。

3. 销货成本及存货成本水平不同

企业产品实体随着企业的经济活动不断处于流动状态。广义的产品则以销货和存货两种实物形态存在。当销货量与期末存货量不为零时，本期所发生的产品成本则表现为销售成本与存货成本。在变动成本法下，固定制造费用作为期间成本直接计入当期利润表，不会有转化为存货成本的可能。即本期发生的固定制造费用全部计入损益中，不会递延到下一期。在完全成本法下，固定制造费用计入产品成本，本期所发生的固定制造费用随存货的流动而流动，期末存货存在时，它需要在本期销货成本与存货成本之间分配，计入销货成本中的固定制造费用直接计入当期利润表中；计入存货成本中的固定制造费用随着存货成本的流动而递延到下一期。因此，两种成本计算法所确定的销货成本与存货成本水平不同。例3-1中两种成本计算法下的销货成本与存货成本的计算如表3-3所示。

表3-3　销货成本与存货成本计算表

项目内容	变动成本法计算	完全成本法计算
期初存货量	0	0
本期生产量	5 000 件	5 000 件
本期销售量	3 000 件	3 000 件
期末存货量	2 000 件	2 000 件
本期销售成本	3 000×22＝66 000 元	3 000×32＝96 000 元
期末存货成本	2 000×22＝44 000 元	2 000×32＝64 000 元

从上述计算结果可以看出，采用变动成本法，只包括了变动成本，而不包括固定制造费用。若采用完全成本法，则在已销售产品、库存的产成品和在产品之间都分配了固定制造费用，而且从期末产成品和在产品的存货计价来看也包含了固定制造费用这一部分，因此存货中的成本金额必然大于变动成本法存货的成本金额。

对于变动成本法和完全成本法，计算销售成本的公式为

本期销售成本＝期初存货成本＋本期发生的生产成本－期末存货成本

从上式可以看出，计算本期销售成本，必须计算出期末存货成本。对于变动成本法，由于销售成本由变动生产成本构成，所以在以下两种情况下，可以使用简化公式计算，即

本期销售成本＝本期销售量×单位变动生产成本（即单位产品成本）

第一种情况要求期初存货量为零。在这种情况下，单位期末存货成本、本期单位产品成本和本期单位销货成本这三个指标相等，可以用单位变动生产成本指标来表示。

第二种情况要求前后期单位变动生产成本水平不变。因为在这种情况下，单位期初存货成本、单位期末存货成本、本期单位产品成本和本期单位销货成本这四个指标可以用统一的单位变动生产成本指标来表示。

4. 损益确定的程序和中间指标的计算不同

企业利润计划和经营决策的重要依据是生产产品的盈利能力。在变动成本法下，产品损益确定的程序是以贡献式损益程序来表现的，也就是使用的产品盈利能力是通过贡献毛益（其指标详见第4章）来表现的，它是产品的销售收入扣减变动成本后的余额。贡献毛益补偿企业的固定成本后的余额才是企业最终实现的税前利润。损益的计算公式为

贡献毛益＝销售收入－变动成本总额

其中

$$变动成本＝变动生产成本＋变动销售、管理及财务费用$$
$$税前利润＝贡献毛益－固定成本总额$$

而

$$固定成本＝固定制造费用＋固定销售、管理及财务费用$$

由以上公式看出，贡献毛益超过固定成本越多，则企业的盈利越大。因此，产品的贡献毛益可以反映盈利能力，它是变动成本法计算损益的中间盈利能力指标。

完全成本法计算损益是销售收入扣除本期已销售成本的差额（即销售毛利），再用销售毛利扣除期间费用后的差额，得到的就是就是税前净利。损益的确定和计算公式为

$$销售毛利＝销售收入－销售成本$$

其中

$$销售成本＝期初存货成本＋本期生产成本－期末存货成本$$

$$税前利润＝销售毛利－销售费用－管理费用－财务费用$$

【例3-2】 仍以例3-1资料，用两种成本计算方法计算损益，编制的利润表如表3-4所示。

表3-4 利 润 表

201×年   单位：元

贡献式利润表		职能式利润表	
销售收入	300 000	销售收入	300 000
变动成本		销售成本	
变动生产成本	66 000	期初存货成本	0
变动销售费用	3 600	本期生产成本	160 000 (5000×32)
变动管理费用	1 800	期末存货成本	64 000
变动财务费用	0	销售成本合计	96 000
变动成本合计	71 400		
贡献毛益	228 600	销售毛利	204 000
固定成本		期间费用	
固定制造费用	50 000	销售费用	13 600
固定销售费用	10 000	管理费用	26 800
固定管理费用	25 000	财务费用	5 000
固定财务费用	5 000	期间费用合计	45 400
固定成本合计	90 000		
税前利润	138 600	税前利润	158 600

3.3 两种成本计算法分期计算营业利润差异的变动规律

3.3.1 两种成本计算法分期计算营业利润差异的原因

两种成本计算法由于计入利润表的固定制造费用的水平不同，最终导致得出的营业利润有差异。其差异包括广义差异和狭义差异。广义差异是指不同期间两种成本计算法下的营业利润可能大于零、也可能等于零或小于零。计算公式为

营业利润的广义差异＝本期完全成本法下的营业利润－本期变动成本法下的营业利润

不等于零的营业利润差异称为狭义差异。而导致出现狭义营业利润差异的原因，应从两种成本计算法中影响收入和计入当期利润表的成本费用的单价、销量、销售成本和期间成本等因素考虑。

首先，从比较两种成本计算法的利润表中可以看出：一定的相关范围内，两种成本计算法的单价和销售量都是常数，则两种成本计算法计算的销售收入相同，不会导致狭义营业利润差异。其次，在两种成本计算法下，变动生产成本都是产品成本的构成内容，这样在一定期间内销售成本中所包含的变动生产成本必然相等。因此，计入利润表中的销货成本所包含的变动生产成本不是导致发生狭义营业利润差异的因素。最后，两种成本计算法中的非生产成本即销售费用、管理费用和财务费用均属于期间成本，并最终计入当期利润表，不递延到下期，只是它们在利润表中的位置和排列顺序存在形式上的区别，所以也不会导致狭义营业利润差异的产生。通过以上分析表明只能从固定制造费用这个因素考虑。有些人认为狭义营业利润差异的出现是由于固定制造费用的处理方法不同造成的，即变动成本计算法始终将固定制造费用作为期间成本处理，完全成本法始终将其作为产品成本处理。但导致两种成本计算法下分期营业利润出现差异的根本原因是计入当期利润表的固定制造费用的水平出现了差异，这种差异表现为在完全成本法下，期末存货吸收的固定制造费用与期初存货释放的固定制造费用之间的差异。这是因为在变动成本法下，计入当期利润表的固定制造费用是本期所发生的全部固定制造费用；而在完全成本法下，计入当期利润表的固定制造费用应等于期初存货释放的固定制造费用加上本期发生的固定制造费用减去期末存货吸收的固定制造费用。以上关系用公式可表示为

完全成本法下计入当期利润表的固定制造费用
＝期初存货释放的固定制造费用＋本期发生的固定制造费用－
期末存货吸收的固定制造费用　　　　　　　　　　　　　　　　(3-1)

变动成本法下计入当期利润表的固定制造费用＝本期所发生的固定制造费用　(3-2)

完全成本法与变动成本法计入当期利润表固定制造费用的差额
＝式(3-1)－式(3-2)
＝完全成本法下期初存货释放的固定制造费用－

完全成本法下期末存货吸收的固定制造费用 （3-3）

在其他因素相同情况下，有下式成立。

两种成本计算法计算当期营业净利润的差额
＝完全成本法下期末存货吸收的固定制造费用－
完全成本法下期初存货释放的固定制造费用

因此，在其他条件不变的前提下，完全成本法下只要存在期末存货吸收的固定制造费用与期初存货释放的固定制造费用的差异，就说明两种成本计算法计入本期利润表的固定制造费用数额不同，则一定存在两种成本计算法的当期营业利润不相等。如果某期完全成本法下期末存货吸收的固定制造费用与期初存货释放的固定制造费用相同，就意味着两种成本计算法计入本期利润表的固定制造费用的数额相等，两种成本计算法下的当期营业利润必然相等。

【例3-3】 某企业201×年全年产销一种产品，其产销量及有关成本资料如表3-5所示。要求：根据资料计算说明两种成本计算法下营业利润差异的根本原因。

表3-5 某产品销量及有关成本资料表 单位：元

业务资料	全年产量	4 000 件
	期初存货量	0 件
	全年销量	3 600 件
	期末存货量	400 件
	销售单价	100
成本资料	直接材料	140 000
	直接人工	80 000
	制造费用	80 000
	其中：变动制造费用	20 000
	固定制造费用	60 000
	销售费用	60 000
	其中：变动销售费用	20 000
	固定销售费用	40 000
	管理及财务费用	20 000
	其中：变动管理及财务费用	2 000
	固定管理及财务费用	18 000

完全成本法下期末存货吸收的固定制造费用与期初存货释放的固定制造费用计算如下。

期末存货吸收的固定制造费用＝期末存货量×本期单位固定制造费用

$$=\frac{400\times60\ 000}{4\ 000}=6\ 000\ （元）$$

期初存货释放的固定制造费用＝期初存货量×上期单位固定制造费用
＝0×上期单位固定制造费用＝0（元）

两种成本计算法下的利润差异＝期末存货吸收的固定制造费用－期初存货释放的固定制造费用
$$＝6\,000－0＝6\,000（元）$$

我们以两种成本计算方法分别计算它们的营业利润来验证它们的利润差异，如表3-6所示。

表3-6　营业利润表　　　　　　　　　单位：元

贡献式利润表		职能式利润表		差异
销售收入	360 000	销售收入	360 000	
变动成本		销售成本		
变动生产成本 （60×3 600）	216 000	期初存货成本	0	
变动销售费用	18 000	本期生产成本 （4 000×75）	300 000	
变动管理及财务费用	1 800	期末存货成本	30 000	
变动成本合计	235 800	销售成本合计	270 000	
贡献毛益	124 200	销售毛利	90 000	
固定成本		期间费用		
固定制造费用	60 000	销售费用	58 000	
固定销售费用	40 000	管理及财务费用	19 800	
固定管理及财务费用	18 000			
固定成本合计	118 000	期间费用合计	77 800	
税前利润	6 200	税前利润	12 200	6 000

以上计算结果充分验证了完全成本法和变动成本法营业利润差异的根本原因，同时也科学地揭示了两种成本计算法下，分期营业净利润出现狭义差异的必要条件，这有助于分析广义差异的变动规律。

通过以上分析，可以得出广义营业利润差异的变动规律如下。

① 如果完全成本法下期末存货吸收的固定制造费用等于期初存货释放的固定制造费用，则两种成本计算法计算确定的营业利润差额必然为零，即它们的营业利润相等。

② 如果完全成本法下期末存货吸收的固定制造费用大于期初存货释放的固定制造费用，则两种成本计算法计算确定的营业利润差额必然大于零，即完全成本法计算确定的营业利润大于变动成本法计算确定的营业利润。

③ 如果完全成本法下期末存货吸收的固定制造费用小于期初存货释放的固定制造费用，则两种成本计算法计算确定的营业利润差额必然小于零，即完全成本法计算确定的营业利润小于变动成本法计算确定的营业利润。

3.3.2　两种成本计算法对营业利润计算的影响

对企业生产经营中期末存货量和期初存货量之间的数量关系，以及产销不平衡或平衡与营业净利润广义差额之间的关系，应通过变动成本法与完全成本法计算营业净利润的对比分析，来阐明它们内在的规律和结果。

1. 生产量相等而销售量不等

【例3-4】 设某企业产销一种产品，各会计年度产量不变，销量变动，连续3年有关产销及成本资料如表3-7所示。

表3-7 某企业产销及成本资料 单位：元

项目	第一年	第二年	第三年	合计
期初存货量/件	1 000	1 000	2 000	1 000
当年生产量/件	10 000	10 000	10 000	30 000
当年销售量/件	10 000	9 000	11 000	30 000
期末存货量/件	1 000	2 000	1 000	1 000

基本资料		成本资料	变动成本法	完全成本法
单位售价	15	单位变动制造成本	6	6
制造成本：				
单位变动成本	6			
固定制造费用总额	24 000	单位固定制造费用		2.4
销售、管理及财务费用：				
单位变动销售、管理及财务费用	0	单位产品成本	6	8.4
固定销售、管理及财务费用	18 000			

根据上述资料，分别按两种成本计算法编制连续3年的利润表如表3-8和表3-9所示。

表3-8 贡献式利润表 单位：元

项目	第一年	第二年	第三年	合计
销售收入	150 000	135 000	165 000	450 000
变动成本：				
变动制造成本（按销量计算）	60 000	54 000	66 000	180 000
变动销售、管理及财务费用	0	0	0	0
贡献毛益	90 000	81 000	99 000	270 000
固定成本：				
固定制造费用	24 000	24 000	24 000	72 000
固定销售、管理及财务费用	18 000	18 000	18 000	54 000
税前利润	48 000	39 000	57 000	144 000

表 3-9　职能式利润表　　　　　　　　　　单位：元

项目	第一年	第二年	第三年	合计
销售收入	150 000	135 000	165 000	450 000
销售生产成本：				
期初存货成本	8 400	8 400	16 800	8 400
制造成本（按产量计算）	84 000	84 000	84 000	252 000
减：期末存货成本	8 400	16 800	8 400	8 400
销售生产成本合计	84 000	75 600	92 400	252 000
营业毛利	66 000	59 400	72 600	198 000
期间费用：				
销售、管理及财务费用	18 000	18 000	18 000	54 000
税前利润	48 000	41 400	54 600	144 000

由表 3-8 和表 3-9 可以看出，在三个连续的会计年度中，当生产总量等于销售总量时，用变动成本法和完全成本法计算的 3 年税前利润总额相等。本例中为 144 000 元，其原因是将连续 3 年的会计年度作为一个整体看，其生产总量为 30 000 件，等于销售总量 30 000 件。按完全成本法计算的期末存货（1 000 件）吸收的固定制造费用（1 000×2.4＝2 400）与期初存货（1 000 件）释放的固定制造费用（1 000×2.4＝2 400）相等。

2. 销售量相等而生产量不等

【例 3-5】　企业产销一种产品，各会计年度产量变动而销量不变，连续 3 年有关产销及成本资料如表 3-10 所示。

表 3-10　某企业产销及成本资料　　　　　　　　　单位：元

项目	第一年	第二年	第三年	合计
期初存货量/件	0	2 000	2 000	0
当年生产量/件	12 000	10 000	9 600	31 600
当年销售量/件	10 000	10 000	10 000	30 000
期末存货量/件	2 000	2 000	1 600	1 600

基本资料		成本计算方法	变动成本法			完全成本法		
单位售价	15	年度	第一年	第二年	第三年	第一年	第二年	第三年
制造成本：								
单位变动制造成本	6	单位变动制造成本	6	6	6	6	6	6
固定制造费用总额	24 000							
销售、管理及财务费用：		单位固定制造费用				2	2.4	2.5
单位变动销售、管理及财务费用	0							
固定销售、管理及财务费用	18 000	单位产品成本	6	6	6	8	8.4	8.5

根据上述资料，分别按两种成本计算法编制连续 3 年的利润表如表 3-11 和表 3-12 所示。

表 3-11　贡献式利润表　　　　　　单位：元

项目	第一年	第二年	第三年	合计
销售收入	150 000	150 000	150 000	450 000
变动成本：				
变动制造成本（按销量计算）	60 000	60 000	60 000	180 000
变动销售、管理及财务费用	0	0	0	0
贡献毛益	90 000	90 000	90 000	270 000
固定成本：				
固定制造费用	24 000	24 000	24 000	72 000
固定销售、管理及财务费用	18 000	18 000	18 000	54 000
税前利润	48 000	48 000	48 000	144 000

表 3-12　职能式利润表　　　　　　单位：元

项目	第一年	第二年	第三年	合计
销售收入	150 000	150 000	150 000	450 000
销售生产成本：				
期初存货成本	0	16 000	16 800	0
制造成本（按产量计算）	96 000	84 000	81 600	261 600
减：期末存货成本	16 000	16 800	13 600	13 600
销售生产成本合计	80 000	83 200	84 800	248 000
营业毛利	70 000	66 800	65 200	202 000
期间费用：				
销售、管理及财务费用	18 000	18 000	18 000	54 000
税前利润	52 000	48 800	47 200	148 000

由表 3-11 和表 3-12 可知，在 3 个连续的会计年度中，当生产总量大于销售总量时，按完全成本法计算的税前利润总额大于按变动成本法计算的税前利润总额。本例中前者为 148 000 元，后者为 144 000 元。其原因是：若把 3 个连续的会计年度作为一个整体会计期间来看，期初存货量是零（第一年初），期末存货量是 1 600 件（第三年末），按完全成本法计算的 1 600 件期末存货中包含了固定制造费用 4 000 元，则销售成本也就少了 4 000 元，税前利润就增加了 4 000 元。

两种成本计算法利润差异＝期末存货单位固定制造费用×期末存货量－

期初存货单位固定制造费用×期初存货量

$$=\frac{24\ 000}{9\ 600}\times 1\ 600-0=4\ 000（元）$$

从贡献式利润表也可看出：采用变动成本法，不管各期产量如何变化，只要各年销售量相等，则其利润亦相等，本例中各年的税前利润均为 48 000 元。换句话说，当采用了变动成本法以后，若销售单价与成本耗费水平不变，产量高低对税前净利毫无影响，决定税前净利大小的主要因素就是销售量。应该指出的是，在本例中，第二年的生产量等于销售量，都是 10 000 件，期末存货量等于期初存货量，都是 2 000 件，然而两种成本计算法计算出来的税前利润相差 800 元（48 800－48 000）。这是因为按完全成本法计算，存货采用先进先出法时，期初存货成本为 16 000 元（2 000×8），期末存货成本为 16 800 元（2 000×8.4），两者相差 800 元。

综上所述，在各期生产成本水平不变（各期单位变动成本和固定生产成本不变）的情况下，变动成本法与完全成本法对计算各期损益的影响如下。

① 当期末存货量和期初存货量相等（产量与销量相等）时，两种计算方法所得的净利润也相等。

② 当期末存货量大于期初存货量（生产量大于销售量）时，以完全成本计算为基础所确定的净利润大于以变动成本计算为基础所确定的净利润。

③ 当期末存货量小于期初存货量（生产量小于销售量）时，以完全成本计算为基础所确定的净利润小于以变动成本计算为基础所确定的净利润。

应指出的是，期末存货量和期初存货量之间的数量关系及产销平衡关系与税前利润广义差额之间并不存在一成不变的联系，只有在特定的条件下，才有一定规律可循。因此，实际中不能盲目照搬这些特殊规律。

3.4　变动成本法的评价与应用

3.4.1　变动成本法的特点

变动成本法的优缺点是相对于完全成本法而言的。例如，变动成本法下的产品成本不符合传统的成本概念，完全成本法下的产品成本符合传统的成本概念。但变动成本法与完全成本法之间也并非是一种简单的"此是彼非"或"此非彼是"关系。例如，变动成本法使人们更加重视销售环节，当然是优点，而完全成本法使人们重视生产环节（有刺激生产的作用），也不一定就是缺点，至少不一定总是缺点（如当产品供不应求时，生产就是第一位的）。

1. 变动成本法的优点

由于变动成本法能够提供反映成本与业务量之间、利润与销量之间的变化规律的信息，因而有助于加强成本管理，强化管理预测、决策、规划、控制和业绩考核等职能。变动成本法具体有以下优点。

（1）能够促进企业重视市场，做到以销定产

从理论上讲，在产品售价、成本不变的情况下，变动成本法计算的利润多少应与销

售量的增减相一致，并使利润真正成为反映企业经营状况的晴雨表，促使管理者重视市场销售，增强现代经营管理意识，实现以销定产。

（2）变动成本法能为企业提供重要的管理信息

变动成本法提供的单位变动成本和贡献毛益，揭示了产量与成本变化的内在规律，表现了产销量、成本和利润之间的依存关系，提供了各种产品盈利能力的重要资料和经营风险等重要信息。这些为企业管理部门进行本量利分析，以及正确地进行成本计划、控制和经营决策提供了重要依据，增强了成本信息的有用性，有利于企业的短期决策。从前面的例子可以看出，完全成本法下计算的利润受到存货变动的影响，而这种影响是有违逻辑的。尽管产品的生产是企业实现利润的必要条件之一，但不是充分条件，只有产品销售出去其价值才为社会所承认，企业也才能取得收入和利润。产品的销售不仅是企业实现收入和利润的必要条件，也是充分条件，多销售才会多得利润。而在完全成本法下，多生产即可多得利润，这当然有悖于逻辑。至于在产销均衡的条件下，多生产当然会多得利润，但这在变动成本法和完全成本法下计算的结果是完全一样的。

完全成本法下由于产量波动而导致的利润波动，有时会达到令人无法忍受的程度，即当期增加销售不仅不会提高利润，反而会使利润下降。也就是说，完全成本法下提供的成本信息不仅无助于进行正确的决策，有时还可能是有害的。而在变动成本法下则可以完全避免上述问题的发生。

变动成本法将产品的制造成本按成本性态划分为变动制造费用和固定制造费用两部分，认为只有变动制造费用才构成产品成本，而固定制造费用应作为期间成本处理。换句话说，变动成本法认为固定制造费用转销的时间选择十分重要，它应该属于为取得收益而已经丧失的成本。

（3）变动成本法更符合"配比原则"的精神

变动成本法以成本性态分析为基础计算存货的产品成本。它的基本原理就是将当期所确认的费用，按照成本性态分为如下两大部分：一部分是与产品生产数量直接相关的成本（即变动成本），包括直接材料、直接人工和变动性制造费用，这部分成本中由已销售产品负担的相应部分（即当期销售成本）需要与销售收入（即当期收益）相配比，未销售产品负担的相应部分（即期末存货成本）则需要与未来收益相配比；另一部分则是与产品生产数量无直接联系的成本，即固定制造费用。这部分成本是企业为维持正常生产能力所必须负担的成本，它们与生产能力的利用程度无关，既不会因为产量的提高而增加，也不会因为产量的下降而减少，只会随着时间的推延而丧失，所以是一种为取得收益而已经丧失的成本。至于销售费用与管理费用，变动成本法下同样是作为期间成本，只不过在进行相关决策时也需要按成本性态进行划分。

（4）变动成本法可以简化成本计算

采用变动成本法，把所有的固定成本都列作期间成本，从贡献毛益中直接扣除，节省了许多间接费用的分摊手续，简化了成本计算工作，同时也防止了间接费用中的主观随意性。因为在变动成本法下，固定制造费用被全部作为期间成本而从贡献毛益中扣除，从而省却了各种固定制造费用的分摊工作（在完全成本法下则必须分摊）。这样做不仅大大简化了产品成本的计算工作，而且避免了各种固定制造费用分摊中的主观随意性。在生产多种产品的企业，变动成本法的上述优点尤为突出。

（5）变动成本法便于正确评价企业管理部门的经营业绩

由于变动成本法将固定制造费用列作期间成本，所以在一定产量条件下，损益对销量的变化更为敏感，这在客观上有刺激销售的作用。产品销售收入与变动成本（包括变动制造成本和其他变动成本）的差额是管理会计中的一个重要概念，即贡献毛益。以贡献毛益减去期间成本（包括固定制造费用和其他固定费用）就是利润。

与完全成本法相比，应该说变动成本法的优点是主要的，正因为如此，不少人认为变动成本法不仅适用于提供与短期决策相关的成本信息，也适用于对外报告。

2. 变动成本法的局限性

① 变动成本法不符合传统的成本概念的要求。因为按照传统的观念，产品成本应该包括变动成本和固定成本。而变动成本法按成本性态将成本划分为固定成本与变动成本，本身具有局限性，这种划分在很大程度上是假设的结果，并且其产品成本至少目前不合乎税法的有关要求。

② 变动成本法所确定的成本信息不符合通用会计报表编制的要求。

③ 变动成本法所提供的成本信息难以适应长期决策的需要。因为从长期来看，固定成本不可能不发生变动。而长期决策涉及的时间较长，且要解决生产规模的问题，必然会超过相关范围。因此，变动成本法所提供的资料不适用于长期决策的需要。

此外，变动成本法与完全成本法还有共同的局限性：决策是面向未来的，而完全成本法和变动成本法都是面向过去的，都是有关过去经济活动的反映。

3.4.2 变动成本法和完全成本法的结合应用

1. 两种成本计算法结合应用的意义

企业的会计核算工作必须提供两方面信息：一方面必须为企业内部管理部门进行日常经营管理决策提供有用的资料；另一方面必须定期编制财务报表，将会计核算的结果定期提供给投资者、债权人及其他有关各方。变动成本法和完全成本法能分别满足这两方面的需要。但是如果在一个企业里同时采用两种成本计算法就会造成人力、物力、财力和时间上的极大浪费，而且会造成大量的重复计算。因此，在会计核算工作中应将两种成本计算法有机地结合起来，以便更好地满足企业会计同时提供对内、对外两方面信息的需要。

2. 变动成本法的应用

完全成本法与变动成本法有各自的优点和不足，而且从某种意义上讲，双方的不足之处可以通过对方来弥补。例如变动成本法对企业内部的经营管理有很大帮助，有利于企业的短期决策。再如变动成本法不适用于编制对外的会计报表，而完全成本法适用。凡此种种都说明变动成本法与完全成本法之间不会也不应该是排斥关系，而应该是相互结合、相互补充的关系。目前，在美国、英国等国家，存货计价、收益计量和编制定期的财务报表等仍要求以完全成本法计算为基础，但在企业内部，则大多采用变动成本法计算产品成本、编制内部报表。

完全成本法就是传统的成本计算方法，那么如何在这个基础上应用变动成本法呢？

显然不能搞两套平行的成本计算系统，而只能以一种成本计算方法为基础来建立统一的成本计算系统。一般来说，统一的成本计算体系是以变动成本法为基础建立的成本计算系统，其具体核算程序如下。

① 日常核算以变动成本法为基础，"在产品（生产成本）""产成品（库存商品）"账户均登记变动成本，即成本登记中只包括直接材料、直接人工和变动性制造费用。

② 设置"变动制造费用"账户，借方用以核算生产过程中发生的变动制造费用，期末则将其发生额转入"在产品"账户。也可以将"变动制造费用"账户作为"在产品"账户的二级账户处理，这样做更符合传统的成本计算习惯。

③ 设置"产成品——固定制造费用"账户，借方用以归集当期发生的固定性制造费用，期末则将应由已销产品负担的部分自贷方转入"主营业务成本"（或"产品销售成本"）账户的借方；该账户的期末余额则为期末在产品和产成品所应负担的固定性制造费用，期末与"在产品"和"产成品"账户的余额合计列入资产负债表的"存货"项。

④ 设置"变动非制造费用"和"固定非制造费用"账户，借方用以分别归集销售费用和管理费用中的变动部分和固定部分，期末则如数由贷方转入"本年利润"账户。

下面通过一个简单的例子来说明以变动成本法为基础的成本计算系统账务处理程序。

【例3-6】 某企业产销一种产品，且期末无在产品，其他有关资料如表3-13所示。要求：按统一的成本核算体系计算存货成本和销售成本。

表3-13 有关资料

期初存货	0件	单位变动成本	4元
本期产量	1 000件	直接材料	2元
本期销量	600件	直接人工	1元
期末存货	400件	变动制造费用	1元
单位产品售价	10元	固定制造费用	3 000元
		销售及管理费用	1 000元

解 当期发生的销售成本＝已销产品变动生产成本＋已销产品应分摊的固定制造费用

$$=4\times600+\frac{3\ 000\times600}{1\ 000}$$

$$=4\ 200（元）$$

所做的账务处理如下。

借：主营业务成本 　　　　　　　　　　　　　　2 400
　贷：产成品 　　　　　　　　　　　　　　　　　　　　2 400
借：主营业务成本 　　　　　　　　　　　　　　1 800
　贷：产成品——固定制造费用 　　　　　　　　　　　　1 800

　　期末存货成本＝期末存货的变动成本＋期末存货的固定制造费用

$$=400\times4+3\ 000\times400/1\ 000$$
$$=2\ 800（元）$$

因此，期末资产负债表上列示的存货成本为 2 800 元，可以按完全成本法计算销售成本来验证。

$$销售成本=600\times(4+3\ 000/1\ 000)=4\ 200（元）$$

以变动成本法为基础的成本计算系统账务处理程序可以用"T"形账户反映。

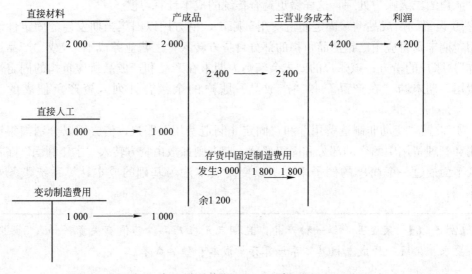

按照上述账务处理程序计算的结果，列入利润表的产品销售成本为 4 200 元（变动制造成本 2 400 元与由已销产品负担的固定制造费用 1 800 元），与完全成本法下计算的结果 $[600\times(4+30\ 000/5\ 000)=4\ 200]$ 完全一致；而"固定制造费用"的期末余额（1 200 元）则作为期末存货成本的一部分，与"产成品"期末余额一起列入资产负债表。

建立以变动成本法为基础的统一的成本计算系统，还需要注意以下几个问题。

① 企业如为多品种生产，对于某些变动性的共同费用，如服装厂联合剪裁的布料费，仍需先在各种产品之间进行划分，而且在以这种成本信息进行决策时，还应考虑关联产品。这是一项基础工作，即使在完全成本法下也得这样做。

② 企业如果期末有在产品，则需要对在产品的成本进行计算，基本做法仍和完全成本法下一样（如采用约当产量法），只不过"在产品"账户本身只核算变动制造成本。

③ 企业期末如果有存货（在产品、产成品或兼而有之），则在计算应列入利润表的销售成本时，应注意连续各期"固定制造费用"与存货之间的匹配关系。

此外，在以变动成本法为基础设置账户时，企业应结合自己的经营特点设置账户，如将直接材料、直接人工和变动制造费用直接作为"在产品（生产成本）"的二级账户。再如对销售费用和管理费用（它们的绝大多数属于固定成本）仍可延用企业通常所采用的多栏式记账方式，只不过对于其中的变动性费用需要单独列项登记。

在结束本章之前还要特别强调的是，成本按性态划分具有一定的假设性，当然不能十分精确。事实上，"十分精确"对于企业的决策而言，往往是不划算的，因为这样做不仅效率低，而且成本大。尽管如此，做好划分的基础工作仍十分重要，这直接关系到以变动成本法为基础的成本核算系统下的成本信息是否真的对企业的决策行为有所帮助。

本 章 小 结

变动成本法是以成本性态分析为前提条件，将产品生产过程中所直接消耗的直接材料、直接人工和变动制造费用作为产品成本的构成内容，而将固定制造费用及非生产成本作为期间成本，并按贡献式损益确定程序计量损益的一种成本计算方法。它能为企业内部经营管理工作提供成本资料，为正确进行成本的计划、控制和经营决策提供有价值的资料。

思 考 题

1. 什么是变动成本法？它有哪些特点？它的理论依据是什么？
2. 如果生产量大于销售量，采用何种成本计算方法可获得较高净利？为什么？
3. 如果生产量小于销售量，采用何种成本计算方法可获得较高净利？为什么？
4. 两种成本计算法广义营业利润差额的变动规律如何？
5. 完全成本法与变动成本法应如何配合使用？

习 题

一、单项选择题

1. 变动成本法的产品成本是指（　　）。
   A. 固定生产成本　　　　　　　　B. 变动生产成本
   C. 固定非生产成本　　　　　　　D. 变动非生产成本
2. 在变动成本法下，销售收入减变动成本等于（　　）。
   A. 销售毛利　　　　　　　　　　B. 税后利润
   C. 税前利润　　　　　　　　　　D. 贡献边际
3. 如果本期销售量比上期增加，其他条件不变，则可断定变动成本法计算的本期营业利润（　　）。

A. 一定等于上期   B. 一定大于上期

C. 应当小于上期   D. 可能等于上期

4. 变动成本法下期末存货成本不包括（   ）。

A. 直接材料   B. 直接人工

C. 固定制造费用   D. 变动制造费用

5. 完全成本法下期间费用包括（   ）。

A. 直接材料   B. 变动制造费用

C. 推销及管理成本   D. 固定制造费用

6. 在既有期初存货又有期末存货的情形下，按完全成本法计算的净收益与按变动成本法计算的净收益相比（   ）。

A. 一定较高   B. 一定较低

C. 一定相等   D. 高低不一定

二、多项选择题

1. 完全成本下的营业净利润与变动成本法下的营业净利润之间的关系是（   ）。

A. 可能大于   B. 可能小于

C. 可能等于   D. 有规律可循

2. 营业利润在贡献式损益确定程序下的计算公式有（   ）。

A. 营业收入－变动成本－固定成本   B. 贡献边际－固定成本

C. 贡献边际－变动成本   D. 营业毛利－营业费用

3. 完全成本法和变动成本法共同的产品成本有（   ）。

A. 直接材料   B. 直接人工

C. 固定制造费用   D. 变动制造费用

4. 某企业按照完全成本法计算成本，无期初存货，有期末存货，如该企业改用变动成本法，则（   ）。

A. 期末存货成本较低   B. 当期净收益较低

C. 期间费用较低   D. 制造费用较低

5. 变动成本法与完全成本法的区别表现在（   ）。

A. 产品成本的内容   B. 净收益额

C. 损益表格式   D. 期末存货成本的内容

6. 变动成本法下的期间成本有（   ）。

A. 变动销售费用   B. 固定销售费用

C. 固定制造费用   D. 全部管理费用

三、计算题

1. 某公司生产甲产品，产品单价为10元/件，单位产品变动生产成本为4元，固定制造费用总额为24 000元，销售及管理费用为6 000元，全部是固定性的，存货按先进先出法计价，最近三年的产销量资料如表3-14所示。要求：

(1) 分别按两种方法计算单位产品成本；

(2) 分别按两种方法计算期末存货成本；

(3) 分别按两种方法计算期初存货成本；

(4) 分别按两种方法计算各年营业利润；

(5) 用差额简算法验证完全成本法下的各年营业利润。

表 3-14　产销量资料

产销量 ＼ 年份	第一年	第二年	第三年
期初存货量	0	0	2 000
本期生产量	6 000	8 000	4 000
本期销售量	6 000	6 000	6 000
期末存货量	0	2 000	0

2. 假设某工厂只生产一种产品，第一年和第二年两年的生产量分别为 30 000 件和 24 000 件，销售数量分别为 20 000 件和 30 000 件，存货计价采用先进先出法，每件产品售价为 15 元。生产成本：变动成本为 5 元/件；固定制造费用每年发生额为 180 000 元。销售与管理费用假定全部是固定性费用，每年发生额为 25 000 元。要求：

(1) 根据以上资料，分别采用变动成本法和完全成本法计算第一年和第二年的净利润。

(2) 具体说明第一年和第二年分别采用两种成本计算法确定的净利润发生差异的原因。

3. 某工厂生产 B 产品，由于生产能力的限制，虽然所有的销售都发生在第四季度，但工厂必须全年从事生产。B 产品销售单价为 20 元/件，单位变动成本为 10 元/件，每年固定制造成本为 20 万元，每年管理费用（全部固定）为 8 000 元。本年营业状况如表 3-15 所示。要求：

表 3-15　本年营业状况　　　　　　　　　　　　　单位：元

时间	生产量	销售量
第一季度	100 000	0
第二季度	120 000	0
第三季度	130 000	0
第四季度	150 000	500 000

(1) 使用变动成本法计算每个季度的收益情况；

(2) 使用完全成本法计算每个季度的收益情况。

4. 某公司 20×7 年生产一种产品，产品的有关资料如下：本年度生产量为 5 000 件，销售单价为 20 元/件，直接材料费为 20 000 元，直接人工费为 15 000 元，变动制造费用为 20 000 元，固定制造费用为 20 000 元，销售及管理费用（全部固定）为 10 000 元。要求：

(1) 按照完全成本法和变动成本法计算单位产品成本；

（2）假设本年度销售产品 4 000 件，期初无存货，请按照完全成本法和变动成本法计算该公司当年的利润。

5. 某厂 20×7 年生产子产品 10 000 件，销售 8 000 件，其按完全成本法编制的利润表如表 3-16 所示。

表 3-16　利　润　表

20×7 年　　　　　　　　　　　　　　　　　　　　　　　　单位：元

销售收入	200 000	销售成本合计	120 000
销售成本		毛利	80 000
期初存货成本	0	销售及管理费用（固定）	50 000
本期制造成本	150 000	税前利润	30 000
期末存货成本	30 000		

假设该厂全年固定制造费用总额为 40 000 元。要求：计算该厂 20×7 年度在变动成本法下的税前利润，并计算说明在两种成本计算法下税前利润不等的原因。

6. 某厂 20×7 年度生产并销售甲产品 6 000 件，单位售价为 400 元，期初无存货。该厂用变动成本法编制的利润表如表 3-17 所示。要求：

（1）用完全成本法为该厂编制 20×7 年度的利润表。

（2）若该厂 20×7 年度甲产品期初存货 1 500 件，本期生产 6 000 件，本期销售 7 000 件。请用变动成本法和完全成本法计算税前利润。

表 3-17　利　润　表

20×7 年　　　　　　　　　　　　　　　　　　　　　　　　单位：元

销售收入	2 400 000	固定成本	
变动成本		制造费用	900 000
变动生产成本	840 000	销售与管理费用	300 000
变动销售与管理费用	120 000	固定成本合计	1 200 000
变动成本合计	960 000	税前利润	240 000
贡献毛益	1 440 000		

第4章

本量利分析

学习目标与要求

通过本章的学习，理解本量利分析的基本原理和方法，掌握保本点、保利点和保净利点的有关公式及其计算；能够应用本量利分析、敏感性分析及经营安全程度评价指标解决企业实际问题。

4.1 本量利关系

4.1.1 本量利分析的基本含义

本量利分析是对成本、产量（或销售量）、利润之间相互关系进行分析的一种简称，即 CVP 分析（cost-volume-profit analysis），又称量本利分析。它是指在变动成本计算模式的基础上，以数学化的会计模型揭示和研究企业在一定期间的成本、业务量和利润三者之间关系的一种专门方法。这种分析方法是在人们认识到成本可以也应该按性态进行划分的基础上发展起来的，具体研究销量、价格、变动成本、固定成本和利润等变量之间的内在规律性联系，为企业的预测、决策、计划和控制等方面提供必要的信息，是企业制订计划和进行决策的有用工具，因而它具有广泛的用途，也是管理会计的一项基础内容。

本量利分析的文字记载最早出现在 1904 年英国出版的会计百科全书中。1922 年美国哥伦比亚大学的一位会计教授提出了完整的保本分析理论。进入 20 世纪 50 年代以后，CVP 分析在西方会计实践中得到广泛应用，其理论更臻完善，成为现代管理会计学的重要组成部分。

目前，本量利分析的应用无论是在西方国家还是在我国都十分广泛。它与企业的经营风险分析密切联系，可促使企业努力降低风险，合理地处理成本与利润的关系，正确地确定产品的产销量，降低产品成本，增加企业利润，并能与预测技术结合，进行保本预测和确保目标利润实现的业务量预测。本量利分析与决策融为一体，据此进行生产决策、定价决策和投资决策等，并为企业编制预算、控制成本奠定了坚实的基础。

4.1.2 本量利的基本假定

假设规定了科学理论应用的界定，因此任何分析理论与方法都应该是建立在一定的假设前提之下的，这样其内容才能严谨和完善。本量利分析也是建立在一定的假设基础上的。为了便于揭示成本、业务量及利润三者之间的数量关系，在管理会计中，对于本量利分析研究应用的基本假设如下。

1. 成本性态分析假设

本量利分析是建立在成本按性态划分基础上的一种分析方法，即在成本性态分类基础上的成本性态分析工作已全部完成，建立了成本性态模型，全部成本已经分为固定成本和变动成本两部分，$y=a+bx$ 的成本模型已经建立。

2. 相关范围假设

管理会计中所特指的相关范围是指在一定期间和一定业务量范围内两部分内容。如前所述，也就是说"相关范围"假设包含了"期间"假设和"业务量"假设这两层意思。

（1）期间假设

它是指在一定的时间内，无论是固定成本还是变动成本，其固定性与变动性均体现在这个特定的期间内，具体内容就是固定成本的固定性和反比例性，变动成本的正比例性和不变性。即随着时间的推移，固定成本的总额及其内容会发生变化，单位变动成本的数额及其内容也会发生变化。即使通过分析计算出了固定成本的总额和单位变动成本的大小，那也是彼期间而非本期间的结果了。

（2）业务量假设

它是指企业在特定的空间范围内，对成本按性态进行划分而得到的固定成本和变动成本，是在一定业务量范围内分析和计量的结果，业务量发生变化特别是变化较大时，固定成本和变动成本数额就需要重新加以计量，这时就构成了新的业务量假设。

3. 线性假设

假定在一定时期和一定的产销业务量范围内，成本水平始终保持不变，即固定成本总额和单位变动成本均保持不变。前面论述中我们知道，企业的总成本按性态可以近似地描述为 $y=a+bx$ 这样一种线性模型。也就是成本函数为线性方程，具体可包括：固定成本是固定不变的，表示在平面直角坐标图中，就是一条与横轴平行的直线，即 $y=a$；变动成本与业务量之间是正比例关系，在坐标图中表示是一条过原点的直线，该直线的斜率就是单位变动成本，即 $y=bx$。同时，在相关范围内，销售收入与销售数量呈完全线性关系，即单价也不因产销量变化而改变，在坐标图中销售收入也是一条过原点的直线，单价是直线的斜率，表现为 $y=px$ 的模型。总之，在相关范围内，成本与销售收入分别表现为一条直线。应该理解的是，经济学家认为在较长期的实际经济活动中，成本线与收入线并不完全是直线而应当是曲线。因为在实际工作中，成本与收入的变化会受经营时间、经营规模、生产效率等综合因素影响而呈曲线变化，因此总成本不会是一条直线，销售收入也并非总是直线。但这与管理会计中的本量利分析并不矛盾，因为经济学家描述的是一段相当长时期内成本收入的变动情况，而管理会计学家描述的是较短时期内成本收入的变动情况。如果在相关范围内把经济学家所描述的曲线取一段，则可近似地将其表现为直线。

4. 产销平衡与品种结构稳定假设

产销平衡是指在单一产品生产的条件下，企业各期间生产出来的产品总能在市场上有销路，即能实现产销平衡。品种结构稳定假设是指在一个多品种生产和销售的企业中，当以货币形式表现的产销量发生变化时，各种产品的销售收入在全部产品总收入中所占的比重不会发生变化。

5. 变动成本法与目标利润假设

产品成本计算方法的确定是影响企业利润指标大小的重要依据。因此，在本量利分析中，假设产品成本按变动成本法计算，即产品成本只包括变动生产成本，固定制造费用全部作为期间成本处理。利润是本量利分析中的一个重要指标，在西方资本主义国家管理会计学本量利分析中的利润是指"息税前利润"。我国企业财务会计中反映利润的指标主要有：营业利润、利润总额及净利润。在本量利分析中考虑到营业利润与企业经营中所发生的成本、业务量的关系较密切，除特别说明外，本量利分析中利润因素是假定营业外收支净额和投资净收益之和近似为零，则利润总是指营业利润。因此，本量利分析中以目标利润，即营业利润为假设。

纵观以上诸条假设，对企业日常具体而复杂的经济业务可以用简单的数学模型或图形来揭示成本、业务量和利润等因素之间的规律性关系。这有助于深刻理解本量利分析的原理，同时为我们实际应用本量利分析提出了更高的要求，那就是必须结合企业自身的实际情况，不能盲目套搬滥用，并克服本量利分析的局限性。因此，可以这样说：成本性态分析和相关范围假设是最基本的假设，是本量利分析的出发点；线性假设则是由相关范围假设派生而来的，也是相关范围假设的延伸和具体化；产销平衡假设与品种结构稳定假设又是对线性假设的进一步补充，同时品种结构稳定假设又是产销平衡假设的前提条件。

4.1.3 本量利分析的原理及相关指标的计算

1. 本量利分析的基本公式及内容

本量利分析中所考虑的因素主要包括固定成本（a）、单位变动成本（b）、销售量（x）、单价（p）、销售收入（px）和目标利润（TP）。依据上述因素之间的关系，可建立本量利分析的基本公式。

$$目标营业利润＝销售收入－总成本$$
$$TP＝销售收入－（变动成本＋固定成本）$$
$$＝单价×销售量－单位变动成本×销售量－固定成本$$
$$＝（单价－单位变动成本）×销售量－固定成本$$
$$＝px－bx－a$$
$$＝(p－b)x－a$$

注意，上述目标营业利润是未扣除所得税的营业利润。由于本量利分析的数学模型是在以上公式基础上建立的，故可将以上公式称为本量利分析的基本公式，即本量利分析原理。在上述公式的5个因素中，通常假设其中3个因素为常量，则其余2个因素构成因果函数关系。一般企业在进行利润预测时，假定售价、单位变动成本及固定成本总额为常数，如果已知某期间的产销量，即可依据本量利关系式预测企业可实现的目标利润。

本量利分析可为企业规划、控制，乃至决策提供必要的经济信息和相应的分析手段。目前，本量利分析的主要内容包括保本条件下的本量利分析和保利条件下的本量利分析。

2. 贡献毛益及相关指标的计算

（1）贡献毛益的表现形式及计算

贡献毛益，又称边际贡献、贡献边际、边际利润、创利额等，是指产品销售收入扣除变动成本后的差额。其作用是反映企业产品的创利水平，并作为企业决策活动中选择最优方案的依据。它有绝对数和相对数两种表现形式。

贡献毛益绝对数的表现形式通常有两种：一种是贡献毛益总额（以 Tcm 表示），它是从产品的销售收入总额中减去各种产品变动成本总额后的余额，其经济内容体现为企业产销的产品为企业的营业净利润做出的贡献，即创利额的多少；另一种是单位贡献毛益（以 cm 表示），它是产品的销售单价减去该产品单位变动成本后的余额，其经济含义是反映某种产品的盈利能力，即该产品做出的贡献或创利额。计算公式如下。

$$贡献毛益（创利额）＝销售收入－变动成本$$
$$Tcm＝px－bx$$
$$＝单价×销售量－单位变动成本×销售量$$
$$＝(p－b)x$$

$$单位贡献毛益＝\frac{贡献毛益}{销售量}＝\frac{销售收入－变动成本}{销售量}$$

$$cm＝单价－单位变动成本$$
$$＝p－b$$

从以上公式可以看出，尽管贡献毛益不是企业的营业利润，但贡献毛益与企业营业利润有着密切关系。将贡献毛益指标用于本量利分析的基本公式中，则有以下关系。

$$营业利润＝销售收入－变动成本－固定成本$$
$$＝贡献毛益－固定成本$$

由此说明企业产品实现的贡献毛益总额首先用来补偿企业的固定成本总额，于是可能出现以下3种情况：一是贡献毛益总额大于固定成本总额，则说明实现盈利；二是贡献毛益总额等于固定成本总额，则说明企业处于不盈不亏临界状态，即保本状态；三是贡献毛益总额小于固定成本总额，则说明企业发生亏损。所以，贡献毛益是一个反映企业盈利能力的指标，也是反映能为营业利润做多大贡献的指标。因此，根据以上说明可以推导出以下关系。

$$贡献毛益＝营业利润＋固定成本$$

$$固定成本＝贡献毛益－营业利润$$

还要注意，在西方资本主义国家的企业中，销售税金是作为变动成本的一部分的，而我国把它视为一个独立项目。从理论上讲，销售税金是按销售额的比例计算的，与变动成本有同样性质，也应视作变动成本处理，故在计算贡献毛益时公式为

$$贡献毛益＝销售收入－变动成本－销售税金$$

贡献毛益的表现形式还有相对数的表现形式，即贡献毛益率，它是指贡献毛益总额占产品销售收入总额的百分比，或单位贡献毛益占产品售价的百分比，其经济含义是每一元销售收入所能提供的贡献份额，或是产品所做的贡献毛益总额在销售收入中所占的比例。贡献毛益率一般用 cmR 表示，其计算公式为

$$贡献毛益率＝\frac{贡献毛益总额}{销售收入}\times100\%＝\frac{单位贡献毛益}{单价}\times100\%$$

$$cmR＝\frac{Tcm}{px}\times100\%＝\frac{cm}{p}\times100\%$$

（2）变动成本率的计算

变动成本率（用 bR 表示）是指变动成本总额占产品销售收入的百分比，或单位变动成本占产品售价的百分比，其经济含义是每一元销售收入所消耗的变动成本的份额。其公式表示如下。

$$变动成本率＝\frac{变动成本}{销售收入}\times100\%＝\frac{单位变动成本}{单位售价}\times100\%$$

$$bR＝\frac{bx}{px}\times100\%＝\frac{b}{p}\times100\%$$

变动成本率与贡献毛益率有着密切的联系。它们计算的分母均为销售收入，并且变动成本与贡献毛益之和等于销售收入，因此二者之间是互补关系，即

$$cmR＋bR＝1 \text{ 或 } bR＝1－cmR$$

它们的这种互补关系表明：凡变动成本率高的企业，其贡献毛益率必然低，则创利能力也低；反之，变动成本率低的企业，其贡献毛益率必然高，则创利能力也高。

【例 4-1】 某企业 20×4 年只生产 A 产品，单价为 100 元/件，单位变动成本为 60 元/件，企业全年的固定成本总额为 300 000 元，本年产销量为 12 000 件。要求：

（1）计算贡献毛益指标；

（2）计算变动成本率，并验证与贡献毛益率的关系；

（3）计算营业利润。

解 （1）单位贡献毛益（cm）$＝p－b＝100－60＝40$（元/件）

贡献毛益总额（Tcm）$＝px－bx＝100\times12\ 000－60\times12\ 000＝480\ 000$（元）

贡献毛益率（cmR）$＝\frac{Tcm}{px}\times100\%＝\frac{cm}{p}\times100\%＝\frac{40}{100}\times100\%＝40\%$

（2）变动成本率（bR）$=\dfrac{bx}{px}=\dfrac{b}{p}=1-cmR=1-40\%=60\%$

（3）营业利润（TP）$=Tcm-a=480\,000-300\,000=180\,000$（元）

4.2 保本条件下的本量利分析

4.2.1 保本分析概述

1. 保本分析的概念

保本是指销售某种产品获得的销售收入与所发生的销售成本正好相等，它是概括企业收支相等、利润为零的专门术语。当企业收支相等、不盈不亏、利润为零的特殊情况时，就称企业达到保本状态。因此，在研究企业保本状态时应进行保本分析，也就是根据成本、销售收入、利润等因素之间的函数关系，预测企业在怎样的情况下达到不盈不亏的状态。可以说保本分析是研究保本状态时本量利关系的一种定量分析，又称为盈亏临界分析、损益平衡分析、两平分析等。它是确定企业经营安全程度和进行盈利分析的重要基础，是本量利分析的核心内容。应该指出的是，保本分析是在研究成本、销售收入与利润三者之间相互关系的基础上进行的，主要内容包括确定保本点、评价企业经营安全程度和保本状态的判定。保本分析所提供的信息，对于企业合理计划和有效控制经营过程极为有用，如预测成本、收入、利润和预计售价、销量、成本的变动对利润的影响等。

2. 保本点的概念和形式

保本点（break even point，BEP）是指企业的经营规模（销售量）刚好使企业达到不盈不亏的销售状态。保本点有多种称谓，在我国保本点又称盈亏临界点、盈亏平衡点、两平点等。保本点有两种表现形式：一是保本销售量，即为实物量度，简称保本量，以 x_0 表示；二是保本销售额，即为货币量度，简称保本额，以 y_0 表示。保本状态下保本点的分析主要是在企业生产单一产品条件下和生产多品种条件下的本量利分析。

4.2.2 单一品种的保本分析

单一品种条件下保本分析确定的保本点可以有保本销售量和保本销售额两种表现。它的确定方法主要有基本等式法、贡献毛益法和图示法三种。

1. 基本等式法

基本等式法是根据本量利分析的基本等式建立的相应保本点的测算公式。保本点是使利润等于零的业务量点，有以下等式成立。

利润＝销售收入－变动成本－固定成本＝0

由以上关系推导得出

（单价－单位变动成本）×销售量－固定成本＝0

即

$$保本销售量（x_0）=\frac{固定成本}{单价－单位变动成本}=\frac{a}{p-b}$$

$$保本销售额（y_0）=保本销售量×单价=x_0×p=\frac{a}{p-b}×p$$

【例 4-2】 某公司只生产一种产品，产品单位售价为 50 元/件，单位变动成本为 30 元/件，固定成本总额为 20 000 元。计算该产品的保本量和保本销售额。

解
$$保本量（x_0）=\frac{20\ 000}{50-30}=1\ 000（件）$$

$$保本销售额（y_0）=1\ 000×50=50\ 000（元）$$

2. 贡献毛益法

贡献毛益法是指在保本分析中利用贡献毛益指标与业务量、利润之间的关系计算保本点的一种方法。即企业生产产品的利润为零或贡献毛益刚好能够补偿固定成本时，企业处于保本状态。有以下公式。

$$贡献毛益－固定成本=0$$

$$单位贡献毛益×保本销售量－固定成本=0$$

则

$$保本销售量（x_0）=\frac{固定成本}{单位贡献毛益}=\frac{a}{cm}$$

$$保本销售额（y_0）=\frac{固定成本}{单位贡献毛益}×单价=\frac{固定成本}{单位毛益率}$$

$$=\frac{a}{cmR}=\frac{固定成本}{1－变动成本率}=\frac{a}{1-bR}$$

【例 4-3】 依据例 4-2 的资料，按贡献毛益指标计算保本点。

解
$$单位贡献毛益（cm）=50-30=20（元/件）$$

$$贡献毛益率（cmR）=\frac{20}{50}×100\%=40\%$$

$$x_0=\frac{20\ 000}{20}=1\ 000（件）$$

$$y_0=\frac{20\ 000}{40\%}=50\ 000（元）$$

3. 图示法

图示法又称图解方法，是指通过在坐标轴上绘制保本图的方式确定保本点位置的一种方法。根据绘图的形式不同有传统式（标准式）、贡献式和利量式等形式。

（1）传统式保本图

传统式是保本图的最基本形式，其特点是将固定成本置于变动成本之下，从而清楚地表明固定成本不随业务量变动的特征。现以绘制传统式保本图为例，说明保本点 (x_0, y_0) 的确定方法。

设有总收入 $y=px$ 和总成本 $y=a+bx$ 两线性模型。企业处于保本状态，即销售收入等于总成本，并且当单价大于单位变动成本时，在坐标轴中，即销售收入线与总成本线相交于保本点 (x_0, y_0)，如图 4-1 所示。

绘制传统式保本图的步骤如下。

① 建立直角坐标系，横轴 Ox 表示业务量，纵轴 Oy 表示销售收入或总成本金额。

② 在 xOy 平面上，以单价 p 为斜率，通过坐标轴上的原点 O 画一条直线 $y=px$，即销售收入线。

③ 在 xOy 平面上，以固定成本 a 为截距，以单位变动成本为斜率，过坐标点 $(0, a)$ 画总成本线，即 $y=a+bx$。

④ 总收入线与总成本线的相交点即为保本点 (x_0, y_0)。

（2）贡献式保本图

贡献式保本图的特点是首先绘制变动成本线，总成本的表现是以固定成本线绘于变动成本线之上，如图 4-2 所示。

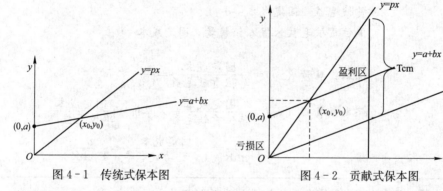

图 4-1 传统式保本图　　　　图 4-2 贡献式保本图

从图 4-2 中不难看出：贡献式保本图强调的是贡献毛益及其形成过程。保本点的贡献毛益刚好等于固定成本；超过保本点的贡献毛益大于固定成本，也就是实现了利润；而不足保本点的贡献毛益小于固定成本，则表明发生了亏损。所以贡献式盈亏临界图能直观地反映贡献毛益、固定成本及利润的关系，更符合变动成本法的思路，也更符合保本点分析的思路。

（3）利量式保本图

利润-数量式保本图又称利量式保本图。利量式的特点是将纵轴上的销售收入与成本因素略去，使坐标图上仅仅反映利润与销售数量之间的依存关系。其绘制方法如下。

① 在直角坐标系中，以横轴表示销售数量（也可以是金额），以纵轴表示利润。

② 在纵轴上找出与固定成本数相应的数值（零点以下，取负值），并以此为起点画一条与横轴平行的直线。

③ 在横轴上任取一点的销售量并计算该销售量下的损益数（计算贡献毛益亦可，只不过要从固定成本线开始算起），将由此两点决定的交叉点标于坐标图中，将该交叉

点与纵轴上相当于固定成本的那一点相连，即为利润线。

利量式保本图如图4-3所示。

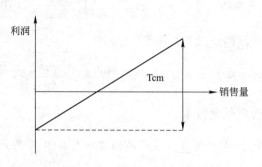

图4-3　利量式保本图

利量式保本图又称利量式盈亏临界图，它最直接地表达了销售量与利润之间的关系。当销售量为零时，企业的亏损就等于固定成本；随着销售量的增长，亏损逐渐降低直至盈利。同时，利量式保本图中的利润线表示的是销售收入与变动成本之间的差量关系，即贡献毛益，利润线的斜率也就是单位贡献毛益。在固定成本既定的情况下，贡献毛益率越高，利润线的斜率也就越大，保本点的临界值也就越小。此外，利量式保本图将固定成本置于横轴之下，能更清晰地表示固定成本在企业盈亏中的特殊作用。利量式保本图除了可以用于单一品种的保本点分析之外，还可以用于多品种的分析，这是它的又一个优点。

保本点采用数学模型进行计算，叫作公式法，反映在直角坐标系中则称为图示法。与公式法相比，图示法具有形象直观、简明易懂的特点。但由于图示法是依靠目测绘制而成，所以不可能十分准确，通常应与公式法配合使用。企业在进行成本、业务量和利润的目标规划时往往需要反复测算，测算时采用公式法较为方便。

4.2.3　多品种的保本分析

一个企业同时生产经营两种及以上产品或劳务时也可以进行保本分析。但由于各种产品的实物形态、单价、单位变动成本、贡献毛益等不尽相同，进行损益平衡分析时不能借助于产品的实物数量指标（实物数量不能简单相加），必须利用能综合反映各种产品销售量的金额指标，即销售收入。多品种保本分析的方法主要有加权平均法、联合单位法和固定成本分算法等。

1. 加权平均法

加权平均法是以各产品贡献毛益率和各产品销售收入占全部销售收入的比重为权数计算综合贡献毛益率，进而计算多品种保本额的一种方法。其公式如下。

$$多品种保本额 = \frac{固定成本}{综合贡献毛益率} = \frac{a}{cmR}$$

就上述公式看，计算多品种保本额，关键是计算综合贡献毛益率。其计算步骤如下。

第一步，计算某产品的销售比重。

$$某产品的销售比重 = \frac{该产品销售额}{各种产品销售额合计} \times 100\%$$

第二步，计算某产品的贡献毛益率。

$$某产品的贡献毛益率（cmR_i）= \frac{该产品的贡献毛益额}{该产品的销售收入} \times 100\%$$

第三步，计算综合贡献毛益率。

$$综合贡献毛益率(cmR) = \sum（某产品的贡献毛益率 \times 某产品的销售比重）$$

在加权平均法下，不仅可以计算综合贡献毛益率，还可按销售比重将综合保本额进行分解，计算每种产品的保本额和保本量。

【例4-4】 设某企业的固定成本总额为14 600元，该企业生产和销售A、B、C共3种产品（假定各种产品的产销完全一致），其有关资料如表4-1所示。

表4-1 企业的生产和销售资料

项目 \ 产品	A	B	C
产销量/件	1 200	3 500	1 800
单位价格/元	50	60	30
单位变动成本/元	45	48	21

根据表4-1中计算的A、B、C3种产品的贡献毛益率如表4-2所示。

表4-2 A、B、C3种产品的贡献毛益率

项目\产品	销售量/件①	单价/元②	单位变动成本/元③	销售收入/元 ④=①×②	占总收入的百分比/% ⑤=④/∑④	贡献毛益/元 ⑥=①×（②-③）	贡献毛益率/% ⑦=⑥/④
A	1 200	50	45	60 000	18.52	6 000	10
B	3 500	60	48	210 000	64.81	42 000	20
C	1 800	30	21	54 000	16.67	16 200	30
合计				324 000	100	64 200	

以各种产品的销售比重、贡献毛益率为权数，计算该企业产品的综合贡献毛益率如下。

$$综合贡献毛益率(cmR) = \sum（某产品的贡献毛益率 \times 某产品的销售比重）$$
$$= 10\% \times 18.52\% + 20\% \times 64.8\% + 30\% \times 16.67\%$$
$$\approx 19.81\%$$

根据综合贡献毛益率可以计算出该企业全部产品保本点的销售额，即

$$多品种保本额 = \frac{固定成本}{综合贡献毛益率} = \frac{a}{cmR} = \frac{14\ 600}{19.81\%} \approx 73\ 700（元）$$

也就是说，在既定的品种构成条件下，当销售额为 73 700 元时可使企业达到不盈不亏的状态。根据上述资料，各种产品的保本额和保本量计算如下。

$$A\ 产品保本额 = 73\ 700 \times \frac{60\ 000}{60\ 000 + 210\ 000 + 54\ 000} \approx 13\ 648（元）$$

$$A\ 产品保本量 = \frac{13\ 648}{50} = 273（件）$$

$$B\ 产品保本额 = 73\ 700 \times \frac{210\ 000}{60\ 000 + 210\ 000 + 54\ 000} \approx 47\ 769（元）$$

$$B\ 产品保本量 = \frac{47\ 769}{60} = 796（件）$$

$$C\ 产品保本额 = 73\ 700 \times \frac{54\ 000}{60\ 000 + 210\ 000 + 54\ 000} \approx 12\ 283（元）$$

$$C\ 产品保本量 = \frac{12\ 283}{30} = 409（件）$$

从以上计算可以看出，当 A 产品销售 273 件、B 产品销售 796 件、C 产品销售 409 件时，企业处于不盈不亏状态，也说明各产品的销售比重会影响到综合贡献毛益率水平。因而销售额比重即产品的品种构成发生变化时，势必改变全部产品的综合贡献毛益率，企业的盈亏临界点也自然要发生相应的变化。在其他条件不变的前提下，提高贡献毛益率高的产品的销售比重，降低贡献毛益率低的产品的销售比重，就会提高贡献毛益率水平，从而达到降低综合保本额的目的。

2. 联合单位法

联合单位法是指在事先掌握多种产品之间客观存在相对稳定的产销实物量比例的基础上，确定每一联合单位的单价和单位变动成本，进行多品种本量利分析的一种方法。

如果企业生产的多种产品之间的实物量之间存在较稳定的数量关系，而且所有产品的销路都很好，那么就可以用联合单位代表按实物量比例构成的一组产品。例如企业生产的 A、B、C 共 3 种产品的销量比为 1∶2∶3，则一个联合单位就相当于 1 个 A、2 个 B 和 3 个 C 的集合，其中 A 产品为标准产品。在联合单位销量比的基础上，可进一步计算出每一联合单位的联合单价和联合单位变动成本，进而可以按单一品种的本量利分析方法计算联合保本量，其计算公式如下。

$$联合保本量 = \frac{固定成本}{联合单价 - 联合单位变动成本}$$

以上公式中，联合单价等于一个联合单位的全部收入；联合单位变动成本等于一个联合单位的全部变动成本。在此基础上，可计算每种产品的保本量，其计算公式为

$$某产品保本量 = 联合保本量 \times 该产品销量比$$

【例 4 - 5】 *承例 4 - 4。要求：用联合单位法进行保本分析。*

解 *根据以上资料确定各产品产销比为*

A：B：C＝1：2.92：1.5

联合单价＝50×1＋60×2.92＋30×1.5＝270.20（元）

联合单位变动成本＝45×1＋48×2.92＋21×1.5＝216.66（元）

$$联合保本量＝\frac{14\ 600}{270.20-216.66}≈272.69$$

各种产品保本量计算：

A 产品保本量＝272.69×1.00≈273（件）

B 产品保本量＝272.69×2.92≈796（件）

C 产品保本量＝272.69×1.5≈409（件）

各种产品保本额计算：

A 产品保本额＝273×50＝13 650（元）

B 产品保本额＝796×60＝47 760（元）

C 产品保本额＝409×30＝12 270（元）

3. 固定成本分算法

固定成本分算法是指在一定的条件下，将全部固定成本按一定标准在各种产品之间进行分配，然后再对每个品种分别进行本量利分析的方法。

有的企业虽然组织多种产品生产，但由于生产技术的缘故而采用封闭式生产方式。在这种情况下，区分产品的专属固定成本不成问题，共同固定成本也可选择一定标准（如销售额、贡献毛益、重量等）分配给各种产品。鉴于固定成本需要由贡献毛益来补偿，故按照各种产品之间的贡献毛益比重分配固定成本更为合理。

【例 4 - 6】 *承例 4 - 4。要求：用固定成本分算法进行保本分析。*

解 *假定该企业的固定成本按各产品的贡献毛益比重分配，其计算公式如下。*

$$固定成本分配率＝\frac{固定成本总额}{全部产品的贡献毛益之和}$$

$$＝\frac{14\ 600}{1\ 200×5＋3\ 500×12＋1\ 800×9}$$

$$＝0.227\ 41$$

A 产品应分配的固定成本＝1 200×5×0.227 41≈1 365（元）

B 产品应分配的固定成本＝3 500×12×0.227 41≈9 551（元）

C 产品应分配的固定成本＝1 800×9×0.227 41≈3 684（元）

$$A 产品保本量＝\frac{1\ 365}{5}＝273（件）$$

$$B\text{ 产品保本量}=\frac{9\ 551}{12}\approx796\ (\text{件})$$

$$C\text{ 产品保本量}=\frac{3\ 684}{9}\approx409\ (\text{件})$$

A 产品保本额＝273×50＝13 650（元）

B 产品保本额＝ 796×60＝ 47 760（元）

C 产品保本额＝ 409×30＝ 12 270（元）

企业综合保本额＝13 650＋47 760＋12 270＝73 680（元）

固定成本分算法可以提供各种产品的保本点资料，运用这种方法的关键是以何种标准分配固定成本。因此实际应用时，应注意选择固定成本的标准，否则易出现问题，尤其是当品种较多时。

4.2.4　安全边际指标及计算

1. 安全边际的含义和表现形式

（1）安全边际的定义

与保本点密切相关的还有一个概念，即安全边际。所谓安全边际，是指正常销售量或者现有销售量（包括销售量和销售额两种形式，分别记作 x_1 和 y_1）超过保本点销售量的差额。这一差额表明企业的销售量在超过了保本点的销售量之后，到底走了多远，即现有的销售量降低多少，就会发生亏损。保本点状态意味着企业当期销售量下的贡献毛益刚好为全部固定成本。只有当销售量超过保本点销售量，其超出部分（即安全边际）所提供的贡献毛益才能形成企业的利润。显然，超出部分越大，企业实现的利润也就越多，当然经营也就越安全。从这个意义上说，安全边际是从相反的角度来研究盈亏临界点问题，它也是企业经营安全程度的评价指标。

（2）安全边际的表现形式

安全边际可以有绝对数和相对数两种表现形式。绝对数包括安全边际量（记作 MS量）和安全边际额（记作 MS 额）。其计算公式如下。

安全边际（MS 量）＝实际或预计销售量－保本量＝x_1-x_0

安全边际（MS 额）＝实际或预计销售额－保本额＝y_1-y_0

以上两者的关系为

安全边际（MS 额）＝安全边际（MS 量）×单价＝MS 量×p

安全边际除了用现有销售量与保本点销售量的差额表示外，还可以用相对数来表示，即安全边际率，其计算公式为

$$安全边际率=\frac{安全边际}{现有销售量或预计销售量}$$

$$=\frac{MS\ 量}{实际销售量或预计销售量}×100\%=\frac{MS\ 额}{实际销售量或预计销售额}×100\%$$

安全边际的作用是用来评价企业经营的安全程度。它们都是正指标，数值越大，企业经营安全程度越高，发生亏损的可能性越小；反之，企业经营越不安全，发生亏损的可能性越大。西方资本主义国家评价企业经营安全程度的一般标准如表 4-3 所示。

表 4-3　企业经营安全性评价标准

安全边际率	10%	10%～20%	20%～30%	30%～40%	40%以上
安全程度	危险	值得注意	较安全	安全	很安全

2. 保本作业率

保本作业率又称危险率或保本开工率，是指保本点的销售量占企业正常销售量的百分比。所谓正常销售量，是指在正常市场环境和企业正常开工情况下产品的销售数量。保本点作业率的计算公式如下。

$$保本作业率 = \frac{保本点的销售量}{正常销售量} \times 100\%$$

$$= \frac{x_0}{x_1} \times 100\% \text{ 或} = \frac{y_0}{y_1} \times 100\%$$

由于企业通常按照正常的销售量来安排产品的生产，在合理库存的条件下，产品产量与正常的销售量应该大体相同，所以保本点作业率还可以表明企业在保本状态下生产能力的利用程度。保本作业率与安全边际率的关系是互补的，即

$$安全边际率 + 保本作业率 = 1$$

保本作业率是反指标，数值越小，说明企业经营的安全程度越高。目前，某些西方资本主义国家评价企业安全程度不用安全边际率，而使用保本作业率。

【例 4-7】　假设企业保本点的销售量为 7 500 件，预计正常销售量为 12 000 件，销售单价为 10 元。要求：

（1）计算该企业的安全边际指标；

（2）计算该企业的保本作业率；

（3）评价该企业的经营安全程度。

解　（1）安全边际量（MS 量）= 12 000 - 7 500 = 4 500（件）

安全边际额（MS 额）= 10 × 12 000 - 7 500 × 10 = 45 000（元）

$$安全边际率 = \frac{安全边际}{现有销售量或预计销售量} \times 100\%$$

$$= \frac{4\ 500}{12\ 000} \times 100\% = 37.5\%$$

（2）保本作业率 $= \frac{7\ 500}{12\ 000} \times 100\% = 62.5\%$

（3）安全边际率 + 保本作业率 = 37.5% + 62.5% = 1

因为企业的安全边际率为 37.5%，可以判定该企业的经营状况安全。

综上所述，只有安全边际才能为企业提供利润，而保本点的销售量只能为企业收回固定成本，所以企业利润的计算可以借助安全边际这一概念，即

$$利润＝安全边际销售数量×单位产品贡献毛益$$

或

$$利润＝安全边际额×贡献毛益率$$

即

$$利润＝安全边际销售收入×贡献毛益率$$

将上式的左、右两边均除以产品销售收入，则有

$$销售利润率＝安全边际率×贡献毛益率$$

从完整的意义上看，在一定时期内，如果企业不盈不亏、收支相等、利润为零、贡献毛益等于固定成本、安全边际各项指标均为零、保本作业率等于 100%，则可以断定该企业一定处于保本状态。

4.2.5　影响保本点和安全边际指标的因素

1. 有关因素变动对保本点的影响

如前所述，企业利润的高低取决于销售收入与总成本两个因素，而销售收入的大小取决于销售数量和销售单价两个因素，总成本的大小则取决于变动成本和固定成本这两个因素。进行保本点分析时，贡献毛益概念给我们的一个启示是：只要销售单价高于单位变动成本（必须如此，否则销售量越大则亏损越大），固定成本就可以获得补偿。根据本量利分析原理可以得出影响保本点的因素主要是固定成本、单位变动成本、销售单价。具体来说表现在以下几个方面。

（1）销售价格变动对保本点的影响

在总成本既定的情况下，单位产品销售价格与保本点呈反方向变动。保本点随销售单价的变动而反向变动：销售单价越高（表现在坐标图中就是销售收入线的斜率越大），保本点就越低，同样销售量下实现的利润也就越高；反之，保本点越高，利润也就越低。

【例 4-8】 设某企业生产和销售单一产品，产品的售价为 60 元，单位变动成本为 40 元，全年固定成本为 600 000 元，要求：计算保本点的销售量。

解　保本点销售量 $=\dfrac{600\ 000}{60-40}=30\ 000$（件）

如果例 4-8 的其他条件不变，销售价格由原来的 60 元提高到 70 元，则保本点的销售量由原来的 30 000 件变为

$$保本点销售量=\dfrac{600\ 000}{70-40}=20\ 000（件）$$

上述单位产品销售价格变动对保本点的影响在传统式保本图中可以看出来：由于单位产品销售价格的提高，表现为销售收入线的斜率变大，致使保本点左移，原来的亏损

区域变成了盈利区域。

（2）固定成本变动对保本点的影响

在销售单价、单位变动成本既定的情况下，保本点的位置随固定成本总额的变动同向变动。尽管固定成本不随业务量的变动而变动，但企业经营能力的变化和管理决策都会导致固定成本的升降，特别是酌量性固定成本更容易发生变化。固定成本越大（表现在坐标图中就是总成本线与纵轴的交点越高），保本点就越高；反之，保本点就越低。

【例4-9】 承例4-8，假设其他条件不变，只是固定成本由原来的600 000元下降到了500 000元，则保本点的销售量由原来的30 000件变为

$$保本点销售量 = \frac{500\ 000}{60-40} = 25\ 000（件）$$

可见，由于固定成本下降了，导致保本点的临界值（销售量）降低了。在传统式保本图中可以看出，由于固定成本下降，导致总成本线下移和保本点左移，自然亏损区变小而盈利区扩大，如图4-4所示。

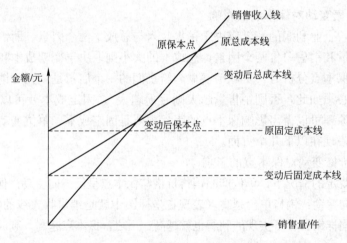

图4-4 固定成本变动的保本图

（3）单位变动成本变动对保本点的影响

在销售单价和固定成本总额既定的情况下，保本点的位置随单位变动成本的变动同向变动：单位变动成本越高（表现在保本图中就是总成本线的斜率越大），保本点就越高；反之，保本点就越低。

【例4-10】 例4-8中的其他条件不变，只是单位变动成本由原来的40元下降到了35元，则保本点的销售量由原来的30 000件变为

$$保本点销售量 = \frac{600\ 000}{60-35} = 24\ 000（件）$$

综上所述，保本点就是能使企业达到不盈不亏状态的产品销售数量。诸因素的变动与保本点的取值之间存在必然的、内在的联系。这种联系是：固定成本与变动成本的下降、销售价格的提高会使保本点的取值趋小（在传统式保本图中表现为盈亏临界点左移）；固定成本与变动成本的上升、销售价格的下降则会使保本点的取值变大。

另外，产品品种构成变动对保本点的影响一般是针对产销多种产品的，由于各种产品的获利能力不会完全相同，有时差异可能还比较大，出现的情况也各不相同，因此保本点势必会发生变化。这里不再赘述。

2. 相关因素变动对安全边际的影响

（1）单价单独变动的影响

由于单价变动会引起保本点向反方向变动，因而在销售业务量既定的条件下，会使安全边际向同方向变动。因此当单价提高时，保本点降低，安全边际指标增高，企业向有利方向发展；反之，企业向不利方向变动，企业的安全程度降低。

（2）单位变动成本单独变动的影响

由前所述，单位变动成本的变动会使保本点向同方向变动，从而在销售业务量既定的前提下，单位变动成本与安全边际变动呈反方向变动：降低单位变动成本，安全边际指标会提高，企业向有利方向发展，企业的安全程度提高；反之，企业的安全程度降低。

（3）固定成本单独变动的影响

固定成本单独变动对安全边际的影响与单位变动成本单独变动的影响一样，在此省略。

（4）预计销售量单独变动的影响

预计销售量单独变动时，会使安全边际向同方向变动，即提高销量时，可以提高安全边际指标，企业向有利方向发展。

4.3　保利条件下的本量利分析

4.3.1　实现目标利润分析及意义

实现目标利润分析又称保利分析，是指在单价和成本水平既定的情况下，为确保事先确定的目标利润能够实现而应达到的销售量（记作 x_2）和销售额（记作 y_2），一般称为实现目标利润的销售量或销售额。因此，盈利条件下本量利分析的实质是逐一描述业务量、成本、单价、利润等因素相对于其他因素而存在的定量关系。从现实的角度看，企业不但要保本，还要盈利，否则就无法发展。企业只在考虑盈利的条件下，才能充分揭示成本、业务量和利润之间的正常关系。

企业的销售量超出保本点时，可以实现利润。保本点分析是在假定企业的利润为零这样一种特殊的经营状态下来研究问题的。企业的目标当然不是利润为零，而是尽可能多地超越保本点而实现利润。所以，实现目标利润分析是保本点分析的延伸和拓展。为了便于分析和预测目标利润，需建立实现目标利润的有关模型。

4.3.2 保利分析的计算与应用

1. 实现目标利润的保利点

保利点是指在单价和成本水平既定的情况下，为保证目标利润能够实现而应达到的销售量和销售额的统称。其计算公式如下。

$$实现目标利润的销售量 = \frac{目标利润 + 固定成本}{单位产品贡献毛益}$$

上述公式表明，企业产品销售在补偿了固定成本（达到保本点）后，需要怎样的销售量才能实现目标利润。同样，实现目标利润的销售量也可以用金额来表示，即实现目标利润的销售额，只需将上式等号左右都乘以产品的单价，即

$$实现目标利润的销售额 = \frac{目标利润 + 固定成本}{贡献毛益率}$$

【例 4-11】 设某企业生产和销售单一产品，产品单价为 50 元，单位变动成本为 25 元，固定成本为 50 000 元。如果目标利润定为 40 000 元，则有

$$实现目标利润的销售量 = \frac{40\,000 + 50\,000}{50 - 25} = 3\,600（件）$$

$$实现目标利润的销售额 = \frac{目标利润 + 固定成本}{贡献毛益率} = \frac{40\,000 + 50\,000}{(50 - 25) \div 50}$$

$$= \frac{40\,000 + 50\,000}{50\%} = 180\,000（元）$$

2. 实现目标净利润的保利点

目标利润是指未扣除所得税的利润。所得税费用对于实现了利润的企业来说，是一项必然的支出。目标净利润等于目标利润扣除所得税后的利润。所以，从税后利润的角度进行目标利润的分析与预测，对企业而言或许更为适用。

$$目标净利润 = 目标利润 \times (1 - 所得税税率)$$

$$目标利润 = \frac{目标净利润}{1 - 所得税税率}$$

则

$$实现目标净利润的销售量 = \frac{\dfrac{目标净利润}{1 - 所得税税率} + 固定成本}{单位产品贡献毛益}$$

或

$$实现目标净利润的销售额 = \frac{\dfrac{目标净利润}{1 - 所得税税率} + 固定成本}{贡献毛益率}$$

假定在例 4-11 中其他条件不变，税后目标利润为 30 000 元，所得税税率为 25%，则

$$实现目标净利润的销售量=\frac{30\ 000/(1-25\%)+50\ 000}{50-25}=3\ 600\ （件）$$

或

$$实现目标净利润的销售额=\frac{30\ 000/(1-25\%)+50\ 000}{50\%}=180\ 000\ （元）$$

所得税费用是企业的一项特殊支出，这项支出在企业处于亏损状态时不会发生，而当销售量超过保本点时，该项支出随利润的变动而变动，或者说随超保本点销售量的变动而变动，其计算公式为

所得税=利润×所得税税率=超保本点销售量×单位产品贡献毛益×所得税税率

4.3.3 影响保利点的相关因素分析

在企业的生产经营实践中，保利点的计算是保本点的拓展和延伸，导致保本点变化的各因素都可能对实现目标利润产生影响。此外，在进行实现税后目标利润的分析时，所得税税率的变动也会有影响。以下对影响保利点的因素分别进行分析。

1. 单位售价变动

在其他因素不变的情况下，单价与利润变动的方向是一致的，而与保利点相反。单价提高会使单位贡献毛益和贡献毛益率提高，相应会降低保利点，利润增加；单价下降时情况刚好相反。

【例 4-12】 某企业生产和销售单一产品。该企业计划年度内销售产品 3 600 件，全年固定成本预计为 50 000 元。该产品单价为 50 元，单位变动成本为 25 元。则计划年度的目标利润为

$$目标利润=3\ 600×(50-25)-50\ 000=40\ 000\ （元）$$

如果例 4-12 中的产品单价由 50 元下降到 45 元，其他条件不变，则可实现利润为 22 000 元 [3 600×(45-25)-50 000]，比目标利润少 18 000 元。此时实现目标利润的销售量应为

$$实现目标利润的销售量=\frac{40\ 000+50\ 000}{45-25}=4\ 500\ （件）$$

由此可看出，保利量需由预计的 3 600 件达到 4 500 件，目标利润才能实现，否则无法实现。

2. 单位变动成本变动

在其他因素不变的情况下，单位变动成本的变动与保利点的变动方向一致，即单位变动成本上升，保本点就会提高，企业的盈利能力下降；单位变动成本下降，保本点也

随之下降，企业的盈利能力提高。

假设例 4-12 中的其他条件不变，只是单位变动成本由 25 元降为 20 元，则预计可实现利润 58 000 元 [3 600×(50－20)－50 000]，即比原定目标多 18 000 元，或者实现目标利润的销售量降低为

$$实现目标利润的销售量 = \frac{40\ 000 + 50\ 000}{50 - 20} = 3\ 000\ （件）$$

3. 固定成本变动

若其他条件既定，固定成本与目标利润之间是此消彼长的关系。增加固定成本总额，会使保利点上升；固定成本降低，目标利润增大，或者使保本点降低。

假设例 4-12 中的其他条件不变，只是固定成本减少了 10 000 元，则目标利润不仅可以实现，还能超目标 10 000 元；或者在比预计销售量低的销售量下实现目标利润，即

$$实现目标利润的销售量 = \frac{40\ 000 + 40\ 000}{50 - 25} = 3\ 200\ （件）$$

4. 所得税税率变动

如果企业的目标利润确定为目标净利润，除了上述因素的变动会对实现目标净利润产生影响外，所得税税率的变动也会对其产生影响。例 4-12 中所定的税前目标利润为 40 000 元，折算成目标净利润则为 30 000 元（40 000×75%）。实现这一税后目标利润的销售量应为

$$实现目标利润的销售量 = \frac{30\ 000/(1 - 25\%) + 50\ 000}{50 - 25} = 3\ 600\ （件）$$

如计划年度的所得税税率由 25% 提高到 40%，则实现原定税后目标利润的销售量为

$$实现目标利润的销售量 = \frac{30\ 000/(1 - 40\%) + 50\ 000}{50 - 25} = 4\ 000\ （件）$$

如果销售量只能达到 3 600 件，则税后利润只能实现 24 000 元（[3 600×(50－25)－50 000]×60%），比目标净利润少 6 000 元。

4.4　本量利分析中的敏感分析

1. 敏感性分析的含义及目的

敏感性分析是一种"如果……会怎么样"的分析技术，不仅用于本量利分析，在许多领域中都得到了广泛的应用。敏感性分析与假设分析是相近的概念，它考察一个因素变化对结果的影响。例如，"销售额是计划的 90%，利润将会为多少"是一个假设分析，它仅仅研究销售量变化时利润的变化程度；"销售量变化到什么程度利润将为负"

则是一个敏感性分析，它研究的是销售量的变化将会导致利润由正转为负。本量利分析中的敏感性分析主要研究和分析有关因素发生多大变化会使盈利转为亏损、各因素变化对利润的影响程度，以及因素变化时，如何通过销量或单价的调整，保证原目标利润的实现。

敏感性分析能够帮助经营者了解各个因素影响的大小，可以使经营者知道哪些因素应重点控制。对影响较大的因素应进行重点控制，当这些因素发生变化后，能及时采取措施，调整企业的计划，将经营活动控制在最有利的状态下。

2. 保本点的敏感性分析

保本点的敏感性分析是指使盈利转为亏损的有关因素的变动程度。

影响利润的主要因素有：单价、单位变动成本、销售量和固定成本总额。求出销售量和单价的最小允许值，单位变动成本和固定成本总额的最大允许值，就可得到盈亏的临界值，超越了这些临界值企业就会由盈利变为亏损。

【例 4-13】 某企业只生产一种产品，单价为 10 元，单位变动成本为 6 元，全年固定成本预计 200 000 元，销售量计划为 500 000 件。问：该企业要盈利，相关的因素应在哪个范围内变化？

解 当因素不变时，企业预计的全年利润为

$$TP=(p-b)x-a=(10-6)\times500\ 000-200\ 000=1\ 800\ 000\ （元）$$

当 TP=0 时，销售单价的最小允许值为

$$p=\frac{a}{x}+b=\frac{a+bx}{x}=\frac{200\ 000+6\times500\ 000}{500\ 000}=6.4\ （元）$$

即销售单价不能低于 6.4 元这个最小允许值，否则便会发生亏损。

当 TP=0 时，销售量的最小允许值为

$$x=\frac{a}{p-b}=\frac{200\ 000}{10-6}=50\ 000\ （件）$$

50 000 件是销售量的最小允许值，是盈亏的临界点，低于 50 000 件就会亏损。

当 TP=0 时，单位变动成本的最大允许值为

$$b=p-\frac{a}{x}=\frac{px-a}{x}=\frac{10\times500\ 000-200\ 000}{500\ 000}=9.6\ （元）$$

也就是说，当单位变动成本由 6 元上升到 9.6 元时，企业利润就由 1 800 000 元降至零。所以，单位变动成本的最大允许值为 9.6 元，超过 9.6 元就会亏损。

当 TP=0 时，固定成本的最大允许值为

$$a=(p-b)x=(10-6)\times500\ 000=2\ 000\ 000\ （元）$$

这就是说，固定成本的最大允许值为 2 000 000 元，超过了这个值企业就会亏损。

通过以上分析可知，只要控制了有关因素的变化范围，就可以保证企业不发生亏损。

---

3. 保利点的敏感性分析

保利点的敏感性分析是指因素变化对利润的影响程度。

销售量、单价、单位变动成本、固定成本这些因素的变化，都会引起利润的变化，但它们的敏感程度是不同的。有些因素只要有较小的变化也会引起利润的较大变化，这些因素称为强敏感性因素；有些因素虽有较大变化，但对利润的影响却不大，这种因素称为弱敏感性因素。

测定敏感程度的指标称为敏感系数，其计算公式为

$$敏感系数 = \frac{利润变化百分比}{因素变化百分比}$$

确定敏感系数的目的是使经理人员清楚地知道，在影响利润的诸因素中，其敏感的程度哪个轻哪个重，以便分清主次，及时采取必要的调整措施，确保目标利润的实现。

根据本量利分析的基本公式，可以推出当某一因素单独变化，而其他因素保持不变时，这一因素的敏感系数计算公式，具体如下。

$$单价的敏感系数 = \frac{销售单价 \times 销售量}{基期利润}$$

$$单位变动成本的敏感系数 = \frac{-变动成本总额}{基期利润}$$

$$销售量的敏感系数 = \frac{贡献毛益总额}{基期利润}$$

$$固定成本的敏感系数 = \frac{-固定成本总额}{基期利润}$$

在例 4-13 中，假设在原定的单价、单位变动成本、销售量和固定成本的基础上各增加 10%，则各因素的敏感系数分别如下。

$$单价的敏感系数 = \frac{10 \times 500\ 000}{1\ 800\ 000} = 2.78$$

$$单位变动成本的敏感系数 = \frac{-6 \times 500\ 000}{1\ 800\ 000} = -1.67$$

$$销售量的敏感系数 = \frac{(10-6) \times 500\ 000}{1\ 800\ 000} = 1.11$$

$$固定成本的敏感系数 = \frac{-200\ 000}{1\ 800\ 000} = -0.11$$

将上述四个因素按其敏感系数的绝对值排列，依次是：单价的（2.78）、单位变动成本的（-1.67）、销售量的（1.11）、固定成本的（-0.11），也就是说，影响利润最大的是单价和单位变动成本，然后才是销售量和固定成本。

在例 4-13 中，当各个因素均降低 10%，它们的敏感系数的绝对值顺序仍然是：单价的（-2.78）、单位变动成本的（1.67）、销售量的（-1.11）、固定成本的（0.11）。同增加 10% 相比，其绝对值是相同的，只是正、负号变了。

从以上分析可以看出，单价和单位变动成本都是最敏感的因素，但也不能拘泥于敏

感系数的高低而忽视了销售量对利润的重大影响。在销路看好、生产又有保证的情况下，销售量可以大幅度增加，但单价的增加却可能很小甚至不动。尤其是在市场供大于求、销路欠佳、销售量大幅度下降时，就应该降低单价，薄利多销。

本 章 小 结

成本、业务量和利润是管理会计定量分析中最常用的三大指标，本量利分析就是对这三大指标之间的相互依存关系进行的分析。通过本量利分析，进一步揭示了贡献毛益（率）、保本点、安全边际（率）、保利点等一系列重要概念和指标，分析了单价、成本和产销量等的变动对保本点和保利点的影响。本量利分析中的敏感性分析主要研究和分析有关因素发生多大变化会使盈利转为亏损、各因素变化对利润的影响程度，以及因素变化时，如何通过销量或单价的调整，确保原目标利润的实现。

思 考 题

1. 简述本量利分析的前提条件。

2. 贡献边际率指标的含义是什么？它和变动成本率的关系如何？

3. 单一品种下有关因素变动对保本点、保利点和营业利润的影响是怎样的？

4. 什么是安全边际？如何计算安全边际？其作用如何？

5. 什么是本量利分析的敏感性分析？影响利润的因素有哪些？如何测算其敏感程度？

习 题

一、单项选择题

1. 企业经营安全程度的判别指标一般是（   ）。

    A. 保本量　　　　　　　　　　　B. 保本额

    C. 安全边际　　　　　　　　　　D. 安全边际率

2. 从有关公式可见，进行保本和盈利分析时，凡计算有关销售额的指标时，均以（   ）为分母。

    A. 贡献边际率　　　　　　　　　B. 单位贡献边际

    C. 固定成本　　　　　　　　　　D. 所得税税率

3. 单价单独变动时，会使安全边际（　　）。

    A. 同方向变动　　　　　　　　　　B. 反方向变动

    C. 不一定变动　　　　　　　　　　D. 不变

4. 在计算保本量和保利量时，有关公式的分母是（　　）。

    A. 单位贡献边际　　　　　　　　　B. 贡献边际率

    C. 单位变动成本　　　　　　　　　D. 固定成本

5. 已知某产品的销售利润率为 9%，安全边际率为 30%，则贡献毛益率为（　　）。

    A. 2.7%　　　　　　　　　　　　　B. 3.33%

    C. 30%　　　　　　　　　　　　　D. 39%

6. 下列各项中，不属于本量利分析前提假设的是（　　）。

    A. 销售价格不变　　　　　　　　　B. 产销平衡

    C. 成本是线性的　　　　　　　　　D. 产销不平衡

二、多项选择题

1. 影响保本点的因素有（　　）。

    A. 单位售价　　　　　　　　　　　B. 单位变动成本

    C. 固定成本总额　　　　　　　　　D. 品种结构

2. 降低保本点的途径有（　　）。

    A. 降低单位售价　　　　　　　　　B. 降低固定成本总额

    C. 提高售价　　　　　　　　　　　D. 提高贡献边际率高的产品销售比重

3. 下列各项中，能够同时影响保本点、保利点的因素为（　　）。

    A. 单位边际贡献　　　　　　　　　B. 贡献边际率

    C. 固定成本总额　　　　　　　　　D. 目标利润

4. 判断企业处于保本状态的标志有（　　）。

    A. 收支相等　　　　　　　　　　　B. 边际贡献等于固定成本

    C. 安全边际销售量为零　　　　　　D. 保本作业率为 100%

5. 当单价单独变动时，会使下列指标同方向变动，即（　　）。

    A. 保本点　　　　　　　　　　　　B. 保利点

    C. 单位贡献边际　　　　　　　　　D. 贡献边际率

三、计算题

1. 某公司只销售一种产品，20×4 年单位变动成本为 15 元/件，变动成本总额为 63 000 元，共获税前利润 18 000 元，若该公司计划于 20×5 年维持销售单价不变，变动成本率仍维持 20×4 年的 30%。要求：

    （1）计算该产品的销售单价；

    （2）计算该公司 20×4 年的销售量和固定成本；

    （3）预测 20×5 年的保本额；

    （4）若目标利润为 98 500 元，预测实现目标利润时的销售量；

    （5）若 20×5 年的计划销售量比 20×4 年提高 8%，预测安全边际额。

2. 某企业生产和销售单一产品，该产品单位售价为 50 元，单位变动成本为 30 元，固定成本总额为 60 000 元，预计正常销售量为 5 000 件。要求：

（1）计算保本点销售量及保本作业率；

（2）计算安全边际及安全边际率。

3. 某企业生产和销售甲、乙两种产品，产品单价分别为：甲产品 6 元/件，乙产品 3 元/件。边际贡献率分别为：甲产品 40%，乙产品 30%。全月固定成本为 72 000 元。本月预计甲产品销售量为 30 000 件，乙产品销售量为 40 000 件。要求：计算保本点销售额是多少？

4. 某公司只生产一种产品，售价为每件 5 元，总成本与销售额之间的函数关系为：月总成本＝120＋0.2×销售额。要求：

（1）计算单位变动成本、单位边际贡献、保本点销售量；

（2）如果单位变动成本提高 1.2 元，售价应定为多少才能保持原来的边际贡献率？

5. 某企业只生产 B 产品，单价为 10 万元，单位变动成本为 6 万元，固定成本总额为 40 000 万元。该年实际销量为 12 500 件。要求：

（1）分别计算保本点销售量和销售额。

（2）计算安全边际率。

6. 某公司生产经营 A、B 两种产品，固定成本为 60 000 元，其中 A 产品专属部分为 12 000 元。两种产品都是对甲材料进行加工，A 产品单位甲材料标准用量为 50 kg，B 产品单位甲材料标准用量为 70 kg。A 产品售价为 45 元/件，单位变动成本为 25 元/件；B 产品售价为 88 元/件，单位变动成本为 60 元/件。假定对 A、B 两种产品负担的固定成本按材料的标准耗用量分配，试测算 A、B 产品的保本点和企业的综合保本点。

7. 某公司生产经营甲、乙、丙三种产品，固定成本为 45 900 元。甲产品、乙产品、丙产品的销售单价分别为 100 元/件、120 元/件和 160 元/件，单位变动成本分别为 80 元/件、90 元/件和 112 元/件，销售量分别为 600 件、500 件和 500 件。试用加权平均法测算企业的综合保本点、各产品的保本点及全部产品盈利额。

8. 某企业生产经营一种产品，基期销售价格为 60 元/件，单位变动成本为 36 元/件，销售量为 1 000 件，固定成本为 20 000 元。要求：

（1）计算基期保本销售额和税前利润。

（2）如果计划期价格上升 10%，单位变动成本上升 12%，销售量减少 5%，固定成本降低 1%，试测算计划期保本销售额和税前利润。

（3）如果将计划期目标利润定为 8 000 元，各有关因素应怎样变动才能保证目标利润的实现？

（4）如果要保证经营该产品不亏损，应把有关因素控制在什么范围内？

第5章

预 测 分 析

学习目标与要求

通过本章的学习，使学生认识到预测分析是企业经营决策的前提和基础。要求学生掌握销售预测、成本预测、利润预测及资金需求量预测的基本方法，并能够运用这些预测方法进行预测分析。

5.1 预测分析概述

1. 预测分析的意义

所谓预测，就是根据过去的历史资料和现在所能取得的信息，运用所掌握的科学知识和实践经验，按照事物的发展规律，有目的地预计和推测未来。企业的经济预测要预计和推测的是企业的产销数量、成本、利润及所需的资金等未来可能达到的水平。用科学的预测代替主观臆断，可以为管理者提供客观依据，克服盲目性，提高预见性。

在现代企业管理中，决策是重心所在。而正确的决策必须以科学的预测为前提，正确决策的关键在于有科学的预测。只有把预测看成是决策的先导，才能避免决策的主观性和盲目性。

2. 预测分析的基本原则

（1）充分性原则

预测必须以占有充分信息资料为前提，只有信息资料充分，才能准确地反映经济现象存在的规律性，才能对预测对象的未来状况做出科学的推断。同时，预测又是在一定的假设前提下对经济现象和经济过程所做的估计和推断，受不确定因素的影响，预测误差在所难免。因此，在预测时要有充分的估计，使预测结果更接近实际。

（2）连贯性原则

预测要根据经济现象过去、现在以至未来都存在的规律性和稳定的结构来进行，只要规律和结构不变，就可以据此预测未来。但是一旦现象改变了，结构发生了变化，预测的模式就必须做相应的改变。

（3）灵活性原则

预测可采用灵活多样的方法进行，选择时要体现简便性、经济性和效益性。

（4）相对性原则

预测时，要事先规定预测对象的时间范围界限，预测结果的精确度与时间范围的大小直接有关。一般来说，预测的时间越短，预测的结果就越精确；预测的时间越长，预测结果的精确度就越低。

3. 预测分析的基本程序

预测分析一般按照以下步骤进行。

（1）确定预测目标

预测分析工作首先要清楚预测所指的具体对象及预测所要达到的目的。这样就需要企业根据总体目标设计和选择预测的内容、期限和范围等，并要保证预测分析能突出重点。

（2）收集和整理资料

预测目标确定后，它是预测工作的起点和进行预测的依据。因为准确、系统、全面的资料是预测分析的前提条件。因此，收集的资料既要完整、全面，又要真实、可靠，同时还要对这些资料进行加工、整理，并进行系统分析，从中找出与预测对象有关的各因素之间的相互依存关系。

（3）选择预测方法

每种预测方法都有特定的用途，对于不同的预测对象，根据预测目标、内容、要求和所掌握的资料，选择相应的预测方法。对于定量预测，要建立数学模型，以确定最佳的定量预测分析方法。所建的经济数学模型应进行检验，可靠后再用于预测。对于定性预测，应结合以往经验选择最佳的定性预测方法。

（4）综合分析预测

应用选定的预测方法和建立的模型，分别进行定量分析和定性分析，在分析内部、外部的各种影响因素后，进行分析判断，揭示事物的变化趋势，并预测其发展结果。

（5）检查验证

通过检查前期预测结果是否与当前实际相符，检查过去的预测结果是否正确并分析找出误差原因，以便及时对原选择的预测方法加以改进，使预测方法在本期预测过程中得到修正，从而完善预测机制。

（6）修正预测结果并输出最后预测结论

对于原用定量方法进行的预测，常常由于某些因素的数据不充分或无法定量而影响预测的精确，这就需要用定性分析方法考虑这些因素，并修正定量预测结果。而原用定性方法预测的结果，也需要用定量方法加以修正、补充，使预测结果更接近实际。

4. 预测分析的基本内容

预测分析的内容包括销售预测、利润预测、成本预测和资金预测等几个方面。

销售预测，是指根据历史销售资料和市场上对产品需求的变化情况，对未来一定时期内有关产品的销售发展变化趋势所进行的科学预计和推测。销售预测是其他各项预测的前提，只有在搞好销售预测的前提下，才能相互衔接地开展好其他各项经营预测。

利润预测，是指按照企业经营目标的要求，在销售预测的基础上，对未来一定时间内可能达到的利润水平和变动趋势所进行的科学预计和推测。利润预测是正确编制利润预算的重要依据。通过利润预测，可以合理地确定目标利润，使企业总体奋斗目标具有科学性、可靠性和得以实现的可能性。

成本预测，是指根据历史成本资料及企业现有的经济、技术条件和今后的发展前景，运用专门方法，对未来一定时间内成本水平及其发展变动趋势所进行的科学预计和推测。成本预测是正确编制成本预算的重要依据。通过成本预测，还能够揭示企业生产经营各个方面与产品成本之间的内在联系，为企业制定有关经营决策提供重要依据。

资金预测，是指根据历史资金资料，在销售预测、利润预测、成本预测的基础上，运用一定方法，对未来一定时间内的资金需要量及其相关方面所进行的科学预计和推测。

5. 预测分析的方法

定性分析法（methods of qualitative analysis），又称非数量分析法，是指主要依靠人们的主观分析判断来确定事物的未来状况和发展趋势的方法。一般是有经验的管理人员、销售人员、财务人员和工程技术人员按照过去积累的经验进行分析与判断，各自分别提出初步的预测意见，然后进行综合、补充和修正，最后得出最终预测结论。在缺乏完整的历史资料或有关变量之间不存在较为明显的数量关系等情况下，适合采用此种方法。定性分析法主要有专家判断法、综合意见法、主观概率法、市场调查法等。

定量分析法（methods of quantitative analysis），是指根据较为齐备的历史资料，采用统计推断的方法或建立数学模型，对事物未来发展趋势进行预测的方法。一般包括时间序列法和因果预测法两大类。时间序列法，又称为趋势外推法，是指将某指标过去的变化趋势作为预测的依据，而把未来作为历史的自然延续的一种方法。属于这类方法的有算术平均法、加权平均法、移动平均法、指数平滑法和修正的时间序列回归分析法等；因果预测法是指根据预测对象与其他相关指标之间相互依存、相互制约的联系，来建立相应的因果数学模型所进行的预测分析方法。属于这类方法的有回归分析法和经济计量法等。

在预测实践中，定性预测法和定量预测法并不相互排斥，而是相互补充、相辅相成的。预测者只有根据企业的实际情况，把两者结合运用，才能取得良好的预测效果。

5.2 销 售 预 测

5.2.1 销售预测的意义

销售预测，是指根据企业已有的销售资料和市场对产品需求的变化等情况，对未来一定时期内该产品的销售量（额）及销售发展变化趋势进行预计和推测的一种行为。通常情况下，企业生产经营的最终目的是获利。销售产品并取得销售收入是企业获利的首要前提，因此销售是企业整个生产经营活动过程中的重要环节。企业所做的预测和决策，大多以销售预测为前提或基础。因此做好销售预测工作，对于加强企业的经营管理、提高企业的经济效益具有非常重要的意义。

5.2.2 销售预测的定性分析

定性销售预测方法又分为判断分析法、调查分析法和产品寿命周期分析法等。

1. 判断分析法

判断分析法是指通过一些具有市场经验的经营管理人员或专家对企业未来某一特定时期的产品销售业务情况进行综合研究，并做出推测和判断的方法。一般是销售人员根据直觉判断进行预估，然后由销售经理加以综合，从而得出企业总体的销售预测。销售人员由于接近和了解市场，熟悉自己所负责区域的情况，因此用这种方法得出的预测数据比较接近实际。另外，采用这种方法，便于确定分配给各销售人员的销售任务，发挥其积极性，激励他们努力完成各自的销售任务。但是，由于受各种因素的影响，销售人员的预测也会出现偏差，对销售人员的预测往往需要修正。判断分析法根据具体进行方式的不同又可分为专家判断、推销员意见综合判断法（德尔菲法）、经理人员意见综合判断法三种方法。判断分析法一般适用于不具备完整可靠的历史资料、无法进行定量分析的企业。

2. 调查分析法

调查分析法是指通过某种商品在市场上的供需情况变动的详细调查，进行销售预测的一种方法。

一般调查涉及产品、消费者、竞争对手、市场占有率和经济发展趋势等方面。公司的销售取决于顾客的购买，顾客的消费意向是销售预测中最有价值的信息。通过调查，可以了解到顾客未来的购买量，顾客的财务状况和经营成果，顾客的爱好、习惯和购买力的变化，顾客购买本公司产品占其总需要量的比重和选择供应商的标准，这些都有利于销售预测。

在调查时应当注意，选择的调查对象要具有普遍性和代表性，且调查的方法要简便易行，使被调查对象乐于接受调查。此外，对调查所取得的数据与资料要进行科学的分析，特别要去伪存真、去粗取精。只有这样，所获得的资料才具有真实性、代表性，才能作为预测的依据。这种方法适用于顾客数量有限、调查费用不高、每位顾客意向明确又不会轻易改变的预测。

3. 产品寿命周期分析法

产品寿命周期分析法，是指利用产品销售量在不同寿命周期阶段上的变化趋势进行销售预测的一种定性分析方法。实际上，在产品寿命周期的不同阶段，销售量的发展是不同的。通过产品寿命周期的分析，可以纠正以上各种方法在预测中的偏差。

产品销售量在产品寿命周期各阶段具有不同特点。

① 萌芽期：新产品刚投入市场试销，消费者还不熟悉产品的性能，销售量不大，需要经过一定时间的推广，销售量才能逐步上升。

② 成长期：产品已为广大消费者所接受，由小批试制、试销转入成批生产和销售，市场销售量迅速增加。

③ 成熟期：产品进入大批量生产和畅销阶段，前期销售量稳定上升，后期产品销

售量增长减慢，并趋于下降。

④ 衰退期：产品过时，逐步被新产品所替代，销售量急剧下降，趋于被淘汰。

产品寿命周期只是揭示了产品销售量的一般发展趋势，并不能明确规定所有产品每个阶段的具体时间长短。因此在产品寿命周期预测中，要先了解预测时产品处在哪一个发展时期，这一时期能延续多久，然后预测出今后若干年内产品销售的变化情况。

判断产品处于哪个阶段，通常采用计算销售增长率的办法。一般来说，萌芽期增长率不稳定，成长期增长率最大，成熟期增长率稳定，衰退期增长率小于零。了解产品所处的寿命周期有助于正确选择预测方法。如在萌芽期，由于历史资料缺乏，可采用判断分析法进行预测；在成长期，可采用回归分析法进行预测；在成熟期，由于销售量比较稳定，可以采用各种平均法进行预测。产品寿命周期分析法是对其他预测方法的补充。

5.2.3 销售预测的定量分析

1. 趋势预测分析法

趋势预测分析法又称为时间序列分析法，是将已有的历史销售资料按时间顺序排列起来，运用数理统计的理论和方法，来预计和推断未来一定时期的销售量（额）的一种方法。根据采用的具体数学方法的不同，趋势预测分析法又分为算术平均法、加权平均法和指数平滑法等。

（1）算术平均法

算术平均法又称为简单平均法，是以过去若干期的销售量（额）的算术平均数作为未来预测期的预测销售值的一种预测方法。其计算公式为

$$预计销售量（额）=\frac{各期销售量（额）之和}{期数}$$

即

$$X=\frac{\sum x_i}{n}$$

【例 5-1】 某公司 20×7 年第二、三季度各月电冰箱的实际销售量资料如表 5-1 所示，要求用算术平均法预测 20×7 年 10 月份的销售量。

表 5-1 电冰箱销售量资料

月份	4	5	6	7	8	9
销售量/台	30 000	33 000	32 000	31 000	32 000	34 000

解 根据表 5-1 中的资料，利用算术平均法预测公司 10 月份的销售量

$$X=\frac{\sum x_i}{n}=\frac{(30\ 000+33\ 000+32\ 000+31\ 000+32\ 000+34\ 000)}{6}=32\ 000（台）$$

用算术平均法预测销售量（额），特点是计算较为简单。但是这种方法仅仅是把历

CHAPTER 5

史各期的销售量（额）的差异平均化，没有考虑不同时期、不同因素影响下实际销售量（额）的预测值可能会出现的变化。采用这种预测方法进行预测，预测结果与实际数据之间的误差往往较大。因此，这种方法一般只适用于对受其他因素影响较小、销售量（额）相对比较平稳的商品进行销售预测，如一些没有季节性需求变化的食品等。

（2）加权平均法

加权平均法，是指将过去若干期的销售量（额），按照距离未来预测期的远近，根据近大远小的原则确定各期权数后，计算出加权平均数作为未来预测期的销售预测值的一种预测方法。

在这种预测方法下，由于距离未来预测期越近时期的实际销售量（额）对预测值的影响往往较大，所以该期权数应当较大；而距离预测期较远时期的销售量（额）一般对预测值的影响相对较小，因此其权数也应当小些。其计算公式为

$$预测期销售预测值(X) = \frac{\sum (某期销售量或销售额) \times 该期权数}{各期权数之和} = \frac{\sum x_i w_i}{\sum w_i}$$

【例 5-2】 仍用例 5-1 中的资料，用加权平均法预测 20×7 年 10 月份的销售量。

解 根据表 5-1 中的资料，用自然权数加权平均法预测企业 10 月份的销售量为

$$X = \frac{30\,000 \times 1 + 33\,000 \times 2 + 32\,000 \times 3 + 31\,000 \times 4 + 32\,000 \times 5 + 34\,000 \times 6}{1 + 2 + 3 + 4 + 5 + 6}$$

$$= \frac{680\,000}{21} = 32\,381 （台）$$

加权平均法，既考虑了近期发展的趋势，又根据时期远近进行加权，从而消除了各个月份销售差异的平均化，故预测结果比较准确，适用于各期销售量（额）略有波动的产品预测。

（3）指数平滑法

指数平滑法，是指在充分分析相关历史前期预测值和实际销售量（额）的情况下，利用平滑指数对未来销售量（额）进行预测的一种预测方法。采用这种方法，需要引入平滑指数 α（$0 \leqslant \alpha \leqslant 1$），其取值一般在 0.3~0.7 之间。其计算公式为

销售量（额）预测数＝平滑指数×前期实际销售量（额）＋

(1－平滑指数)×前期预测销售量（额）

即

$$X = \alpha D_{n-1} + (1-\alpha) F_{n-1}$$

式中：D_{n-1} 为前期实际销售量（额）；F_{n-1} 为前期预测销售量（额）。

【例 5-3】 根据例 5-1 中的资料，假定该企业 9 月份的销售量预测值为 33 000 台，平滑指数为 0.7。用指数平滑法预测企业 10 月份的销售量为

10 月份销售预测值＝0.7×34 000＋(1－0.7)×33 000＝33 700（台）

在计算中，平滑指数 α 的取值越大，则近期实际数对预测结果的影响就越大；平滑指数 α 的取值就越小，则近期实际数对预测结果的影响就越小。因此，在进行近期预测时，可以采用较大的平滑指数；而进行长期预测时，应当采用相对较小的平滑指数。

指数平滑法进行预测的实质就是一种权数分别为 α 和 $1-\alpha$ 的加权平均计算法。采用这种方法进行预测的优点是可以排除在实际销售中一些偶然因素的影响，且这种计算方法相对比较灵活，适用范围比较广，但平滑指数的确定具有一定的主观随意性。

（4）修正的时间序列回归法

通过分析一段时间内销售量与时间的函数关系，建立回归模型并据此进行预测的方法称为时间序列回归法。由于时间变量的值单调递增，形成等差数列，因而可以利用这一特点对时间值进行修正，简化回归系数的计算公式。

运用回归分析法进行销售预测时，需要建立如下数学模型：$y＝a+bx$，其中，y 表示销售量，a 和 b 为回归系数，x 表示未经过修正的时间自变量。

回归系数 b 和 a 可以用下式来计算：

$$b = \frac{n\sum xy - \sum x \sum y}{n\sum x^2 - \left(\sum x\right)^2}$$

$$a = \frac{\sum y - b\sum x}{n}$$

如果按照时间序列的特点对 x 值进行修正，使 $\sum x = 0$，就可使上述回归系数计算公式简化为

$$b = \frac{\sum xy}{\sum x^2}$$

$$a = \frac{\sum y}{n}$$

如何使 $\sum x = 0$，一般考虑两种情况：一是 n 为奇数，令第 $(n+1)/2$ 项的 x 值为 0，以 1 为间隔，确定前后各期的 x 值；二是 n 为偶数，则令第 $n/2$ 项和第 $n/2+1$ 项的 x 值分别为 -1 和 $+1$，以 2 为间隔，确定前后各期的 x 值。

【例5-4】 根据例 5-1 中的资料，用修正的时间序列回归法预测企业 10 月份的销售量。

解 根据资料计算有关数据，如表 5-2 所示。

表 5 - 2　回归分析计算表

月　份	x	y	xy	x^2
4	-5	30 000	$-150\ 000$	25
5	-3	33 000	$-99\ 000$	9
6	-1	32 000	$-32\ 000$	1
7	$+1$	31 000	31 000	1
8	$+3$	32 000	96 000	9
9	$+5$	34 000	170 000	25
$n=6$	$\sum x=0$	$\sum y=192\ 000$	$\sum xy=16\ 000$	$\sum x^2=70$

将表 5 - 2 中的数据代入公式，得

$$a=192\ 000\div 6=32\ 000$$
$$b=16\ 000\div 70=229$$

则有

$$y=32\ 000+229x$$

10 月份的 $x=+7$，所以

$$10\ 月份销售预测值=32\ 000+229\times 7=33\ 603（台）$$

2. 因果预测分析法

因果预测分析法又称相关预测分析法，是指根据已有的历史资料，建立能够反映因果关系的数学模型，用以描述预测量与相关变量之间的依存关系，再通过对数学模型求解来确定预测期销售量的方法。产品的销售情况一般与经济中的某些因素是相关的，因果预测分析法正是利用了事物发展的因果关系来推测所预测事物发展的变化规律。采用因果预测分析法的具体分析方法很多，常用的是回归分析法。

因果预测分析法主要有以下三个步骤。

第一步，确定影响销售量的主要因素。主要因素的确定，一定要以客观事实为依据，并能定量考察。可根据事物之间的内在规律、以往经验或历史资料进行相关判断。一般来说，自变量越多，预测结果就越有可能接近实际，但定量分析的过程会很复杂；反之，自变量越少，则预测模型越容易建立，但可能出现的预测误差会很大。为简化分析，对于不太重要的非定量因素或偶然因素可忽略不计。

第二步，根据有关资料确定销售量 y 与 x 之间的数量关系，建立因果预测模型。预测变量与相关重要因素之间存在直接或间接的经济联系。直接联系是指一种产品产销量的增减会直接引起另一种产品产销量的相应增减，如汽车与汽车轮胎、电冰箱与压缩机、家具与把手等。间接联系是指一种产品产销量的增减会引起另一种或多种产品产销量的一定变化，但不一定有固定的数量关系。例如，陶瓷用品的减少是由于铝制品和塑料制品增加的结果；火柴用量的减少是由于打火机、煤气点火器等不断投入市场的结果，等等。

预测模型既可以在原有经验模型的基础之上加以适当调整，又可以利用相关期间内历史资料进行数学处理，如利用回归分析法建立预测模型。

第三步，根据未来有关自变量 x 的变动情况，预测销售量。建立起来的因果模型，原则上应能事先掌握和了解有关因素的定量资料，可以利用国家公开发表的统计资料、国民经济发展计划及其他相关资料，亦可利用由企业自行安排或委托他人进行市场调查而取得的有关信息。

【例 5-5】 某家具厂通过调查发现，家具的销量与居民住房产权证的数量有很大的关系。已知本地区连续 6 年的历史资料如表 5-3 所示。

表 5-3 本地区连续 6 年的历史资料

年 份	20×1年	20×2年	20×3年	20×4年	20×5年	20×6年
住房产权证/万个	4	6	5	9	11	13
家具销量/千套	120	130	125	145	150	160

如果该厂的市场占有率（市场占有率＝本企业该类产品在市场上的销售量/同类产品在市场上的总销售量）为 30%，预计 20×7 年可发放的居民住房产权证为 16 万个。用因果预测分析法预测 20×7 年的家具销售量。

根据历史资料计算有关数据，如表 5-4 所示。

计算相关系数 r：

$$r = \frac{6 \times 6\,920 - 48 \times 830}{\sqrt{(6 \times 448 - 48^2) \times (6 \times 116\,050 - 830^2)}} \approx 0.996\,6$$

因为相关系数趋近于 1，表明 x 与 y 之间基本正相关，可以建立回归模型。

表 5-4 回归分析计算表

年份	住房产权证 x/万个	家具销量 y/千套	xy	x^2	y^2
20×1年	4	120	480	16	14 400
20×2年	6	130	780	36	16 900
20×3年	5	125	625	25	15 625
20×4年	9	145	1305	81	21 025
20×5年	11	150	1 650	121	22 500
20×6年	13	160	2 080	169	25 600
$n=6$年	$\sum x = 48$	$\sum y = 830$	$\sum xy = 6\,920$	$\sum x^2 = 448$	$\sum y^2 = 116\,050$

根据以下公式计算 b 与 a 的值：

$$b = \frac{n \sum xy - \sum x \sum y}{n \sum x^2 - (\sum x)^2} = \frac{6 \times 6\,920 - 48 \times 830}{6 \times 448 - 48 \times 48} = 4.375$$

$$a = \frac{\sum y - b\sum x}{n} = \frac{830 - 4.375 \times 48}{6} \approx 103.33$$

将 b 与 a 的值代入 $y = a + bx$，得出预测模型

$$y = 103.33 + 4.375x$$

20×7 年家具销售量＝103.33＋4.375×16＝173.33（千套）

该家具厂 20×7 年预测家具销量＝173.33×30％≈52（千套）

5.3 利润预测

1. 利润预测的意义

利润预测，是指根据企业经营目标的需要，通过对影响利润变动的成本、产销量等因素进行综合分析，对企业未来一定时期可能达到的利润水平及其变动趋势进行的预测。

利润预测是企业提高经济效益的重要手段。利润既是反映企业经营成果的综合指标，也是衡量企业经济效益的重要标准。首先，在生产经营中，企业必须增加产品销量，节约费用支出，不断完善自身管理水平，这样才能在竞争中获胜。其次，制定和实现预测的目标利润，可以把企业各方面的积极性调动起来，充分挖掘企业在生产经营各个环节的潜力。因此，企业实现目标利润的过程，也是企业不断进行自我完善的过程。由于企业在不同时期有着不同的经营目标，进行利润预测时要合理地确定企业在未来一定期间的利润目标，过高或过低的未来发展目标都会给企业的经营带来不利的影响。明确企业未来的发展方向，准确定位，才能使整个企业平稳有序地向前发展。

2. 预测目标利润的方法

目标利润是企业在未来一定时期所要达到的利润指标。目标利润预测是根据企业经营总目标的要求，以市场调查为基础，结合本企业的具体情况，采用一定的预测技术对目标利润进行科学合理测算的过程。预测目标利润的方法主要有以下几种。

（1）本量利分析法

本量利分析法是在成本性态研究和盈亏平衡分析的基础上，根据有关产品的成本、产销量与利润之间的关系，确定未来一定时期的目标利润总额的一种方法。

单一品种条件下：

目标利润＝预计产品销量×（预计单位产品价格－预计单位产品变动成本）－固定成本总额

多品种条件下：

目标利润＝预计产品销售收入总额×综合贡献毛益率－固定成本总额

（2）目标利润率法

根据所选取利润率指标的不同，又分为以下四种情况。

按销售利润率

$$目标利润＝预计的销售收入×预定的销售利润率$$

按资金利润率

$$目标利润＝预计的资金平均占用额×预定的资金利润率$$

按利润增长率

$$目标利润＝上期实际利润×（1＋利润增长率）$$

按产值利润率

$$目标利润＝预计的总产值×预定的工业产值利润率$$

（3）经营杠杆系数法

企业在经济活动过程中，获得利润的多少与其业务量的大小密切相关。在其他因素不变的条件下，利润变动率大于产销量的变动率的现象称为经营杠杆效应。即当销售量增长时，利润会以更快的速度增长；当销售量下降时，利润会以更快的速度下降。产生经营杠杆效应的原因是固定成本的存在，且单位固定成本与业务量的变化总是成反比例关系。衡量这种杠杆效应大小的指标称为经营杠杆系数。根据经营杠杆系数预测企业下一期间的目标利润可按下列公式测算。

$$目标利润＝基期利润×（1＋经营杠杆系数×销售增长率）$$

其中

$$经营杠杆系数＝\frac{利润变动率}{销售变动率}＝\frac{基期贡献毛益总额}{基期利润}$$

【例 5-6】 某公司上年产品的边际贡献总额为 80 万元，利润总额为 60 万元，预计今年销售增长 25%。要求：确定该公司的目标利润。

解　　　　　　　$$经营杠杆系数＝\frac{80}{60}＝1.33$$

$$目标利润＝60×（1＋1.33×25\%）≈80（万元）$$

5.4　成本预测

1. 成本预测的意义

成本预测，是指根据企业现有的资料，通过分析影响成本的有关因素，对企业未来一定时期相关产品的成本水平及其变动趋势进行科学有效的预测。成本是衡量企业经济效益的重要指标，如何有效地降低成本是增加企业利润的一个重要途径。成本预测是确定目标成本和选择达到目标成本的最佳途径的重要环节，对于提高管理水平、降低成本、增加效率具有十分重要的意义。

2. 成本预测的步骤

(1) 提出目标成本的初步方案

目标成本，是指在一定时期内产品应该达到的标准。它通常要比企业当前的实际成本稍低，一般是根据该产品的设备生产能力、标准产量、技术能力等多方面因素制定。企业只有通过降低成本，才能确保一定的目标利润。因此，目前很多企业采用的都是"倒推成本"的方法：在价格和目标利润设定的情况下，倒推出目标成本，然后逐层分解，使汇总后的产品成本达到或低于目标成本。

(2) 对比差异，综合分析

根据当前实际情况下可能达到的成本水平进行测算，对比预测成本与目标成本之间的具体差距，从多角度进行分析，寻找降低成本的最有效的主体方案。

(3) 分解指标，制订具体方案

根据已经确定的降低成本的主体方案，找出缩小预测成本与目标成本之间差距的途径和方法，然后逐层进行分解实施，制订出各个层次降低成本的具体方案。

(4) 确定最后的目标成本

对降低成本的各种具体方案进行技术经济分析，从中选出确实有效的、可行的、最佳的方案，据以确定最终的目标成本。

3. 影响成本预测的因素

进行成本预测，必须考虑到未来一定期间对成本产生影响的各有关因素的变动情况，并根据这些情况采用适当的方法确定它们对成本产生的具体影响程度，以确保能够提供科学的预测依据，正确地进行成本预测。

影响成本预测的主要因素有：材料的消耗定额和售价、劳动生产率水平和当地平均工资水平、产品产量、产品的有关技术经济指标。此外，企业所处的地理位置、所面临的市场条件、所经营的产品品种等，都直接或间接地影响到成本的变化，甚至竞争对手的一些经营行为也可能会对产品的成本产生影响。目标成本的确定既要考虑先进性，同时也要考虑可行性。只有既先进又切实可行的目标成本才能调动企业各方面的积极性，从而保证目标利润的实现。

4. 成本预测的方法

(1) 目标成本预测法

目标成本是指为实现目标利润所应达到的成本水平，是企业未来一定时期成本管理工作的目标。目标成本的预测方法主要有以下两种。

① 根据目标利润预测目标成本。在确定目标利润的基础上，通过市场调查或其他信息资料确定适当的销售价格和销售量，用预计的销售收入减去目标利润即可得到目标总成本。计算公式为

$$目标成本＝预计单价×预计销售量－目标利润＝预计销售收入－目标利润$$

② 以业内先进的成本水平作为目标成本。可以根据本企业历史上最好的成本水平或国内外同行业同类产品的先进水平，结合本企业的实际情况，分析确定本企业的目标成本。此外也可以根据企业原有基期的实际成本水平，充分考虑各种成本

因素后计算确定。采用这种方法可以直接确定各成本项目的目标成本，但未与目标利润联系起来。

以上两种方法可以结合起来应用，相互借鉴，以保证目标成本的现实性。

（2）历史成本预测法

历史成本预测法，是指根据已有的相关资料，将成本按成本习性进行划分，运用数理统计方法来估计、推测成本发展趋势的一种方法。作为预测依据的已有资料所选用的时期要适当，通常以 3～5 年为宜。期限过长就会相对陈旧，不具有可比性；期限过短，则无法反映成本变化的趋势。

成本的发展趋势一般可以用线性方程来反映

$$y=a+bx$$

在这个线性方程中，只要求出固定成本总额（a）和单位变动成本（b）的值，就能预测出产量（x）的总成本（y）。

预测成本变动趋势的方法很多，最常用的有高低点法、加权平均法和回归分析法，这些成本预测方法都是根据已有的历史资料运用数理统计的方法进行预测的，其相关原理已在成本性态分析一章详细说明，此处不再赘述。需要再次强调的是，高低点法一般适用于产品成本变动趋势比较稳定的情况，如果企业各期成本变动幅度较大，采用这种方法就会产生较大的误差。加权平均法更适用于历史成本资料比较齐全的企业。回归分析法则适用于产品成本变动较大的企业。采用这些方法进行预测，还需要考虑一些外部因素可能对成本产生的影响。

5.5 资金需要量预测

1. 资金需要量预测的意义

资金预测是企业财务预测的主要内容之一，它可以使筹集来的资金既能满足生产经营的需要，又不至于有太多的闲置资金，从而提高资金利用率。资金预测的常用方法是销售百分比法。

2. 销售百分比法

销售百分比法，是指根据资产和负债各个项目与销售额之间的依存关系，并假定这些关系保持不变，按照未来预测期销售额的增长情况来预测需要追加的资金。销售百分比法一般按以下 3 个步骤进行。

（1）分析研究资产负债表各类项目与销售额之间的依存关系

① 资产类项目。周转过程中的货币资金、正常的应收账款和存货等项目，一般随销售额的增长而相应增加。固定资产项目是否相应增加，要看原有的固定资产是否已经被充分利用。如果尚未充分利用，则可以通过增加产能等方法，提高产品销售量和销售额。如果原有固定资产的使用已经达到饱和状态，那么增加销售量就需要相应增加固定资产投资建设。长期投资、无形资产等项目一般不随销售额的增加而增加。

② 负债和权益类项目。应付账款、应付票据、其他应付款等流动负债项目，通常会随销售额的增长而相应增加。长期负债和股东权益等项目，通常不随销售额的增长而增加。

企业未来预测期内所提取的固定资产折旧和准备等，以及企业的留存收益，通常可以作为未来预测期所需追加资金的内部资金来源。

（2）计算基期的销售百分比

找出基期的资产负债表中与销售额有依存关系的项目，计算其与基期销售额的百分比。

（3）计算未来预测期预计所需追加的资金量

预测期所需追加资金量包含以下几方面。

① 预测期由于销售额增加而追加的资金量。它是根据增加的销售额按销售百分比计算得到的。其计算公式如下。

$$销售额增加所需追加的资金量 = \left(\frac{A}{S_0} - \frac{L}{S_0}\right)(S_1 - S_0)$$

式中：A——基期随着销售额变动而变动的资产类项目总额；

$\quad L$——基期随着销售额变动而变动的负债类项目总额；

$\quad S_0$——基期的销售额；

$\quad S_1$——预测期的销售额；

A/S_0——基期随着销售额增加而增加的资产类项目的金额占销售额的百分比；

L/S_0——基期随着销售额增加而增加的负债类项目的金额占销售额的百分比。

② 预测期产生的留存收益。其计算公式为

$$预测期的留存收益 = S_1 R_0 (1 - d_1)$$

式中：R_0——基期的税后销售利润率；

$\quad d_1$——预测期的股利支付率。

（4）预测需要追加的资金总量

预测期由于销售额增加需要追加的资金总量为

$$预计所需追加的资金总量 = \left(\frac{A}{S_0} - \frac{L}{S_0}\right)(S_1 - S_0) - D_1 - S_1 R_0 (1 - d_1) + M_1$$

式中：D_1——预测期所提取的折旧减值扣除用于固定资产更新改造后的余额；

$\quad M_1$——预测期的零星资金需要量。

【例 5-7】 ABC 公司 20×7 年的销售收入总额为 400 000 元，获得税后净利润为 60 000 元，发放现金股利 20 000 元。基期固定资产利用率已达到饱和状态。该公司 20×7 年年末的简略资产负债表如表 5-5 所示。20×8 年公司预测销售额将达到 600 000 元，年折旧减值额为 20 000 元，其中的 70% 用于更新、改造现有设备。20×8 年的零星资金需要量为 25 000 元。假定该公司 20×8 年的税后销售净利率和利润分配政策与 20×7 年保持一致。试采用销售百分比法预测公司 20×8 年所需追加的资金数量。基期简略资产负债表（用销售的百分比反映）如表 5-6 所示。

表 5 - 5　ABC 公司简略资产负债表

（20×7 年 12 月 31 日）　　　　　　　　　　　单位：元

资产	期末余额	权益	期末余额
库存现金	20 000	应付账款	30 000
应收账款	60 000	应交税费	20 000
存货	80 000	长期借款	120 000
固定资产	120 000	实收资本	70 000
无形资产	20 000	留存收益	60 000
资产总计	300 000	负债和权益总计	300 000

表 5 - 6　20×8 年 12 月 31 日公司资产负债表（用销售百分比反映）

资产	占销售额百分比/%	权益	占销售额百分比/%
库存现金	5	应付账款	7.5
应收账款	15	应交税费	5
存货	20	长期负债	—
固定资产	30	实收资本	—
无形资产	—	留存收益	—
合　计	70	合计	12.5

要求：预测 20×8 年该公司需要追加的资金总量。

解　① 计算由于销售额增加需要追加的资金量。

$$\frac{A}{S_0} - \frac{L}{S_0} = 70\% - 12.5\% = 57.5\%$$

表示该公司每增加 100 元的销售额就需要增加资金 57.5 元。

销售额增加需要追加的资金量 $= \left(\dfrac{A}{S_0} - \dfrac{L}{S_0}\right)(S_1 - S_0)$

$$= 57.5\% \times (600\,000 - 400\,000) = 115\,000（元）$$

② 计算预测期的留存收益。

税后销售利润率 $(R_0) = (60\,000 \div 400\,000) \times 100\% = 15\%$

股利支付率 $(d_1) = (20\,000 \div 60\,000) \times 100\% = 33\%$

预测期留存收益 $= S_1 R_0 (1 - d_1) = 600\,000 \times 15\% \times (1 - 33\%) = 60\,000（元）$

③ 计算预测期需要追加的资金总量。

提取的折旧减值扣除用于固定资产更新、改造后的余额为

$$D_1 = 20\,000 \times (1 - 70\%) = 6\,000（元）$$

预测期的零星资金需要量为

$$M_1 = 25\,000（元）$$

则预测期需要追加的资金总量为

$$需要追加的资金总量 = (A/S_0 - L/S_0)(S_1 - S_0) - D_1 - S_1 R_0 (1 - d_1) + M_1$$
$$= 115\,000 - 6\,000 - 60\,000 + 25\,000 = 74\,000（元）$$

本 章 小 结

正确的决策必须以科学的预测为前提，正确决策的关键在于有科学的预测。只有把预测看成是决策的先导，才能避免决策的主观性和盲目性。预测分析是根据企业现有的经济条件和掌握的历史资料及客观事物的内在联系，利用各种科学的方法和技术，对生产经营活动的未来发展趋势和状况做出预计和测算的行为。预测分析的基本原则是：充分性原则、连贯性原则、灵活性原则、相对性原则。预测分析的步骤是：确定预测目标；收集和整理资料；选择预测方法；综合分析预测；检查验证；修正预测结果并输出最后预测结论。预测分析的方法：定性分析法和定量分析法。

销售预测，是根据企业已有的销售资料和市场对产品需求的变化等情况，对未来一定时期内该产品的销售量（额）及销售发展变化趋势进行预计和推测的一种行为。定性的销售预测方法有判断分析法、调查分析法和产品寿命周期分析法等。定量的销售预测方法有趋势预测分析法、因果预测分析法。

利润预测，是根据企业经营目标的需要，通过对影响利润变动的成本、产销量等因素进行综合分析，对企业未来一定时期可能达到的利润水平及其变动趋势进行预测。利润预测是企业提高经济效益的重要手段。利润预测方法有本量利分析法、目标利润率法、经营杠杆系数法。

成本预测，是根据企业现有的资料，通过分析影响成本的有关因素，对企业未来一定时期相关产品的成本水平及其变动趋势进行科学有效的预测。成本是衡量企业经济效益的重要指标，如何有效地降低成本是增加企业利润的一个重要途径。成本预测的步骤是：提出目标成本的初步方案；对比差异，综合分析；分解指标，制订具体方案；确定最后的目标成本。成本预测方法有目标成本预测法、历史成本预测法。

资金预测是在销售预测、利润预测和成本预测的基础上，根据企业未来经营发展目标并考虑影响资金的各项因素，预计、推测企业未来一定时期内或一定项目所需要的资金数额、来源渠道、运用方向及其效果的一系列专门方法。常用的资金预测方法是销售百分比法。

思 考 题

1. 什么是企业经营预测?
2. 什么是预测分析?预测分析的基本方法有哪些?
3. 如何预测保本点?如何预测利润?
4. 怎样确定目标利润?
5. 什么是利润预测中的敏感性分析?如何进行敏感性分析?
6. 怎样进行销售预测?
7. 怎样进行成本预测?
8. 怎样进行资金需要量预测?

习 题

一、单项选择题

1. 下列属于定性预测分析方法的是( )。

    A. 经验分析法   B. 简单平均法

    C. 移动平均法   D. 指数平均法

2. 高低点法与回归分析法在进行成本预测时所体现的差异是( )。

    A. 区分成本性质   B. 考虑历史资料时间范围

    C. 成本预测假设   D. 选用历史数据的标准

3. 不属于趋势预测的销售预测方法有( )。

    A. 算术平均法   B. 指数平滑法

    C. 加权平均法   D. 调查分析法

4. 已知企业上年利润为 200 000 元,下一年的经营杠杆系数为 1.8,预计销售量变动率为 20%,则下年利润预测额为( )。

    A. 200 000 元   B. 240 000 元

    C. 272 000 元   D. 360 000 元

5. 采用历史成本预测法来预测成本时,若企业各期成本变动趋势比较稳定,应使用( )。

    A. 目标利润预测法   B. 加权平均法

    C. 回归分析法   D. 高低点法

二、多项选择题

1. 预测分析法中的定量分析法主要包括( )。

    A. 判断分析法   B. 趋势预测分析法

    C. 数量分析法   D. 因果预测分析法

2. 预测分析步骤可以分为（　　）。

  A. 分析误差，修正预测结果   B. 实施预测分析

  C. 选择预测方法   D. 收集分析资料

  E. 得出预测结果   F. 确定预测目标

3. 利润预测的方法主要包括（　　）。

  A. 经营杠杆系数法   B. 利润增长率法

  C. 销售额增长率法   D. 本量利分析法

4. 在成本预测中，（　　）是根据已有的历史资料运用数理统计的方法进行预测的。

  A. 高低点法   B. 回归分析法

  C. 目标成本预测法   D. 加权平均法

5. 利用销售百分比法预测资金需要量，通常需要分析资产负债表（　　）与销售额之间的依存关系。

  A. 股东权益   B. 应收账款

  C. 货币资金   D. 固定资产

  E. 存货

三、计算分析题

1. 某公司 20×4 年实际销售某产品 2 000 件，单价为 300 元/件，单位变动成本为 180 元/件，营业利润为 80 000 元。若 20×5 年销售量增加 12%。要求：预测该公司 20×5 年的营业利润。

2. 某公司 20×4 年第四季度的销售情况如表 5-7 所示。

表 5-7　销 售 情 况

月份	10	11	12
销售额/万元	42 000	47 000	43 000

要求：

（1）用算术平均法、移动加权平均法预测 20×5 年 1 月份的销售额（各月权数分别为 0.1、0.4、0.5）。

（2）用指数平滑法预测 20×5 年 1 月份的销售额（已知测出的 12 月份的预计销售额为 46 000 万元，平滑指数 $\alpha = 0.6$）。

3. 某厂生产并销售一种产品，最近五年的成本历史资料如表 5-8 所示。

表 5-8　某厂近五年的成本历史资料

年　度	20×3 年	20×4 年	20×5 年	20×6 年	20×7 年
产量/台	20	80	60	40	100
单位变动成本/元	600	300	450	550	400
固定成本总额/元	4 000	5 200	5 400	4 800	6 000

若 20×8 年预计产量为 115 台。要求：根据上述资料分别采用高低点法和回归分析法预测 20×8 年的总成本和单位成本。

4. 某企业基期销售收入为 100 000 元，贡献毛益率为 30%，实现利润为 20 000 元。

要求：计算该企业的经营杠杆系数。

5. 某企业基期固定成本为 80 000 元，销售量为 500 件，利润为 20 000 元。

要求：（1）计算该企业的经营杠杆系数；

（2）如果计划期追加 8 000 元广告费，预计销量将增长 20%，则利润将是多少？

（3）如果计划期目标利润为 40 000 元，固定成本保持在 88 000 元水平。问需要增加多少销量？

6. 某企业按 0.6 的平滑系数预测 20×6 年的销售量为 105 个单位，比实际多 5 个单位，20×7 年实际销售量比预测多 5 个单位。

要求：用指数平滑法预测 20×8 年的销售量。

第6章

短期经营决策

6.1 决策分析概述

6.1.1 决策的概念

决策，是指人们为了达到预定目标，从两个或两个以上的备选方案中通过比较分析，选择一个最优的行动方案的过程。简单来说，就是对未来的行动方案做出决定。

决策分析是决策全过程的一个组成部分。管理会计中的决策分析是针对企业未来经营活动所面临的问题，由各级管理人员做出的有关未来经营战略、方针、目标、措施与方法的决策过程。管理的重心在经营，经营的中心在决策。决策是关系企业未来发展兴衰成败的关键所在。一般来说，决策包括短期经营决策和长期投资决策两部分。本章主要讲述短期经营决策，长期投资决策的内容安排在下一章进行讲述。

6.1.2 决策的分类

决策按照不同标准可划分为不同类型，不同类型的决策所需收集的信息、思考的重点及采用的专门方法有所不同。

1. 按决策的重要程度划分

（1）战略决策

战略决策是指对关系到企业未来发展方向、全局性重大问题所进行的决策，如企业经营目标的制定、品牌战略、人才战略等的决策。这类决策取决于企业的长远发展规划及外部环境对企业的影响，其决策正确与否对企业成败具有决定性意义。

（2）战术决策

战术决策是指企业具体部门在未来较短时期内，对日常经营管理活动所采取的方法与手段的局部性决策，如零部件的自制与外购决策、半成品是否深加工决策等。这类决策主要考虑怎样使现有的人力、物力、财力资源得到合理、充分利用，决策的正确与否一般不会对企业的大局产生决定性影响。

2. 按决策条件的确定程度划分

（1）确定型决策

确定型决策是指决策所涉及的各种备选方案的各项条件都是已知和确定的，且每个方案只有一个确定结果的决策。这种决策比较容易，只要进行比较分析即可。

（2）风险型决策

风险型决策是指决策所涉及的各种备选方案的各项条件虽然也是已知的，但却是不完全确定的，每个方案的执行都可能出现两种或两种以上的结果，每种结果出现的概率是可以事先估测的决策。这种决策存在一定风险。

（3）不确定型决策

不确定型决策与风险型决策的条件基本相同，但不确定型决策的各项条件无法确定其客观概率，只能以决策者凭经验判断、确定的主观概率为依据进行决策。这类决策比风险型决策难度还大。

3. 按决策时间长短划分

（1）短期经营决策

短期经营决策是指涉及一年以内的一次性专门业务，并仅对该时期内的收支盈亏产生影响的问题进行决策，一般不涉及大量资金的投入且见效快。短期经营决策的内容较多，概括起来主要包括生产决策、定价决策和存货决策。

（2）长期投资决策

长期投资决策是指产生报酬的期间超过一年，并对较长期间的收支盈亏产生影响的问题所进行的决策。长期投资决策一般需要投入大量资金，主要包括固定资产等长期资产的决策。

6.1.3 决策的程序

① 根据内外部环境确定决策目标。决策分析首先要弄清楚该项决策要解决什么问题，达到什么目的，然后再制定决策目标。

② 围绕决策目标收集相关的信息。决策目标确定后，决策者要针对决策目标，了解环境变化，寻求相关的决策信息，尤其是有关预期收入与预期成本的数据。这是决策分析程序中具有重要意义的步骤，是关系决策成败的关键问题之一。

③ 根据决策目标和相关信息提出各种备选方案。企业根据确定的决策目标和搜集的相关资料，综合考虑内外环境中各种可控因素和不可控因素，拟定能够达到目标的各种备选方案。在拟订备选方案的过程中，要尽量找出限制性因素，遵循限定因素原理，对一些抉择方案进行选择。

④ 对各种备选方案进行充分论证，选择最满意（可行）方案。评价备选方案应做到定量分析与定性分析相结合。为了系统地进行评价，可在评价时确立两个尺度：一个

是"必须达到的目标";另一个是"希望达到的目标"。这种评价的结果有助于决策者对各项方案进行判断决策。同时,要注意经验与实验的分析研究,对备选方案做出初步评价。

⑤ 组织最满意(可行)方案的实施与评价。决策分析的核心问题就是确定最优可行方案。企业应考虑其他因素的影响,对各种备选方案进行总体权衡后,确定一个最优方案。但要注意,绝对最优的方案是很难找到的。所谓"最优方案",是指基本令人满意、相对优化合理的方案。在方案实施过程中,要建立信息反馈机制。决策者对已进行的抉择,在实施中进行评价和矫正,通过修正决策目标或备选方案来应对主客观条件的变化和备选方案本身的错误或遗漏。

图6-1是经营决策程序图。

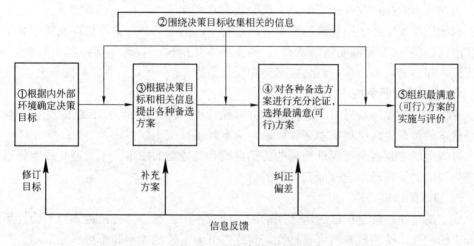

图6-1 经营决策程序图

6.2 短期经营决策成本的特性及分类

1. 成本的可变性

成本的可变性是指有一部分成本总额随业务量总数的变动而成正比例增减的特性。按照可变性可将成本分为可变成本和不可变成本。可变成本是指在相关范围内,总额随业务量的变动而成正比例增减的成本。不可变成本是指在相关范围内,总额不随业务量的变动而变化,保持不变的成本。

2. 成本的时效性

成本的时效性是指不同时期发生的成本会对决策产生不同的影响。按照成本的时效性可将成本分为沉没成本、重置成本和付现成本。

沉没成本是指那些由于过去决策所引起并已支付过款项而发生的成本,也即"历史成本"。重置成本是指目前从市场上购买同一项原有资产需支付的成本,亦可称为"现时成本"或"现行成本"。付现成本是指那些由于未来某项决策所引起的需要在将来动用现金支付的成本。

3. 成本的差异性

成本的差异性是指不同备选方案发生的成本一般是不会相等（即存在差异和分歧）。按照成本的差异性可将成本分为差量成本和边际成本。

广义的差量成本是指两个备选方案的预期成本的差异数；狭义的差量成本是指由于生产能力利用程度的不同而形成的成本差异。

边际成本是指产品成本对产品产量无限小变化的变动部分。其实质是在企业的生产能力的相关范围内，每增加或减少一个单位产量而引起的成本变动。

4. 成本的排他性

成本的排他性是指任何一项成本支出，用于某一方面就不能同时用于另一方面的特性。按照成本的排他性可将成本分为机会成本和实支成本。

机会成本是指在使用资源的决策分析过程中，选取某个方案而放弃其他方案所丧失的"潜在收益"（即可能实现的所得）。实支成本是指过去和现在实际发生的现金流出，并应记入账册的成本。它与机会成本是相反的概念。

5. 成本的可避免性

成本的可避免性是指成本中有一部分可随管理当局的决策行动改变其数额的特性。按照成本的可避免性可将成本分为可避免成本和不可避免成本。

可避免成本是指通过管理当局的行动可改变其数额的成本。不可避免成本是指通过管理当局的决策行动不能改变其数额的成本。

6. 成本的可递延性

成本的可递延性是指已决定选用的方案的成本中，有一部分推迟到以后会计年度执行开支的特性。按照成本的可递延性可将成本分为可递延成本和不可递延成本。

可递延成本是指在企业财力负担有限的情况下，对已决定选用的某一方案推迟执行，但不影响企业的大局，那么与这一方案有关的成本，就称为"可递延成本"或"可延缓成本"。

不可递延成本是与可递延成本相对立的成本，是指若对其暂缓开支会对企业未来生产产生重大不利影响。即使在企业财力负担有限的情况下，也必须保证对不可递延成本的支付。不可递延成本也称为"不可延缓成本"。

7. 成本的可溯性

成本的可溯性是指固定成本中，有一部分可被认定归属于某些特定成本对象的特性。按照成本的可溯性可将成本分为专属成本和共同成本。

专属成本是指明确可归属于某种、某批或某个部门的固定成本。

共同成本是指那些需由几种、几批或几个有关部门共同分担的固定成本。

8. 成本的可分性

成本的可分性是指在联产品或半成品成本中，有一部分可按阶段分开。按照成本的可分性可将成本分为可分成本和联合成本。

可分成本是指联产品或半成品在进一步加工阶段中所需追加的变动成本和固定成本。

联合成本是指联产品或半成品在进一步加工前所发生的变动成本和固定成本。

9. 成本的相关性

成本的相关性是指成本中有一部分与当前或未来的决策有关联。按照成本的相关性可将成本分为相关成本和无关成本。

相关成本是指与未来决策有关联的成本。该方案采用，该成本就发生，否则该成本就不会发生。在进行决策分析时必须认真加以考虑的各种形式的相关成本有：变动成本、重置成本、付现成本、差量成本、边际成本、机会成本、可避免成本、可递延成本、专属成本、可分成本等。

无关成本是指过去已经发生，或虽已发生但对未来决策没有影响的成本，如固定成本、沉没成本、实支成本、不可避免成本、不可递延成本、共同成本、联合成本等。

6.3　生　产　决　策

生产决策是企业短期经营决策的一项重要内容。在生产决策中，判断备选方案优劣的主要标志是一定时期内获利的多少，获利大的方案为最优方案。生产决策的内容涉及生产什么、生产多少、怎样生产三个方面。生产决策常用的方法有边际贡献分析法、差量分析法、成本无差别点分析法和概率分析法。

6.3.1　生产决策的常用方法

1. 边际贡献分析法

边际贡献分析法是指在成本性态分类的基础上，通过比较各备选方案边际贡献的大小来确定最优方案的分析方法。

"贡献"是指企业的产品或劳务对企业利润目标的实现所做的贡献。传统会计认为只有当收入大于完全成本时，才形成贡献；而管理会计则认为只要收入大于变动成本，就会形成贡献。因为固定成本总额在相关范围内并不随业务量（产销量）的增减变动而变动，因此收入减变动成本后的差额（边际贡献）越大，则减去不变的固定成本后的余额（利润）也就越大。也就是说，边际贡献的大小，反映了备选方案对企业利润目标所做贡献的大小。

在运用边际贡献法进行备选方案的择优决策时，应注意以下几点。

① 在不存在专属成本的情况下，通过比较不同备选方案的边际贡献总额，可以正确地进行择优决策。

② 在存在专属成本的情况下，首先应计算备选方案的剩余边际贡献（边际贡献总额减专属成本后的余额），然后比较不同备选方案的剩余边际贡献（或边际贡献）总额，最后根据比较结果进行择优决策。

③ 在企业的某项资源（如原材料、人工工时、机器工时等）受到限制的情况下，应通过计算、比较各备选方案的单位资源边际贡献额来正确进行择优决策。

④ 由于边际贡献总额的大小既取决于单位产品边际贡献额的大小，也取决于该产品的产销量，因此单位边际贡献额大的产品，未必提供的边际贡献总额也大。也就是说，决策中不能只根据单位边际贡献额的大小来择优决策，而应该选择边际贡献总额最大的方案作为最优方案。

边际贡献分析法适用于收入成本型（收益型）方案的择优决策，尤其适用于多个方案的择优决策。

【例6-1】 假设某企业拟利用现有剩余生产能力生产甲产品或乙产品。甲产品单价20元，单位变动成本10元，乙产品单价10元，单位变动成本4元。该企业现有剩余生产能力1 000 h，生产一件甲产品需耗8 h，生产一件乙产品需耗4 h。要求：根据边际贡献分析法进行决策。

解 根据边际贡献分析法编制计算表6-1。

表6-1 边际贡献分析法计算表

项目	甲产品	乙产品
销售单价/(元/件)	20	10
单位变动成本/(元/件)	10	4
单位贡献毛益/元	10	6
剩余生产能力/h	1 000	1 000
单位产品耗时/(h/件)	8	4
预计可生产量/件	125	250
贡献毛益总额/元	1 250	1 500

根据边际贡献分析法的原理，生产乙产品最优。此题也可以采用单位资源边际贡献求得。

2. 差量分析法

企业进行不同方案的比较、选择的过程，实质上是选择最大收益方案的过程。最大收益是在各个备选方案收入、成本的比较中产生的。当两个备选方案具有不同的预期收入和预期成本时，根据这两个备选方案间的差量收入、差量成本计算的差量损益进行最优方案选择的方法，就叫差量分析法。

在运用差量分析法时，应首先明确以下几个概念。

① 差量。是指两个备选方案同类指标之间的数量差异。

② 差量收入。是指两个备选方案预期收入之间的数量差异。

③ 差量成本。是指两个备选方案预期成本之间的数量差异。

④ 差量损益。是指差量收入与差量成本之间的数量差异。当差量收入大于差量成本时，其数量差异为差量收益；当差量收入小于差量成本时，其数量差异为差量损失。差量损益实际上是两个备选方案预期收益之间的数量差异。

当差量损益确定后，就可以进行方案的选择：如果差量损益为正（即为差量收益），说明比较方案可取；如果差量损益为负（即为差量损失），说明被比较方案可取。差量分析法并不严格要求哪个方案是比较方案、哪个方案是被比较方案，只要遵循同一处理原则，就可以得出正确的结论。应注意的是，差量分析法仅适用于两个方案之间的比较，如果有多个方案可供选择，在采用差量分析法时，只能两个两个地进行比较、分析，逐步筛选，最后选择出最优方案。

【例6-2】 以边际贡献分析法所举的例题（例6-1）为基础，采用差量分析法进行决策分析。

解 根据差量分析法编制计算表6-2。

表6-2 差量分析法计算表

方案	甲产品	乙产品	差量
相关收入/元	125×20=2 500	250×10=2 500	0
相关成本/元	125×10=1 250	250×4=1 000	250
相关损益/元			−250

由表6-2可见，因为差量收入0元小于差量成本250元，即差量损益为负的250元，所以开发乙产品是最佳方案。

3. 成本无差别点分析法

前面讲的边际贡献分析法和差量分析法都是适用于收入成本型（收益型）方案的选择。在企业的生产经营中，面临许多只涉及成本而不涉及收入（成本型）方案的选择，这时可以考虑采用成本无差别点分析法进行方案的择优选择。

成本无差别点分析法，是指在各备选方案收入相同（收入不变或为零）的前提下，相关业务量为不确定因素时，通过计算不同方案总成本相等时的业务量，也就是成本平衡点指标，作为评价方案取舍标准的一种方法。

所谓成本平衡点，是指两个方案相关总成本相等时的业务量。

设方案一相关总成本方程为

$$y_1 = a_1 + b_1 x$$

设方案二相关总成本方程为

$$y_2 = a_2 + b_2 x$$

令 $y_1 = y_2$，则

$$x = \frac{a_1 - a_2}{b_2 - b_1}$$

即 $$成本平衡点\ x = \frac{两方案固定成本差额}{两方案单位变动成本差额}$$

运用成本无差别点分析法，相关方案之间的固定成本水平与单位变动成本水平恰好相互矛盾，即固定成本大的方案，其单位变动成本就小。如果预计未来业务量小于成本平衡点，应选择固定成本较低的方案，因为此种方案总成本较低；如果预计未来业务量大于成本平衡点，应选择固定成本较高的方案，因为此种方案总成本较低；如果预计未来业务量恰好等于成本平衡点，则两方案总成本相等，效益无差别。

【**例 6 - 3**】 假设某企业只生产一种产品，现有两种设备可供选择。一种是采用传统的机械化设备，每年的专属固定成本为 30 000 元，单位变动成本为 12 元。另一种是采用先进的自动化设备，每年的专属固定成本为 40 000 元，单位变动成本为 7 元。要求：进行决策分析。

解 首先，建立备选方案相关总成本方程。

采用传统设备的总成本方程为

$$y_1 = a_1 + b_1 x = 30\ 000 + 12x$$

采用先进设备的总成本方程为

$$y_2 = a_2 + b_2 x = 40\ 000 + 7x$$

其次，计算成本平衡点。令 $y_1 = y_2$，解方程 $30\ 000 + 12x = 40\ 000 + 7x$，得

$$x = \frac{10\ 000}{5} = 2\ 000 \text{（件）}$$

两方案成本比较如图 6 - 2 所示。

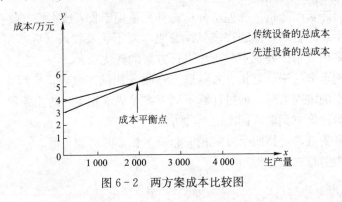

图 6 - 2　两方案成本比较图

从图 6 - 2 中可以看出，当产品生产量在 2 000 件以下时，采用传统设备生产的相关总成本线在采用先进设备生产的相关总成本线之下，意味着产品生产量在 2 000 件以下时，采用传统设备生产的相关总成本较低，应选择传统设备。当产品生产量在 2 000 件以上时，采用先进设备生产的相关总成本线在采用传统设备生产的相关总成本线之下，意味着产品生产量在 2 000 件以上时，采用先进设备生产的相关总成本较低，应选择先进设备。

4. 概率分析法

概率分析法就是对企业经营中的诸多因素在一定范围内的变动程度做出估计，从而把影响决策的各种现象都考虑进去，使决策更加接近实际情况。在采用概率分析法时，

应按以下步骤进行。

① 确定与决策结果有关的变量。

② 确定每一变量的变化范围。

③ 凭决策者假定或以历史资料为依据，确定每一变量的概率。

④ 计算各变量相应的联合概率。

⑤ 将不同联合概率条件下的结果加以汇总，得到预期值。

【例6-4】 某公司准备开发一种新产品，现有A品种和B品种可供选择，有关财务资料如表6-3所示，销量资料如表6-4所示。要求：利用概率分析法做出开发何种新产品的决策。

表6-3 财务资料

单位：元

	A品种	B品种
单价	300	285
单位变动成本	268	256
固定成本	24 000	24 000

表6-4 销量资料

预计销量/件	概率	
	A品种	B品种
600	—	0.1
800	0.1	0.2
900	0.1	0.2
1 000	0.3	0.4
1 200	0.3	0.1
1 400	0.2	—

解 根据上述资料，可编制期望价值计算分析表，如表6-5所示。

表6-5 期望价值计算分析表

单位：元

方案	销量/件	单位贡献边际	贡献边际	概率	贡献边际期望值
A品种	800	300−268 =32	25 600	0.1	2 560
	900		28 800	0.1	2 880
	1 000		32 000	0.3	9 600
	1 200		38 400	0.3	11 520
	1 400		44 800	0.2	8 960
合计					35 520

续表

方案	销量/件	单位贡献边际	贡献边际	概率	贡献边际期望值
B品种	600 800 900 1 000 1 200	285−256 =29	17 400 23 200 26 100 29 000 34 800	0.1 0.2 0.2 0.4 0.1	1 740 4 640 5 220 11 600 3 480
合计					26 680

从表6-5中的计算结果可以看出，因为A品种的贡献边际期望值比B品种的贡献边际期望值高，因此开发A品种将使企业多获利8 840元(35 520−26 680)。

6.3.2　生产决策典型例题分析

1. 新产品开发的品种决策

【例6-5】 某企业的新产品开发计划中有3种备选方案，有关资料如表6-6所示。根据上述资料分析确定应生产何种新产品。

表6-6　新产品开发相关资料

项目	新产品A	新产品B	新产品C	备注
单位标准机器工时/h	20	5	2	用于新产品开发的机器工时最多为1 000 h，其他因素无限制
预计新产品单价/元	60	82	44	
单位变动成本/元	50	70	38	
固定成本总额/元	1 400			

解　根据边际贡献分析法编制计算表6-7。

表6-7　边际贡献分析法计算表

项目	产品A	产品B	产品C
最大产量/件	50	200	500
销售单价/(元/件)	60	82	44
单位变动成本/元	50	70	38
单位贡献毛益/元	10	12	6
单位资源贡献毛益/(元/h)	0.5	2.4	3
贡献毛益总额/元	500	2 400	3 000

根据贡献毛益法的原理，生产C产品提供的贡献毛益总额最多，故应生产C产品。

2. 亏损产品的决策

【例6-6】 某企业生产A、B、C三种产品，有关资料如表6-8所示。年终结算时，A产品、C产品分别获利5 000元和1 000元，B产品则净亏2 000元。要求做出B产品是否停产的决策分析。

表6-8　企业产品的相关资料

项目	A产品	B产品	C产品
固定成本总额/元	18 000（按各产品销售金额比例分配）		
销售量/件	1 000	500	400
销售单价/(元/件)	20	60	25
单位变动成本/元	9	46	15

解　根据贡献毛益分析法编制计算表6-9。

表6-9　边际贡献分析法计算表

项目	A产品	B产品	C产品
销售量/件	1 000	500	400
销售单价/(元/件)	20	60	25
单位变动成本/元	9	46	15
单位贡献毛益/元	11	14	10
贡献毛益总额/元	11 000	7 000	4 000

注意：固定成本是无关成本，在进行分析计算前应首先区分相关成本和无关成本。

根据贡献毛益法的原理，B产品提供贡献毛益，故不应停产。

3. 有关产品是否深加工的决策

【例6-7】　某企业生产半成品A，按每件10元的价格直接出售，年产销量为10 000件。单位变动制造成本为6元/件，其中：直接材料为3元/件，直接人工为2元/件，变动制造费用为1元/件；单位变动性销售费用为0.25元/件；固定性制造费用和销售费用分别为15 000元和5 000元。现有另一种生产方案可供选择，即将半成品A进一步加工为产成品B，按每件14元的价格出售，产销量不变。为此，需追加成本和费用如表6-10所示。

表6-10　所需追加的相关成本和费用资料

项目	单位产品成本/(元/件)	总额/元
直接人工	1.25	12 500
变动性制造费用	0.25	2 500
变动性推销费用	0.50	5 000
固定性制造费用		5 000
固定性推销费用		4 000
追加成本合计		29 000

解　根据差量分析法编制计算表6-11。

表 6-11　差量分析法计算表

方　案	半成品 A	产成品 B	差量
相关收入/元	100 000	140 000	−40 000
相关成本/元	0	29 000	−29 000
相关损益/元			−11 000

根据差量分析法计算，如将 A 产品进一步加工，可多获利 11 000 元。本题采用贡献毛益分析法亦可得出同样结论。

4. 零部件是自制还是外购的决策

【例 6-8】　某企业需用 A 零件 1 000 件，如自制，需购置一台专用设备，发生固定成本为 4 000 元，自制单位变动成本为 4 元/件。如果外购，则可按每件 6 元的价格购入。要求：做出自制或外购的决策分析。

解　根据差量分析法编制计算表 6-12。

表 6-12　差量分析法计算表

方　案	自制	外购	差量
相关收入/元	0	0	0
相关成本/元	8 000	6 000	2 000
相关损益/元			−2 000

根据差量分析法计算，如果外购可以为企业节省 2 000 元，故选择外购方案。本题采用贡献毛益分析法亦可得出同样结论。

5. 选用不同加工设备的决策

【例 6-9】　某公司为提高产品质量，拟增添一台设备，现有两种方案可供选择：其一，向国外进口，购置总成本为 130 000 元，预计可用 12 年，期满估计残值为 10 000 元，使用期间每年需支付维修费 8 000 元，每天的营运成本为 100 元；其二，向兄弟单位租用，每天租金为 120 元，每天营运成本也为 100 元，要求：据此进行设备的购置或租赁的决策分析。

解　设每年的开机天数为 x 天，则有购置方案的总成本方程为

$$y_1 = \frac{130\,000 - 10\,000}{12} + 8\,000 + 100x$$

租赁方案的总成本方程为

$$y_2 = (120 + 100)x$$

令 $y_1 = y_2$，计算成本平衡点，得 $x = 150$ 天。

"成本平衡点"的计算结果表明，当每年开机的天数为 150 天时，购置与租赁的年使用总成本相等。以 150 天为分界点，当每年开机天数预计小于 150 天时，租赁方案的年使用总成本低于购置方案的年使用总成本，故宜采用租赁方案；反之，当年开机天数

预计超过 150 天时，则应采用购置方案。

6. 设备出租或出售的决策

【例 6-10】 某企业有一项不需用的固定资产，原价为 20 000 元，累计折旧为 12 000 元，现有两种处理方法可供选择：一是若按约出租，可累计收取租金 16 000 元，在此期间需支付修理费、保险费及财产税等共计 3 500 元；二是若通过经纪人出售则可取得销售收入 10 000元，为此需支付 6% 的手续费。要求：据此决策该项固定资产是出租还是出售。

解 根据差量分析法编制计算表 6-13。

表 6-13 差量分析法计算表

方案	出租	出售	差量
相关收入/元	16 000	10 000	6 000
相关成本/元	3 500	600	2 900
相关损益/元			3 100

根据差量分析法计算，如果出租，可以为企业多带来 3 100 元收益，故选择出租方案。本题采用贡献毛益分析法亦可得出同样结论。

6.4　定价决策

产品价格的制定直接影响企业的盈利水平，因此管理当局必须合理制定产品价格，审慎进行定价决策，从而保证企业实现最佳经济效益。定价决策作为短期经营决策的内容之一，其基本决策原则就是看所确定的价格是否能给企业带来更多的利润。定价决策采用的主要方法有：成本加成定价法、保本保利定价法、利润最大化定价法、利润平衡点定价法。

1. 成本加成定价法

成本加成定价法，是指以单位产品成本为基础并依照一定的加成率进行加成来确定单位产品售价的方法。计算公式为

$$单位售价 = 单位产品成本 \times (1 + 成本加成率)$$

$$成本加成率 = \frac{加成额}{单位产品成本}$$

由于按完全成本法和变动成本法计算的单位产品成本内容不同，因而不同计算方法下的单位产品成本、加成率也各异。

（1）完全成本法下成本加成定价法

在完全成本法下，单位产品成本就是单位产品生产成本，具体包括直接材料、直接人工、变动制造费用、固定制造费用。成本加成率就是成本毛利率。计算公式为

$$单位售价 = 单位产品生产成本 \times (1 + 成本毛利率)$$

式中

$$成本毛利率 = \frac{毛利}{生产成本} = \frac{利润 + 非生产成本}{生产成本}$$

【例 6 - 11】　某公司拟采用完全成本法下成本加成定价法制定甲产品单位售价，甲产品单位成本的有关资料如表 6 - 14 所示。该公司希望甲产品成本毛利率为 60%。要求：计算甲产品的单位售价。

表 6 - 14　甲产品单位成本构成表　　　　　　　　单位：元

项目	金额	项目	金额
直接材料	60	变动摊销及管理费用	16
直接人工	30	固定摊销及管理费用	11
变动制造费用	10	合计	147
固定制造费用	20		

解　　　甲产品的单位生产成本 = 60 + 30 + 10 + 20 = 120（元）

甲产品的单位售价 = 120 × (1 + 60%) = 192（元）

（2）变动成本法下成本加成定价法

在变动成本法下，单位产品成本就是单位产品变动生产成本。为简化计算，在变动成本法下成本加成定价法中，一般采用单位变动成本代替单位产品变动生产成本，具体包括直接材料、直接人工、变动制造费用、变动摊销及管理费用。成本加成率就是变动成本贡献率。计算公式为

$$单位售价 = 单位产品变动成本 × (1 + 变动成本贡献率)$$

式中

$$变动成本贡献率 = \frac{贡献毛益}{变动成本} = \frac{利润 + 固定成本}{变动成本}$$

【例 6 - 12】　依据例 6 - 11 资料，若该公司希望甲产品的变动成本贡献率为 50%，那么采用变动成本法下成本加成定价法，则甲产品的单位售价应为多少？

解　　　甲产品的单位变动成本 = 60 + 30 + 10 + 16 = 116（元）

甲产品的单位售价 = 116 × (1 + 50%) = 174（元）

2. 保本保利定价法

保本保利定价法是指根据保本分析、保利分析原理建立的一种以保本、保利为目的的定价方法。

（1）保本价格

保本价格，是指在一定销量下恰好保本时的价格。计算公式为

$$保本价格＝单位变动成本＋\frac{固定成本}{预计销售量}$$

在激烈竞争的市场经济条件下，企业为了维护、扩大市场占有率，往往采用保本价格定价决策组织销售。

（2）保利价格

保利价格，是指在一定销量下能够保证目标利润实现的价格。计算公式为

$$保利价格＝单位变动成本＋\frac{固定成本＋目标利润}{预计销售量}$$

【例6-13】 某公司生产乙产品，其单位变动成本为60元，有自销或代销两种销售方式可供选择。若采用自销方式，预计年销量为20万件，相关固定成本为10万元；若采用代销方式，预计年销量为10万件，相关固定成本为6万元；乙产品的目标利润为50万元。要求：用保本保利定价法做出自销或代销决策。

解 　　　　$$自销方式下的保利价格＝60＋\frac{100\,000＋500\,000}{200\,000}＝63（元）$$

$$代销方式下的保利价格＝60＋\frac{60\,000＋500\,000}{100\,000}＝65.6（元）$$

因为自销方式下的保利价格小于代销方式下的保利价格，更有市场竞争力，所以企业应采用自销方式。

3. 利润最大化定价法

利润最大化定价法，是指在预测各种价格可能的销售量下，计算各备选方案的利润，选择利润最大的定价方法。

【例6-14】 某公司生产A产品准备投放市场。A产品单位变动成本为40元，该企业现时年最大生产能力为1.2万件，年固定成本为20万元。如果要把年最大生产能力扩大到1.8万件，则年固定成本将增加到30万元。A产品在各种价格下的预测销售量资料如表6-15所示。A产品采用利润最大化定价法，其销售价格应为多少？

表6-15 A产品预测资料及利润计算表 单位：元

销售价格	预测销售量/件	销售收入	变动成本	固定成本	总成本	利润
120	8 000	960 000	320 000	200 000	520 000	44 000
110	9 600	1 056 000	384 000	200 000	584 000	472 000
100	12 000	1 200 000	480 000	200 000	680 000	520 000
90	14 000	1 260 000	560 000	300 000	860 000	400 000
80	16 000	1 280 000	640 000	300 000	940 000	340 000
70	17 000	1 190 000	680 000	300 000	980 000	210 000

解 由表 6-15 中的计算结果可知，A 产品价格在 100 元时获得的利润最大，为 520 000 元，所以应把 A 产品销售价格定为 100 元。

4. 利润平衡点定价法

利润平衡点定价法也称利润无差别点定价法，就是根据计算调价后利润是否增加来决定是否调价的定价方法。若调价后利润能够增加，就可以调价；反之，则不能调价。为了确定调价后利润是否能够增加，需要计算利润平衡点销售量。所谓利润平衡点销售量，就是指某种产品为确保原有盈利能力，在调价后应至少达到的销售量。其实质就是保利销售量，只不过此时的目标利润为调价前利润。其计算公式为

$$利润平衡点销售量 = \frac{固定成本 + 调价前可获利润}{拟调单价 - 单位变动成本}$$

利润平衡点定价法的决策原则是：若调价后预计销售量大于利润平衡点销售量，意味着调价后利润能够增加，则可以调价；若调价后预计销售量小于利润平衡点销售量，意味着调价后利润会有所减少，则不能调价；若调价后预计销售量等于利润平衡点销售量，意味着调价前后利润相等，则价格可调可不调。

注意：决策时要综合考虑以下情况。

① 在不增加专属成本的情况下，若调价后预计销售量超过企业现有最大生产能力，则调价后预计销售量只能按现有最大生产能力确定。

② 在追加专属成本的情况下，利润平衡点销售量计算公式中的固定成本应采用包含追加专属成本在内的固定成本。

③ 若调价后预计销售量减少而剩余生产能力能够转移，则其可获得的贡献毛益应作为调价后需获利润的扣减数额。

【例 6-15】 某公司生产 A 产品，现行售价为 100 元/件，可销售 1 万件，固定成本为 25 万元，单位变动成本为 60 元/件，实现利润 15 万元。企业现有最大生产能力为 1.9 万件。

要求：利用利润平衡点定价法评价以下各不相关条件下调价方案的可行性。

(1) 若将售价调低为 85 元/件，预计销售量可达到 16 800 件左右。

(2) 若将售价调低为 80 元/件，预计销售量可达到 20 000 件以上。

(3) 若将售价调低为 80 元/件，预计最大销售量可达到 23 000 件，但企业必须追加 50 000 元固定成本才能具备生产 23 000 件产品的能力。

(4) 若将售价调高为 110 元/件，只能争取到 7 500 件订货，且企业剩余生产能力无法转移。

(5) 若将售价调高为 110 元/件，只能争取到 7 500 件订货，但企业剩余生产能力能够转移，可获得 60 000 元贡献毛益。

解 (1) 利润平衡点销售量 $= \dfrac{250\ 000 + 150\ 000}{85 - 60} = 16\ 000$（件）

调价后预计销售量可达到 16 800 件，在最大生产能力范围内，且大于利润平衡点

销售量 16 000 件,所以应考虑调价。

(2)利润平衡点销售量$=\dfrac{250\ 000+150\ 000}{80-60}=20\ 000$(件)

调价后预计销售量可达到 20 000 件以上,超过最大生产能力范围,则调价后预计销售量只能按现有最大生产能力 19 000 件计算,小于利润平衡点销售量 20 000 件,所以不应考虑调价。

(3)利润平衡点销售量$=\dfrac{250\ 000+150\ 000+50\ 000}{80-60}=22\ 500$(件)

调价后预计销售量可达到 23 000 件,在追加专属成本后最大生产能力范围内,且大于利润平衡点销售量 22 500 件,所以应考虑调价。

(4)利润平衡点销售量$=\dfrac{250\ 000+150\ 000}{110-60}=8\ 000$(件)

调价后预计销售量为 7 500 件,在最大生产能力范围内,但小于利润平衡点销售量 8 000 件,所以不应考虑调价。

(5)利润平衡点销售量$=\dfrac{250\ 000+(150\ 000-60\ 000)}{110-60}=6\ 800$(件)

调价后预计销售量为 7 500 件,在最大生产能力范围内,且大于利润平衡点销售量 6 800 件,所以应考虑调价。

本 章 小 结

管理的重心在经营,经营的中心在决策。决策按其决策时间长短可以划分为短期经营决策和长期投资决策。本章阐述的是短期经营决策的内容。

短期经营决策中的决策成本根据其与决策是否相关可分为相关成本和无关成本。决策的相关成本有:差量成本、边际成本、机会成本、重置成本、可避免成本、可延缓成本和专属成本;决策的无关成本有:沉没成本、历史成本、联合成本、不可避免成本和不可延缓成本。

生产决策的内容包括生产什么、生产多少、怎样生产三个方面。生产决策常用的方法有:边际贡献分析法、差量分析法、成本无差别点分析法、概率分析法。

产品价格高低不仅影响产品竞争力、产品销售量和企业实现利润的多少,而且关系企业经营目标能否实现。定价决策采用的主要方法有:成本加成定价法、保本保利定价法、利润最大化定价法、利润平衡点定价法。

思　考　题

1. 决策的概念是什么？
2. 经营决策的一般程序是什么？
3. 简述决策成本的特性及其分类。
4. 简述贡献毛益法的基本原理。
5. 简述差量分析法的基本原理。
6. 简述成本无差别点法的基本原理。
7. 简述概率分析法的基本原理。
8. 产品定价方法有哪些？

习　　题

一、单项选择题

1. 将决策分为战略决策和战术决策的分类标志是（　　）。

　　A. 按决策条件的肯定程度　　　　　　B. 按决策的重要程度

　　C. 按决策期限的长短　　　　　　　　D. 按决策方案间的关系

2. 增量成本，是指由于生产能力利用程度的不同而形成的成本差额。在相关范围内，某一决策方案的增量成本就是由于业务量增加而增加的相关（　　）。

　　A. 固定成本　　　　　　　　　　　　B. 专属成本

　　C. 产品成本　　　　　　　　　　　　D. 变动成本

3. 边际成本，是指业务量增加或减少一个单位所引起的成本变动额。在相关范围内，增加或减少一个单位所引起的成本变动就是产品的（　　）。

　　A. 固定成本总额　　　　　　　　　　B. 变动成本总额

　　C. 单位变动成本　　　　　　　　　　D. 单位固定成本

4. 广告费、职工培训费等"酌量性固定成本"属于（　　）。

　　A. 边际成本　　　　　　　　　　　　B. 可避免成本

　　C. 不可延缓成本　　　　　　　　　　D. 不可避免成本

5. 在存在专属成本或机会成本的情况下，短期经营决策主要通过计算备选方案的（　　）指标进行决策。

　　A. 单位贡献毛益　　　　　　　　　　B. 贡献毛益总额

　　C. 贡献毛益　　　　　　　　　　　　D. 剩余贡献毛益

二、多项选择题

1. 按决策条件的肯定程度，决策可分为（　　）。

　　A. 确定型决策　　　　　　　　　　　B. 风险型决策

C. 不确定型决策　　　　　　　　　　D. 战略决策

2. 短期经营决策的内容主要包括（　　）。

A. 购置固定资产决策　　　　　　　　B. 生产决策

C. 定价决策　　　　　　　　　　　　D. 长期投资决策

3. 短期经营决策中相关成本主要包括（　　）。

A. 差量成本　　　　　　　　　　　　B. 机会成本

C. 专属成本　　　　　　　　　　　　D. 付现成本

4. 在短期经营决策中无关成本主要包括（　　）。

A. 沉没成本　　　　　　　　　　　　B. 共同成本

C. 不可延缓成本　　　　　　　　　　D. 不可避免成本

三、计算分析题

1. 某公司现有设备生产能力40 000台时，尚有30%的剩余生产能力。公司准备利用这些剩余生产能力开发A、B两种新产品。预计两种新产品市场销售均不受限，有关资料如表6-16所示。

表6-16　有关资料

项目	A产品	B产品
单位产品定额台时/h	5	2
单位产品单价/元	45	30
单位变动成本/元	12	15

要求：分别就下列不相关情况，采用边际贡献分析法做出开发哪种新产品的决策。

(1) 不需要新增专属成本。

(2) 若选择生产A产品，需要新增专属成本20 000元；若选择生产B产品，需要新增专属成本40 000元。

2. 某公司现有A半成品100 000kg，可直接出售，销售单价为5元/kg；也可把A半成品进一步深加工为B产品，每10千克A半成品可加工成8kgB产品，B产品加工成本为3元/kg。B产品销售单价是A半成品的2倍。

要求：分别就下列不相关情况，采用差别分析法做出A半成品是直接出售还是深加工的决策。

(1) 若深加工只需利用闲置的现有设备，且该设备无其他用途。

(2) 若深加工不仅需利用闲置的现有设备，且需新增专属成本60 000元；若不进行深加工，闲置的现有设备可出租，租金为30 000元。

3. 某公司需要甲零件，可以自制也可以外购。若自制，甲零件的单位变动成本为17元，自制每月需要增加专属固定成本300元。如果外购，外购单价为20元，每件运费为1元，外购一次差旅费为2 000元，每年采购两次。如果外购，生产甲零件的设备可以出租，每年可获租金3 000元。

要求：分别就下列不相关情况做出甲零件是自制或外购的决策分析。

(1) 若公司年需要甲零件5 000件，采用相关成本分析法进行决策。

（2）若不能事先确定公司年需要甲零件数量，采用成本平衡点分析法进行决策。

4. 已知某产品按每件 10 元的价格出售时，可获得 8 000 元贡献毛益，贡献毛益率为 30%，企业最大生产能力为 3 000 件。

要求：分别根据以下不相关条件做出是否调价的决策。

（1）将价格调低为 9 元时，预计可实现销售 4 500 件。

（2）将价格调高为 12 元时，预计可实现销售 2 800 件。

第7章 长期投资决策

学习目标与要求

通过本章的学习，要求理解并掌握现金流量、现金净流量、复利现值、年金、年金现值等重要概念，掌握现金流量的估算方法，熟练运用各种投资决策指标进行投资决策评价分析，并具备投资决策风险分析的能力。

7.1 长期投资决策概述

7.1.1 长期投资决策的含义

长期投资决策又称"资本预算决策"（capital budgeting decision），在西方国家又称为"资本支出决策"（capital expenditure decision）。长期投资主要是指固定资产增加、扩建、改造等方面的资金投入，有时也指购买长期债券、股票等证券方面的资金投入。

企业的投资在生产经营中占据着重要地位，按其投资的对象不同，可以分为对外投资和对内投资。对外投资是指企业向企业外部有关单位使用的财产项目投入资金或实物，并以利息、使用费、股利或租金收入等形式获取收益，使得资金增值的行为。例如，购买其他企业的股票、债券等证券投资；购买用于对外租赁的设备等实物投资。对内投资是指为提高企业自身的生产经营能力和获利能力而对企业内部进行的投资。目前，我国的项目建设都要进行技术上、财务上、经济上的可行性分析。财务上与经济上的可行性分析，实际上就是长期投资决策分析。例如，投资兴办新企业或扩建原有企业，包括厂房设备的扩建、改建、更新或购置，资源的开发利用，现有产品的改造，新产品的研制等。管理会计中涉及的投资决策，通常是指对内投资。

按照未来获取报酬或收益的持续期间的长短，投资可分为短期投资和长期投资。短期投资主要是指能在一年内变现的投资。长期投资是指投入大量资金，获取报酬或收益的时间在1年以上，能在较长时期内影响企业经营和获利能力的投资。长期投资既包括长期对外投资，也包括长期对内投资。管理会计中的长期投资主要是指长期对内投资。

长期投资金额大，对以后影响时间长，这种投资支出通常不能由当年的营业收入来补偿，在会计中被称为"资本性支出"。其特点是在支出发生的当期一般不能直接转化为本期费用，并全部由当期营业收入补偿，而是在未来若干期内连续分次转化为费用，分批补偿收回。在尚未完全回收投资之前，长期投资的合理存在形式必然是资产项目，它对企业今后若干年的现金收支和盈亏将产生较大的影响。与资本性支出相对立的概念是收益性支出。收益性支出是指日常经营中发生的，其效益仅限于本期并由本期收入补偿的各项支出，如管理成本、销售成本等。

长期投资决策是指拟订长期投资方案，用科学的方法对长期投资方案进行分析、评价，最后选择最佳长期投资方案的过程。长期投资决策是涉及企业生产经营全面性和战略性问题的决策，其最终目的是提高企业总体经营能力和获利能力。因此，正确的长期投资决策，有助于企业生产经营长远规划的实现。这些长远规划从总体上确定了企业将来的经营方向、规模大小、人员配备、资本总量、资本支出的运用，以及企业期望的利润增长率等，它们既是企业未来行动的纲领性文件，也是企业进行长期投资决策的主要依据。长期投资决策一旦做出，就要编制资本支出预算，对长期投资决策已选定的方案进行系统化、表格化的集中和概括。因此，长期投资决策又叫作资本支出决策或资本预算决策。

7.1.2 长期投资决策的特征、程序和意义

1. 长期投资决策的特征

① 从内容方面来看，长期投资决策主要是对企业固定资产方面进行的投资决策，如为了生产新产品而购置设备、建设厂房等，或为了提高现有的生产能力而增购设备、扩建厂房等。

② 长期投资决策的效用是长期的。一项成功的长期投资，可以使企业在未来数年内获得效益。投资效益一般经历很长时期才能完全实现，少则几年，多则几十年、上百年。

③ 长期投资决策占用资金庞大，既需要一次性投入大笔资金以形成投资项目的主体，又要有相当的资金保证建设期和建成后投入运营期间与投资项目直接相联系的开支，同时还要设立专门部门进行筹资和投资工作。

④ 长期投资决策具有不易逆转性，如果投资正确，形成的优势可以在较长时期内保持。

2. 长期投资决策的程序

① 项目规划。项目规划是根据市场情况及企业自身发展的需要，提出项目建设的构想。

② 编制项目建议书。对项目的必要性及在技术上、财务上、经济上的可行性进行初步分析，并按管理权限报批后，分别列入各级前期工作计划，也就是对项目做出初步决策。

③ 编制可行性研究设计任务书。对项目建议书已批准并已列入前期工作计划的项目，由上级部门、企业单位委托设计或咨询单位按规定进行可行性研究，具体研究分析

项目的产品市场和产、供、销情况及地点、技术设计方案、财务、经济效益等，编出可行性研究报告及设计任务书。

④ 确立项目。可行性研究报告及设计任务书应按管理权限报经有关部门批准，对项目做出最后决策。

会计人员参与长期投资决策，其重点在于可行性研究报告的财务分析和经济效益分析。

3. 长期投资决策的意义

① 对于保持和提高企业生产经营能力、长期获利能力具有决定性的作用，因而会影响企业的竞争地位。长期投资决策主要是在固定资产方面进行的投资决策。固定资产表现为企业实实在在持有的资产，它能使企业产出产成品，并最终销售出去获得盈利。没有固定资产提供的产成品，企业就不能正常运营。因此，固定资产投资属于战略性投资的范畴。成功的长期投资决策可以为企业带来大的收入，不正确的投资决策则可以彻底毁灭一个企业。

② 改变企业未来的成本结构，影响企业未来的经济效益。由于长期投资决策的效用是长期的，势必会影响企业未来的成本和效益。例如，投资购买一项先进的机器设备，必然会降低未来产品的加工成本。即使投资失败，企业也将承担该项设备的购置成本。企业在盈亏临界点以上的成本、收入和利润均取决于企业对未来的投资决策。此外，由于未来因素的不确定性，投资项目在未来长期的效用期间所承担的风险也比较大。

③ 资本支出数额大。若投资正确，可以为企业今后带来丰厚的投资收益。但风险也大，企业必须审时度势，避免因不正确的投资决策而导致亏损。

7.1.3 长期投资决策的分类

1. 按投资决策方案之间的关系及决策程序分类

（1）独立方案的可行性决策

这是长期投资决策的一种基本决策。独立方案是指某一投资项目只有一种方案可以选择，没有可以与其竞争的方案。此时，只需要对独立方案的可行性进行分析，只要独立方案本身可行，即可以接受。

（2）互斥方案的选优决策

当某一投资项目有两种或两种以上的方案可供选择，且只有一个方案可被选中时，则各方案之间是一种竞争的互相排斥的关系，称为互斥方案。此时，需要在两种或两种以上的投资方案中选出唯一的最优方案。在对互斥方案进行具体评价时，首先要评价各互斥方案的可行性，其次在可行的互斥方案中选择最优方案。

（3）资本定量决策

企业面临的所有投资项目的独立可行方案或互斥最优方案均已选定后，接下来将需要决策优先投资的问题。在企业资金无限的情况下，这种决策十分简单，即可以投资所有独立可行方案或互斥最优方案。但现实中大多数企业并非如此，大量的投资计划因为有限的资金而被困扰。因此，企业必须将有限的资金进行合理的分配，在不超过现有可用于投资的全部资金总量的前提下，在所有独立可行方案或互斥最优方案中选择能使企业所得的长期报酬总和达到最大的一组方案。

2. 按投资决策影响的程度分类

（1）战略型投资决策

战略型投资决策是指对企业全局及未来有重大影响的投资项目进行的决策分析，如新产品的投资决策、转产的投资决策、建立分公司的投资决策等。这种投资一般会改变企业的经营方向，直接关系到企业未来的命运，投资数量大，回收时间长，风险程度高。因此从方案的提出、分析、决策等各环节都要求严格按程序进行。一般由企业的最高层领导做决策。

（2）战术型投资决策

战术型投资决策是指对不影响企业全局和前途的投资进行的决策，如更新设备的投资决策，改善工作环境、提高生产效率、增加产品花色品种等方案的投资决策。这种投资一般不改变企业的经营方向，只限于局部条件的改善，影响范围较小，故可以由企业中低层或有关职能部门筹划，由高层管理部门参与制定。

3. 按投资决策条件的肯定程度分类

（1）确定型投资决策

确定型投资决策是指决策所涉及的投资方案的各项条件都是已知的，且每个方案只有一个确定的结果的投资决策。这类投资决策比较简单，只需直接计算有关评价指标进行比较即可。

（2）风险型投资决策

风险型投资决策是指决策所涉及的投资方案的各项条件都已确知，但表现出若干种变动趋势，使得每一种方案的执行都出现两种或两种以上的结果，各种结果可以根据有关资料通过预测来确定其客观概率。由于这类决策的结果具有不唯一性，从而使得决策存在一定的风险。

（3）不确定型投资决策

不确定型投资决策是指决策所涉及的投资方案的各项条件，只能以决策者的经验判断，确定主观概率加以预测。这类决策难度较大，需要借助于运筹学等数学方法，更需要决策者具有较高的理论水平和丰富的实践经验。

7.1.4 长期投资决策分析的基本内容

本章介绍的长期投资决策分析，以投资项目已具备技术上和经济上的可行性为前提，着重于与管理会计密切相关的财务可行性分析的原理与方法，包括投资项目评价的现金流量法、更新决策的年使用成本法等专门问题。

由于长期投资决策涉及时间长等原因，在使用各种评价方法时，一般要考虑货币时间价值的影响和现金流量的高低。因此，下文将首先介绍与投资决策有关的货币时间价值问题和现金流量问题。

7.2 货币时间价值

7.2.1 货币时间价值的含义

货币时间价值是长期投资决策必须考虑的客观经济范畴，它所揭示的是在一定时空条件下，运动中的货币具有增值性的规律。也就是说，货币时间价值是指作为资本的货币在使用过程中随时间的推移而带来的增值部分。货币时间价值的表现形式有两种：一种是相对数形式——利息率或折现率；另一种是绝对数形式——利息。如今的1 000元存入银行，定期一年，按照年利率2%计算，满期后，银行还你1 020元，其中20元是银行使用1 000元钱给你的报酬，即货币时间价值，年利率2%即为相对数形式的货币时间价值。

货币时间价值也是影响长期投资决策的重要因素之一。因为长期投资决策的投资额大，项目周期长，若不考虑货币时间价值，容易高估收益，从而做出错误决策，造成重大损失。

7.2.2 货币时间价值的计算

由于货币在不同时点上的价值不同，因而货币时间价值的表现形式也不同，主要有两种：现值（present value）和终值（future value）。现值是指未来一定时间特定货币按一定利率计算到现在的价值，又称为本金。终值则是指现在一定数额的货币按一定利率计算到一定时间后的价值。利息的计算通常包括单利和复利。在单利方式下，"本能生利"，而利息不能生"利"。在复利方式下，"本能生利"，利息在下期则转为本金，与原有的本金一起计算利息，即通常所说的"利滚利"。

在实际工作中，货币的增值额一般都作为追加资本，继续留在企业使用。所以货币时间价值的计算方法一般采用复利计算。

1. 复利终值和复利现值的计算

（1）复利终值的计算

复利终值是指若干期后包括本金和利息在内的未来价值。复利终值的计算公式为

$$F_n = P(1+i)^n$$

公式中，$(1+i)^n$ 称为复利终值系数或1元复利终值，通常用符号 $(F/P, i, n)$ 来表示，其值可以通过查阅复利终值系数表得出。

【例7-1】 假设某人将1 000元存入银行，存款年利率为10%，采用自动转存的方式，那么三年后的终值（本利和）为多少？

解 一年末：$F_1 = P + P \times i = P \times (1+i) = 1\,000 \times (1+10\%) = 1\,100$ （元）

二年末：$F_2=[P\times(1+i)]\times(1+i)=P\times(1+i)^2=1\,000\times(1+10\%)^2=1\,210$（元）

三年末：$F_3=P\times(1+i)^3=1\,000\times(1+10\%)^3=1\,331$（元）

即 1 331 元是 1 000 元的现值、按年利率 10%、三年期复利计算的终值。

（2）复利现值的计算

复利现值是指以后年份一定量的货币资金现在的价值，是复利终值的逆运算。由终值求现值叫作贴现，在贴现时使用的利息率叫贴现率。其计算公式为

$$P=\frac{F_n}{(1+i)^n}=F_n\times(1+i)^{-n}$$

公式中，$(1+i)^{-n}$ 称为复利现值系数或 1 元复利现值，通常用符号 $(P/F,i,n)$ 来表示，其值可以通过查阅复利现值系数表得出，其结构及使用方法与复利终值系数表相同。

【例 7-2】 某项投资 4 年后可得到 40 000 元，按年利率 6% 计算，问现在应投入多少钱？

解　　　　$P=40\,000\times(1+6\%)^{-4}=40\,000\times(P/F,6\%,4)$

　　　　　　　　$=40\,000\times0.792\,1=31\,684$（元）

即 31 684 元是 40 000 元终值、按年利率 6%、四年期复利计算的现值。

2. 年金终值与年金现值的计算

年金（annuity）是指在一定时期内，每隔相同的时间，发生相同数额的系列收（或付）款项。年金具有连续性和等额性的特点。在经济生活中，年金的首付方式应用比较广泛，如分期等额发生的折旧费、利息、租金、养老金、保险费、零存整取业务中的零存数均为年金的形式。

年金按每次收（或付）款发生的时点不同，可分为普通年金（后付年金）、先付年金（即付年金）、递延年金和永续年金。

1）普通年金终值和普通年金现值的计算

普通年金是指每期期末收到（或付出）相等金额的年金。普通年金的应用最为广泛，以后凡涉及年金的问题，如不作特殊说明，均指普通年金。

（1）普通年金终值的计算

普通年金终值是指一定时期内每期期末等额收（或付）款的复利终值之和。若年金用符号 A 来表示，普通年金终值的计算可用图 7-1 来说明。

由图 7-1 可知，普通年金终值的计算公式为

$$F=A(1+i)^0+A(1+i)^1+A(1+i)^2+\cdots+A(1+i)^{n-2}+A(1+i)^{n-1} \qquad (7-1)$$

式（7-1）两边同乘以 $(1+i)$ 得

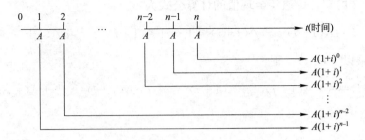

图 7-1 普通年金终值计算示意图

$$F(1+i)=A(1+i)+A(1+i)^2+A(1+i)^3+\cdots+$$

$$A(1+i)^{n-1}+A(1+i)^n \qquad (7-2)$$

用式 (7-2) 减去式 (7-1) 可得

$$F(1+i)-F=A(1+i)^n-A$$

$$F=A\cdot\frac{(1+i)^n-1}{i}$$

公式中，$\dfrac{(1+i)^n-1}{i}$ 称为年金终值系数或 1 元年金终值，通常用符号 $(F/A,i,n)$ 来表示，其值可以通过查阅年金终值系数表得出。

【例 7-3】 某人 5 年中每年年底存入银行 100 元，存款年利率为 8%，问该人在第 5 年末可一次取出的本利和为多少？

解 $F=A\times\dfrac{(1+i)^n-1}{i}=100\times\dfrac{(1+8\%)^5-1}{8\%}=100\times5.866\ 6=586.66$（元）

或

$$F=A(F/A,\ i,\ n)=100\times(F/A,\ 8\%,\ 5)=100\times5.866\ 6=586.66\text{（元）}$$

即 586.66 元是 100 元的年金、按年利率 8%、五年期复利计算的终值。

(2) 普通年金现值的计算

普通年金现值是指为在每期期末取得相等金额的款项，现在需要投入的金额。普通年金现值的计算可用图 7-2 来说明。

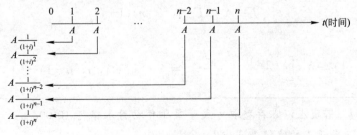

图 7-2 普通年金现值计算示意图

由图 7-2 可知，普通年金现值的计算公式为

$$P=A(1+i)^{-1}+A(1+i)^{-2}+\cdots+A(1+i)^{-(n-1)}+A(1+i)^{-n} \tag{7-3}$$

等式两边同乘以 $(1+i)$，则

$$P(1+i)=A+A(1+i)^{-1}+A(1+i)^{-2}+\cdots+A(1+i)^{-(n-2)}+A(1+i)^{-(n-1)}$$

$$\tag{7-4}$$

用式 (7-4) 减去式 (7-3) 可得

$$P(1+i)-P=A-\frac{A}{(1+i)^n}$$

$$P=A\times\frac{1-(1+i)^{-n}}{i}$$

公式中，$\dfrac{1-(1+i)^{-n}}{i}$ 称为年金现值系数或 1 元年金现值，通常用符号 $(P/A,i,n)$ 来表示，其值可以通过查阅年金现值系数表得出。

【例 7-4】 租入某设备，每年年末需支付租金 1 200 元，年利率为 10%，5 年内应支付租金总额的现值是多少？

解 $P=1\ 200\times\left[\dfrac{1-(1+10\%)^{-5}}{10\%}\right]=1\ 200\times(P/A,\ 10\%,\ 5)$

$$=1\ 200\times 3.790\ 8=4\ 548.96\ (元)$$

2）先付年金终值和先付年金现值的计算

先付年金是指在每期的期初有等额收付款项的年金，又称即付年金或预付年金。先付年金和普通年金的现金流次数相同，区别在于收付款项发生的时间不同，所以终值和现值的计算有所差异。先付年金的终值、现值分别可以通过普通年金终值、普通年金现值的计算公式调整得出。

（1）先付年金终值的计算

先付年金终值是指一定时期内每期期初等额收付款项最后一期期末复利终值的和。其计算公式为

$$F=A\cdot(F/A,\ i,\ n)(1+i)$$

或

$$F=A\cdot\left[\frac{(1+i)^{n+1}-1}{i}-1\right]=A\cdot[(F/A,\ i,\ n+1)-1]$$

【例 7-5】 若现在以零存整取方式于每年年初存入银行 10 000 元，银行存款利率为 4%，则第三年年末的终值是多少？

解 $F=10\,000\times\left[\dfrac{(1+4\%)^4-1}{4\%}-1\right]=10\,000\times[(F/A,\ 4\%,\ 4)-1]$

或 $=10\,000\times(F/A,\ 4\%,\ 3)\times(1+4\%)=32\,465$（元）

（2）先付年金现值的计算

先付年金现值是指一定时期内每期期初等额收付款项复利现值的和。其计算公式为

$$P=A\cdot(P/A,\ i,\ n)(1+i)$$

或

$$P=A\cdot\left[\dfrac{1-(1+i)^{-(n-1)}}{i}+1\right]=A\cdot[(P/A,\ i,\ n-1)+1]$$

【例7-6】 某人买了一套新房，需要8年分期支付购房贷款，每年年初付81 000元，设银行利率为10%，请问该项分期付款相当于一次现金支付的购价是多少？

解 $P=A[(P/A,\ i,\ n-1)+1]=81\,000\times[(P/A,\ 10\%,\ 7)+1]$

$=81\,000\times5.868\,4=475\,340.40$（元）

可见，该项分期付款相当于一次性支付现金475 340.40元。

3）递延年金的计算

递延年金是指最初的现金流不是发生在当期，而是隔若干期后才发生。递延年金是普通年金的特殊形式，凡不是从第一期开始的普通年金都是递延年金。一般用 m 表示递延期，表示 m 期没有发生过现金流，第一次支付在 $(m+1)$ 期期末，n 表示连续支付次数。递延年金现金流如图7-3所示。

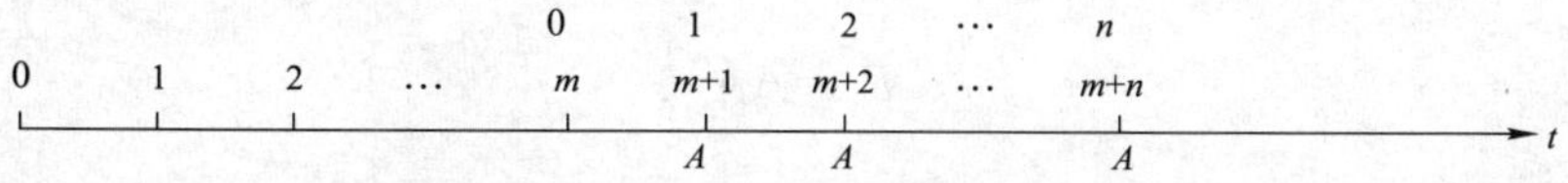

图7-3 递延年金收付款形式图

从图7-3可以看出，递延年金终值的大小与递延期无关，其计算与普通年金的计算相同。而递延年金现值的计算公式如下。

$$P=A\cdot\left[\dfrac{1-(1+i)^{-n}}{i}\right]\cdot(1+i)^{-m}=A\cdot(P/A,\ i,\ n)(P/F,\ i,\ m)$$

或

$$P=A\cdot\left[\dfrac{1-(1+i)^{-(m+n)}}{i}-\dfrac{1-(1+i)^{-m}}{i}\right]$$

$$=A\cdot[(P/A,\ i,\ m+n)-(P/A,\ i,\ m)]$$

【例7-7】 假定在年初存入一笔资金，以便能在第6年年末起每年取出10 000元，

至第 10 年年末取完。若银行存款利率为 10%，最初一次存入银行的资金数额是多少？

解

$$P = 10\,000 \times \left[\frac{1 + (1+10\%)^{-5}}{10\%} \right] \times (1+10\%)^{-5}$$

$$= 10\,000 \times (P/A, 10\%, 5) \times (P/F, 10\%, 5)$$

$$= 10\,000 \times 3.790\,8 \times 0.620\,9 = 23\,537 \text{（元）}$$

或

$$P = 10\,000 \times \left[\frac{1 + (1+10\%)^{-10}}{10\%} - \frac{1 + (1+10\%)^{-5}}{10\%} \right]$$

$$= 10\,000 \times [(P/A, 10\%, 10) - (P/A, 10\%, 5)]$$

$$= 10\,000 \times (6.144\,6 - 3.790\,8) = 23\,538 \text{（元）}$$

由此可见，采用两种计算方法计算出的递延年金现值基本相等。

4）永续年金的计算

永续年金是指无期限等额收付款项的特种年金，可视为普通年金期限趋于无穷的特殊情况。存本取息是永续年金的典型例子。西方有些债券为无期限债券，这些债券的利息可视为永续年金；优先股因为有固定的利率，而无到期日，优先股的股利也可视为永续年金。此外，也可将利率较高、持续期限较长的年金视同永续年金。

永续年金因为没有终止的时间，也就没有终值。永续年金的现值可以通过普通年金现值的计算公式推导出。

$$P = A \cdot \frac{1 - (1+i)^{-n}}{i}$$

当 $n \to \infty$ 时，$(1+i)^{-n}$ 的极限为零，故上式可写成

$$P = A \cdot \frac{1}{i}$$

【例 7-8】 某企业要建立一项永久性科研奖励基金，每年计划颁发 10 000 元，若银行存款利率为 8%，现在应存入多少钱？

解

$$P = \frac{10\,000}{8\%} = 125\,000 \text{（元）}$$

那么 125 000 元是 10 000 元永续年金利率为 8% 时的现值，也是企业为每年颁发 10 000元永久性科研奖励，现在应存入的资金数额。

3. 货币时间价值计算中的几个特殊问题

（1）不等额现金流现值的计算

年金是指每次收入或付出相等金额的系列款项。而在经济生活中，往往要发生每次收付款项不相等的系列款项，这就需要计算不等额的系列款项现值之和。

为求得不等额系列款项现值之和，可先计算每次收付款的复利现值，然后加总。不等额系列款项现值的计算公式如下。

$$P = \frac{A_1}{(1+i)} + \frac{A_2}{(1+i)^2} + \cdots + \frac{A_{n-1}}{(1+i)^{n-1}} + \frac{A_n}{(1+i)^n} = \sum_{t=1}^{n} \frac{A_t}{(1+i)^t}$$

式中：A_1——第 1 年末的收付款项；

A_n——第 n 年末的收付款项。

思考：不等额现金流终值如何计算？

（2）名义利率和实际利率的换算

在以上讨论中，始终假定利率（贴现率）是年利率，即每年复利一次。但在实际生活中，有些款项在一年内不只复利一次。如银行之间的拆借资金有的是每年计息一次，有的是每月计息一次，也有一季度计息一次的；有些债券每半年计息一次。当利息在一年内要复利几次时，给出的年利率叫名义利率，此时的实际利率要比名义利率高。

实际利率和名义利率的换算关系是

$$1 + i = \left(1 + \frac{r}{n}\right)^M$$

$$i = \left(1 + \frac{r}{n}\right)^M - 1$$

式中：i——实际利率；

r——名义利率；

n——每年复利次数。

【例 7-9】 假定某人用 10 000 元购买年利率为 10%、期限为 10 年的公司债券，该债券每半年复利一次，问此人到期将得到多少本利和？

解
$$i = \left(1 + \frac{10\%}{2}\right)^2 - 1 = 10.25\%$$

$$F = P(1+i)^n = 10\ 000 \times (1+10.25\%)^{10} = 26\ 533\ （元）$$

此题也可以不计算实际利率，而是直接调整有关指标求终值。

$$F = P\left(1 + \frac{r}{M}\right)^{Mn}$$

$$= 10\ 000 \times \left(1 + \frac{100\%}{2}\right)^{2 \times 10}$$

$$= 10\ 000 \times (F/P, 5\%, 20)$$

$$= 26\ 533\ （元）$$

（3）利率（贴现率）或期数问题

在前面计算现值和终值时，都假定利息率、期数是给定的。但是在财务管理中，经常会遇到已知计息期数、终值、现值或年金求利息率（贴现率）；或已知利息率、终值、现值或年金求期数的问题。一般来说，求贴现率或期数分为两步：第一步，根据已知条件求出换算系数；第二步，根据换算系数和有关系数求贴现率。

【例 7 - 10】 某人现在向银行存入 5 000 元，按复利计算，在利率为多少时，才能保证在以后 10 年中每年得到 750 元？

解 根据已知 $P=5\ 000$ 元，$n=10$ 年，$A=750$ 元，列出关系式：

$$5\ 000=750\times(P/A,\ i,\ 10)$$

$$(P/A,\ i,\ 10)=\frac{5\ 000}{750}=6.667$$

查阅年金现值系数表，当期数为 10 年、利率为 8% 时，系数为 6.710；当利率为 9% 时，系数为 6.418。没有与 6.667 一致的，所以利率应在 8%～9% 之间，可用插值法计算所要求的利率。

假设所要求的贴现率为 $x\%$，则利用插值法计算如下。

利率	年金现值系数
8%	6.710
i	6.667
9%	6.418

则

$$i=8\%+\frac{6.710-6.667}{6.710-6.418}\times(9\%-8\%)=8.147\%$$

上述关于货币时间价值计算的方法，在财务管理中有着广泛的应用，如养老金决策、租赁决策、长期投资决策等。随着财务问题日益复杂化，货币时间价值的应用也将日益增加。

7.3　现金流量的分析与计算

在长期投资决策中，投资收入与投资支出都是以现金实际收支为基础的。在未来一定时期内的现金流入量与现金流出量统称为现金流量（cash flows）。现金流入量与流出量的差额，为净现金流量。这里的"现金"是广义的现金，不仅包括各种货币资金，而且还包括项目需要投入的企业拥有的非货币资产的变现价值。例如，一个项目需要使用原有的厂房、设备和材料等，则相关的现金流量是指它们的变现价值，而不是其账面价值。具体估计一个投资方案形成的现金流入与现金流出的数量、时间，以及逐年的净现金流量是正确评价该方案投资效益的必要条件之一。

7.3.1 现金流量的构成

投资决策中的现金流量，一般分为初始现金流量、营业现金流量和终结现金流量三部分。

（1）初始现金流量

初始现金流量是指开始投资时发生的现金流量，主要包括以下内容。

① 购置设备、建造厂房和各种生产设施等固定资产的支出。

② 购买无形资产，如专利使用权、商标使用权、土地使用权等的支出。

③ 项目投资前的筹建费用、培训费用、注册费用等。

④ 垫支的流动资金。包括对材料、在产品、产成品和现金等流动资产上的投资。

⑤ 原有固定资产的变价收入。指固定资产更新时原有固定资产的变价所得的现金收入。

⑥ 所得税效应。指固定资产更新项目变价收入的税赋损益。按规定，出售资产时的资本利得（出售价高于原价或账面净值的部分）应缴纳所得税，构成现金流出量；出售资产时发生的损失（出售价低于原价或账面净值的部分）可以抵减当年所得税支出，少缴纳的所得税构成现金流入量。

假设某设备原价 100 000 元，已使用 5 年，设备净值为 50 000 元，所得税税率为 25％。如果以 50 000 元出售此设备，所得税效应为 0，出售设备的净现金流量为 50 000 元。如果以 40 000 元出售此设备，出售旧设备的净现金流量为 42 500 元 ［40 000＋（50 000－40 000）×25％］。如果以 60 000 元出售，出售旧设备的净现金流量为 57 500 元 ［60 000－（60 000－50 000）×25％］。

⑦ 不可预见费。不可预见费是指在投资项目正式建设之前不能完全估计到的，但有很可能发生的一系列费用，如设备价格的上涨、出现自然灾害等。这些因素也要合理预测，以便为现金流量预测留有余地。

例如，某企业准备建一条新的生产线，经过研究与分析，预计各项支出如下：设备购置费 500 000 元；安装费 100 000 元；建筑工程费用 400 000 元；投产时需垫支营运资金 50 000 元；不可预见费按上述总支出的 5％计算，则该生产线的投资总额为

$$（500\ 000＋100\ 000＋400\ 000＋50\ 000）×（1＋5％）＝1\ 102\ 500（元）$$

（2）营业现金流量

营业现金流量是指项目投入使用后，在寿命期内由于生产经营所带来的现金流入和流出的数量。现金流量一般是按年计算的。这里的现金流入一般指的是营业现金流入；现金流出是指营业现金流出（指付现成本，即不包括折旧的成本）和交纳的税金。经营期现金流量可用下列公式计算。

$$营业现金流量＝营业收入－付现成本－所得税$$

或

$$营业现金流量＝营业收入－（营业成本－折旧）－所得税$$

$$＝营业收入－营业成本－所得税＋折旧$$

$$＝税后净利润＋折旧$$

现举例说明营业现金流量的计算。

【例 7-11】 A、B 两个公司的基本情况相同，唯一的区别在于二者的折旧额不同，其现金流量的计算如表 7-1 所示。

表 7-1　营业现金流量计算表　　　　　　　　　　单位：元

项目	A公司	B公司
销售收入	100 000	100 000
付现营业成本	50 000	50 000
折旧	15 000	20 000
合计	65 000	70 000
税前利润	35 000	30 000
所得税（40%）	14 000	12 000
税后利润	21 000	18 000
营业现金净流量：		
净利润	21 000	18 000
折旧	15 000	20 000
合计	36 000	38 000

（3）终结现金流量

终结现金流量是指项目经济寿命终了时发生的非经营现金流量。主要包括以下方面。

① 固定资产残值变价收入及出售时的税赋损益。出售时税赋损益的确定方法与初始投资时出售旧设备发生的税赋损益相同，如果固定资产报废时残值收入大于税法规定的数额，就应上缴所得税，形成一项现金流出量，反之则可抵减所得税，形成现金流入量。

② 垫支流动资金的收回。这部分资金不受税收因素的影响，税法视为资金的内部转移，就如同把存货和应收账款换成现金一样，因此收回的流动资金仅仅是现金流量的增加。

当然，在经营期的最后一年仍然有生产经营的现金流入量和流出量，其计算与经营期的现金流量计算一样。

7.3.2　估算现金流量应注意的问题

企业在估算现金流量时会涉及很多变量，并且可能需要企业多个部门的参与。例如，需要市场部门负责预测市场需求量及售价；需要研发部门估计投资的研发成本、设备购置、厂房建筑等；需要生产部门负责估计工艺设计、生产成本等；需要财务人员协调各参与部门的人员，为销售和生产等部门建立共同的基本假设条件等。

为了正确计算投资方案的现金流量，需要正确判断哪些支出会引起企业总现金流量的变动，哪些支出只是引起某个部门现金流量的变动而不引起企业总现金流量的变动。在进行判断时，需要注意以下几个问题。

（1）区分相关成本和非相关成本

相关成本是指与特定决策有关的、在分析评价时必须加以考虑的成本。与此相反，与特定决策无关的、在分析评价时不必加以考虑的成本是非相关成本，如沉没成本。所谓沉没成本，是指已经付出且不可收回的成本。例如，某公司在 20×5 年打算新建一个厂房，并请有关专家进行了可行性分析，支付了咨询费 1 万元，后来由于公司有了更好的投资机会，该项目被搁置下来，该笔咨询费已经入账。20×9 年旧事重提，又想建新厂房，那么该笔咨询费是否应该是相关成本呢？不管公司是否要新建这个厂房，这笔咨询费都无法收回，与公司未来的总现金流量无关，因此属于沉没成本。

（2）机会成本

机会成本是指为了进行某项投资而放弃其他投资所能获得的潜在收益。在投资决策中不能忽视机会成本。例如，公司新建厂房需要使用公司拥有使用权的一块土地，这块土地如果出租，每年可获取租金收入 10 万元，那么在新项目进行投资时，这 10 万元的租金就是新建项目的机会成本。在计算营业现金流量时将其视作现金流出。

（3）部门间的影响

当公司选择一个新的投资项目后，该项目可能会对公司的其他部门造成有利或不利影响。例如，若公司新建生产线的产品上市后，可能会减少其他产品的销售额。因此，公司在进行投资决策分析时，不应将新建生产线的销售收入作为增量收入来处理，而应扣除其他部门因此减少的销售收入。当然也可能发生相反的情况。

7.3.3 现金流量的估算

为了正确地评价投资项目的优劣，必须依据可靠、准确的现金流量数据，才能做出科学的分析。

在对投资项目现金流量的估算中，营业现金流量是一个重要的环节，它涉及现金流入与现金流出的计算。在此基础上，结合初始现金流量（主要表现为现金流出量）和终结现金流量（主要表现为现金流入量），便可确定投资方案的现金流量。

【例 7-12】 某企业准备购入设备以扩充生产能力。现有甲、乙两个方案可供选择。甲方案需投资 60 000 元，使用寿命为 5 年，假设 5 年后设备无残值。5 年中每年销售收入为 40 000 元，每年的付现成本为 14 000 元。乙方案需投资 70 000 元，另外在第一年垫支流动资金 5 000 元，使用寿命也为 5 年，使用期满有残值收入 3 500 元。5 年中第一年的销售收入为 50 000 元，以后逐年减少 1 000 元。付现成本第一年为 14 500 元，以后随着设备的陈旧将逐年增加修理费 500 元。该企业采用直线法计提折旧，所得税税率为 25%，试计算两个方案的现金流量。

解 两个方案的现金流量计算过程如下。

（1）计算两个方案的每年折旧额

$$甲方案每年折旧额 = \frac{60\ 000}{2} = 30\ 000（元）$$

$$乙方案每年折旧额 = \frac{70\ 000 - 3\ 500}{5} = 13\ 300（元）$$

（2）计算两个方案的营业现金流量

甲、乙两个方案的营业现金流量计算如表7－2所示。

表7－2　投资方案营业现金流量计算表　　　　单位：元

项目 \ t	1	2	3	4	5
甲方案：					
销售收入	40 000	40 000	40 000	40 000	40 000
付现成本	14 000	14 000	14 000	14 000	14 000
折旧	12 000	12 000	12 000	12 000	12 000
税前利润	14 000	14 000	14 000	14 000	14 000
所得税	3 500	3 500	3 500	3 500	3 500
税后利润	10 500	10 500	10 500	10 500	10 500
营业现金流量	22 500	22 500	22 500	22 500	22 500
乙方案：					
销售收入	50 000	49 000	48 000	47 000	46 000
付现成本	14 500	15 000	15 500	16 000	16 500
折旧	13 300	13 300	13 300	13 300	13 300
税前利润	22 200	20 700	19 200	17 700	16 200
所得税	5 550	5 175	4 800	4 425	4 050
税后利润	16 650	15 525	14 400	13 275	12 150
营业现金流量	29 950	28 825	27 700	26 575	25 450

两个方案全部现金流量的计算如表7－3所示。

表7－3　投资方案全部现金流量计算表　　　　单位：元

项目 \ t	0	1	2	3	4	5
甲方案：						
固定资产投资	−60 000					
营业现金流量		22 500	22 500	22 500	22 500	22 500
现金净流量	−60 000	22 500	22 500	22 500	22 500	22 500
乙方案：						
固定资产投资	−70 000					
垫支流动资金	−5 000					
营业现金流量		29 950	28 825	27 700	26 575	25 450
固定资产残值						3 500
流动资金收回						5 000
现金净流量	−75 000	29 950	28 825	27 700	26 575	33 950

值得注意的是：在表7-2和表7-3中，$t=0$代表第一年年初，$t=1$代表第一年年末，$t=2$代表第二年年末，以此类推。在现金流量的计算中，为了简便起见，一般都假定固定资产投资在年初进行，各年营业现金流量在年末发生，终结现金流量看作是最后一年年末发生的。

7.4　长期投资决策的分析评价

1. 长期投资决策分析评价方法

长期投资决策分析评价的方法是现金流量法。按照是否考虑货币时间价值因素可以分为两大类：一类是不考虑货币时间价值因素的方法，即非贴现的现金流量法，又称静态分析法；另一类是考虑货币时间价值因素的方法，即贴现的现金流量法，又称动态分析法。

2. 非贴现的现金流量法

（1）投资回收期法

投资回收期是指收回初始投资所需要的时间，一般以年为单位来表示，是一种运用很广、很久的投资决策指标。投资回收期越短，说明投入资金的回收速度越快，所承担的投资风险越小。所以企业为了避免出现意外情况，就要考虑选择能在短期内收回投资的方案。

投资回收期的计算，因每年的营业现金净流量（NCF）是否相等而有所不同。如果每年的营业现金净流量相等，投资回收期可按下列公式计算。

$$投资回收期=\frac{原始投资额}{每年营业净现金流量（NCF）}$$

现以例7-12资料为例，根据表7-2的数据，甲方案每年的NCF相等，故

$$甲方案的回收期=\frac{60\,000}{22\,500}\approx2.67（年）$$

如果每年的营业现金净流量不相等，计算回收期要根据每年年末尚未回收的投资额加以确定。在例7-12中，乙方案每年的NCF不相等，乙方案各年尚未收回的投资额如表7-4所示。

表7-4　乙方案投资回收情况表　　　　　　　　　　　　　　　　单位：元

年份	投资额	每年净现金流量	年末尚未回收的投资额
0	(75 000)		
1		29 950	45 050
2		28 825	16 225
3		27 700	—
4		26 575	—
5		33 950	—

$$乙方案的回收期＝2＋\frac{16\ 225}{27\ 700}≈2.59（年）$$

甲方案的投资回收期为 2.67 年，乙方案的投资回收期为 2.59 年，若采用投资回收期法选择投资方案，应选择乙方案。

投资回收期法的概念容易理解，计算也比较简单。但这一指标没有考虑现金流量发生的时间，同时也没有考虑回收期满后的现金流量状况。因此，单纯地运用投资回收期法作为投资决策评价方法，不能准确反映投资方案的经济效益，有可能会形成错误决策。因此，在评价投资方案时，投资回收期一般只能作为辅助标准，必须和其他标准相结合，用以判断项目的可行性。

【例 7-13】 假设有两个方案的预计现金流量如表 7-5 所示，试计算回收期，比较优劣。

表 7-5　A 方案与 B 方案的预计现金流量　　　　　　　　　　单位：元

t	0	1	2	3	4	5
A 方案现金流量	−10 000	4 000	6 000	4 000	4 000	4 000
B 方案现金流量	−10 000	4 000	6 000	6 000	6 000	6 000

两个方案的回收期相同，都是 2 年。如果用投资回收期法进行评价，似乎两个方案不相上下，实际上 B 方案明显优于 A 方案。

(2) 投资报酬率法

投资报酬率是指投资项目寿命期内平均的年投资报酬率，也称平均投资报酬率。年均报酬可用年均净利指标，也可用年均现金流量指标。计算公式如下。

$$投资报酬率＝\frac{年均净利（年均现金流量）}{初始投资额}×100\%$$

在采用平均报酬率指标时，应事先确定一个企业要求达到的平均报酬率，或称必要报酬率。在进行决策时，只有高于必要的平均报酬率的方案才能入选。而在有多个方案的互斥选择中，则应选择平均报酬率最高的方案。

【例 7-14】 仍以例 7-12 的资料为例，根据表 7-2、表 7-3 的数据，若以年均净利为指标条件，甲、乙两方案的投资报酬率计算如下。

解　　　　$$甲方案的投资报酬率＝\frac{10\ 500}{60\ 000}×100\%＝17.5\%$$

$$乙方案的投资报酬＝\frac{(16\ 650＋15\ 525＋14\ 400＋13\ 275＋12\ 150)÷5}{75\ 000}×100\%＝19.2\%$$

若以平均现金流量为指标条件，甲、乙两方案的投资报酬率计算如下。

$$甲方案的投资报酬率＝\frac{22\ 500}{60\ 000}×100\%＝37.5\%$$

乙方案的投资报酬率 $= \dfrac{(29\ 950+28\ 825+27\ 700+26\ 575+33\ 950)\div 5}{75\ 000}\times 100\%=39.2\%$

上述计算表明，若用投资报酬率法选择投资方案，应选乙方案。

投资报酬率法的优点是简明、易算、易懂，考虑了投资方案在其寿命周期内的全部收益状况和现金流量，从这一点上讲优于投资回收期法。其缺点是没有考虑货币的时间价值，第一年的现金流量与最后一年的现金流量被看作具有相同的价值。单纯地运用平均报酬率法有时会做出错误的决策，在实际决策中可以配合其他方法加以运用。

3. 贴现的现金流量法

贴现现金流量评价方法是指考虑了货币时间价值的评价方法，也叫动态评价方法。具体包括：净现值法、内含报酬率法和获利指数法。

（1）净现值法

净现值（net present value，NPV）是反映投资项目在建设和生产服务年限内获利能力的动态指标。一个项目的净现值是指该项目未来现金净流量的现值与投资额现值之间的差额，是评估项目可行性的最重要的指标。其计算公式为

净现值（NPV）＝未来现金净流量现值之和－投资额现值之和

或

$$NPV=\sum_{t=0}^{n}\frac{NCF_t}{(1+K)^t}$$

式中：NPV——净现值；

　　NCF$_t$——第 t 年的现金净流量；

　　K——贴现率（企业的资本成本或要求的报酬率）；

　　n——项目的预计使用年限。

【例 7-15】 以例 7-12 的资料为例，假设企业的资本成本为 10%，根据表 7-3 的资料计算如下。

解 甲方案每年的 NCF 相等，可按年金系数进行折算。

甲方案的净现值 $=22\ 500\times(P/A,10\%,5)-60\ 000$

　　　　　　　$=22\ 500\times 3.791-60\ 000$

　　　　　　　$=25\ 297.5$（元）

乙方案的 NCF 不相等，故列表 7-6 计算如下。

表 7-6　乙方案净现值计算表 单位：元

年份	各年的 NCF（1）	现值系数（P/F,10%,n）（2）	现值（3）=（1）×（2）
1	29 950	0.909	27 224.55
2	28 825	0.826	23 809.45
3	27 700	0.751	20 802.7
4	26 575	0.683	18 150.725

续表

年份	各年的 NCF (1)	现值系数 $(P/F, 10\%, n)$ (2)	现值 (3)＝(1)×(2)
5	33 950	0.621	21 082.95
未来现金流量的总现值			111 070.375
减：初始投资额			75 000
净现值			36 070.375

影响项目净现值大小的因素有两个：项目的现金流量和贴现率。前者与净现值的大小呈同向变化，后者与净现值的大小呈反向变化。根据企业价值最大化的原则，利用净现值法进行项目决策的原则是：如果项目的净现值大于零，表明该项目投资获得的收益大于资本成本或投资者要求的收益率，则项目是可行的；反之项目应舍弃。若存在若干个净现值大于零的互斥方案，则应选择净现值最大的方案，或对净现值的大小进行排队，对净现值大的方案应优先考虑。如例题中甲、乙两方案的净现值均大于零，说明两个项目的投资报酬率均大于资本成本，可以增加股东的财富，都是可取的。但乙方案的净现值大于甲方案，故应选择乙方案。

净现值法考虑了项目整个寿命期的各年现金流量的现时价值，反映了投资项目可获收益，在理论上较为完善。这一指标在应用中的主要难点是如何确定贴现率。在项目评价中，正确地选择贴现率至关重要，它直接影响到项目评价的结论。如果选择的贴现率过低，会导致一些经济效益较差的项目得以通过，从而浪费了有限的社会资源；如果选择的贴现率过高，会导致一些效益较好的项目不能通过，从而使有限的社会资源不能充分发挥作用。

（2）获利指数法（profitability index，PI）

获利指数也称现值指数，是指未来现金净流量的现值与投资额现值的比率。其计算公式为

$$获利指数（PI）＝\frac{未来现金净流量现值之和}{投资额现值之和}$$

【例 7-16】 仍以例 7-12 企业为例，根据净现值计算的有关结果，计算获利指数如下。

解

$$甲方案的获利指数＝\frac{85\ 295.5}{60\ 000}≈1.42$$

$$乙方案的获利指数＝\frac{111\ 070.375}{75\ 000}＝1.48$$

获利指数实质上是净现值的一种变形。根据二者计算公式的区别和净现值对项目的取舍原则，不难得出获利指数法进行项目决策的原则：接受获利指数大于1的项目，放弃获利指数小于1的项目。若有多个投资方案备选，则应选择获利指数最大者。本例中

应选择乙方案。

获利指数是一个相对数指标，反映投资的效率，即获利能力。当备选方案的投资额不等且彼此之间相互独立，可用获利指数法确定方案的优劣次序；若为互斥方案，当采用净现值法和获利指数法出现结果不一致时，应以净现值的结果为准。因为净现值是一个绝对指标，反映投资的效益，更符合财务管理的基本目标。

（3）内含报酬率法（internal rate of return，IRR）

内含报酬率也称为内部收益率，它与投资贴现率的选择无关，而其目的是力图在项目内找出一个事先并不知道的贴现率，即项目净现值为零时的贴现率或项目现金净流量的现值之和与投资额的现值之和相等时的贴现率。

净现值法和获利指数法虽然考虑了时间价值，可以说明投资项目的报酬率高于或低于资本成本，但没有揭示项目本身可以达到的报酬率是多少。内含报酬率是根据项目的现金流量计算的，反映了投资项目本身的报酬率，目前越来越多的企业使用该项指标对投资项目进行评价。其计算公式为

$$未来现金净流量现值之和－投资额现值之和＝0$$

或

$$\sum_{t=0}^{n} \frac{NCF_t}{(1+IRR)^t} = 0$$

【例 7 - 17】 在例 7 - 12 中，甲方案每年的现金净流量相等，而且初始投资在建设期一次投入，可以采用以上方法计算内含报酬率。

$$年金现值系数（P/A，IRR，n）＝\frac{初始投资额}{每年的 NCF}＝\frac{60\ 000}{22\ 500}≈2.666\ 7$$

查阅年金现值系数表，第 5 期与 2.806 4 相邻近的年金现值系数在 20% 和 24% 之间，采用插值法计算。

贴现率	年金现值系数
20%	2.990 6
IRR	2.666 7
24%	2.745 4

$$IRR＝20\%＋\frac{2.990\ 6}{2.990\ 6＋2.745\ 4}×(24\%－20\%)＝22.09\%$$

如果每年的现金净流量不相等，内含报酬率的计算通常采用"逐年测试法"。首先估计一个贴现率，并按此贴现率计算净现值。如果计算出的净现值为正数，则表示估计的贴现率小于该项目的实际内含报酬率，应提高贴现率后进一步测算；如果计算出的净现值为负数，则表示估计的贴现率大于该项目的实际内含报酬率，应降低贴现率后进一步测算。经过如此反复测算，直至找到使净现值由正到负或由负到正的两个贴现率。然

后根据上述两个邻近的贴现率，使用插值法计算出方案的内含报酬率。

在例 7-12 中，乙方案每年的现金净流量不相等，因此必须逐次进行测算，测算过程如表 7-7 所示。

表 7-7　内含报酬率测算表　　　　　　　　　　单位：元

时间（t）	NCF	测试 20%		测试 24%		测试 28%	
		复利现值系数	现值	复利现值系数	现值	复利现值系数	现值
0	-75 000	1.00	-75 000	1.000	-75 000	1.000	-75 000
1	29 950	0.833 3	24 957.34	0.806 5	24 154.68	0.781 3	23 399.94
2	28 825	0.694 4	20 016.08	0.650 4	18 747.78	0.610 4	17 594.78
3	27 700	0.578 7	16 029.99	0.524 5	14 528.65	0.476 8	13 207.36
4	26 575	0.482 3	12 817.12	0.423 0	11 241.23	0.372 5	9 899.19
5	33 950	0.401 9	13 644.51	0.341 1	11 580.35	0.291 0	9 879.45
NPV	—	—	12 465.04	—	5 252.69	—	-1 019.28

在表 7-7 中，先按 20% 的贴现率进行测算，净现值为正数，便把贴现率提高到 24%，进行第二次测算，净现值仍为正数，于是把贴现率提高到 28% 进行测算，净现值为负数，说明该项目的内含报酬率一定在 24% 和 28% 之间。采用插值法计算。

贴现率	净现值
24%	5 252.69
IRR	0
28%	-1 019.28

$$IRR=24\%+\frac{5\ 252.69}{5\ 252.69+1\ 019.28}\times(28\%-24\%)=27.35\%$$

需要注意的是，投资项目的内含报酬率与资本的机会成本是不同的，内含报酬率是用来衡量项目的获利能力，它是根据项目本身的现金流量计算得出的；而资本的机会成本是用来衡量项目是否可行的比较指标，它是根据同等风险项目投资最低收益率确定的。资本的机会成本与项目的内含报酬率计算无关，但与项目决策有关。

利用内含报酬率标准选择投资项目的基本原则是：若 IRR 大于项目的资本成本或投资最低收益率，接受该项目；反之则放弃。在有多个互斥项目的选择中，选用 IRR 最大的投资项目。从以上例题中两个方案的内含报酬率可以看出，乙方案的内含报酬率高，故乙方案比甲方案效益好。

7.5　长期投资决策指标的运用

1. 独立项目投资决策

独立项目是指一组相互独立、互不排斥的项目。在独立项目中，选择某一项目并不排斥选择另一项目。例如，麦当劳打算在一个偏远小岛上开设一家汉堡包餐厅，这个方案是否被采纳都不会受到其他开设新餐厅的投资决策的影响，它们是相互独立的。独立项目投资决策可以不考虑任何其他投资项目是否得到采纳和实施，独立项目投资收益和成本也不会因其他项目的采纳与否而受影响。

对于独立项目的决策，主要根据净现值、内含报酬率来判断项目的可行性。如果净现值大于零，内含报酬率大于设定的贴现率，则项目是可行的；反之，应拒绝这一投资项目。投资回收期与年平均投资报酬率可作为辅助指标，其结果可用于参考。例如，投资回收期较长，则表明是有一定风险的。

2. 互斥项目投资决策

互斥项目是指接受一个项目就必须放弃另一个项目的情况，通常是为解决一个问题设计的两个备选方案。例如，为了生产一个新产品，可以选择进口设备，也可以选择国产设备。企业只需购买其中之一就可以解决目前的问题，而不会同时购置。因此，互斥项目投资决策要根据各个方案的使用年限、投资额相等与否等信息，采用不同的方法做出选择。

（1）使用年限相等的互斥项目投资决策

对于寿命期相等的互斥项目投资决策，可采用排列顺序法。采用排列顺序法时，全部待选项目可分别根据它们各自的 NPV 或 PI 或 IRR 按降序排列，然后进行项目决策，通常选其大者为最优。通常情况下，按上述三个评价标准对互斥项目进行排序选择的结果是一致的，如例 7 - 12 排序下来乙方案最好。但在某些情况下也会得出不一致的结论，即排序出现矛盾。在这种情况下，应以净现值作为选择标准。

（2）使用年限不等的互斥项目投资决策

在使用年限不等的情况下，不能简单地根据净现值或内含报酬率来评价项目，通常采用年回收额法，即某一方案的年回收额等于该方案的净现值除以 n 年的年金现值系数，其实质是将净现值总额分摊到每一年，然后各方案均以年为单位进行比较，哪个方案年回收额大即年均净现值大，则可认为哪个方案好。

【例 7 - 18】 某公司要在两个投资项目中选取一个，A 项目需要初始投资 160 000 元，每年产生 80 000 元的现金净流量，项目的使用寿命为 3 年，3 年后必须更新且无残值；B 项目需要初始投资 210 000 元，使用寿命为 6 年，每年产生 64 000 元的现金净流量，6 年后必须更新且无残值。公司的资本成本为 16%，那么公司该选用哪个项目呢？

解 两个项目的净现值计算如下。

A 项目的净现值（NPV）$= 80\ 000 \times (P/A, 16\%, 3) - 160\ 000$

$\qquad\qquad\qquad\qquad = 80\ 000 \times 2.246 - 160\ 000$

$\qquad\qquad\qquad\qquad = 19\ 680$（元）

B 项目的净现值（NPV）$= 64\ 000 \times (P/A, 16\%, 6) - 210\ 000$

$\qquad\qquad\qquad\qquad = 64\ 000 \times 3.685 - 210\ 000$

$\qquad\qquad\qquad\qquad = 25\ 840$（元）

A 项目的年回收额 $= \dfrac{19\ 680}{(P/A, 16\%, 3)} = \dfrac{19\ 680}{2.246} = 8\ 762.24$（元）

$$B项目的年回收额 = \frac{25\ 840}{(P/A,\ 16\%,\ 3)} = \frac{25\ 840}{3.685} = 7\ 012.21\ (元)$$

通过计算，项目 A 的年回收额比项目 B 大，所以公司应选用项目 A。

3. 固定资产更新改造决策

固定资产更新是对技术上或经济上不宜继续使用的旧资产，用新的资产更换或用先进的技术对原有设备进行局部改造。固定资产更新决策主要研究两个问题：一个是决定是否更新；另一个是决定选择什么样的资产进行更新。根据固定资产的特点，应明确以下几个问题。

（1）固定资产的经济寿命是其更新周期

固定资产的经济寿命是相对于自然寿命而言的。固定资产的自然寿命是由其物理性决定的，是指一项固定资产从投入使用到完全报废为止的整个期限。固定资产的经济寿命是由其使用的经济效益决定的，是指固定资产的年均成本最低的使用年限。

固定资产的年均成本由资产成本和劣势成本组成。资产成本是指用于固定资产投资的成本。在不考虑货币时间价值的情况下，资产成本就是各年的固定资产折旧，它随固定资产使用年限的延长而降低。劣势成本由两部分组成：一是固定资产本身的有形损耗及无形损耗，以及由此引起的材料、能源、产品的损失；二是逐年增加的维修费。固定资产劣势成本随固定资产使用年限的延长而逐年增加。

由于构成年均成本的资产成本和劣势成本随固定资产使用年限的延长而呈相反的变化，因此固定资产的年均成本在其自然寿命的初期是递减的，在自然寿命的某一时点上，年均成本达到最低，从开始使用到这一时点的期限就是固定资产的经济寿命期，超过这一时点后年均成本开始逐年增加，继续使用该项固定资产从经济上已不合算，应当更新。

（2）决策时不应考虑沉落成本

进行固定资产更新决策时，决策的时点是现有固定资产同可能取代它的新固定资产进行比较的共同起点，在此基础上着重考虑它们未来的有关数据，现有固定资产的现实实际价值（非现实账面价值）是决策的相关成本，其原始成本是沉落成本，与决策无关，不应考虑。

（3）不同寿命期固定资产更新决策的可比性

在固定资产进行更新决策时，当旧的固定资产和可以取代它的新固定资产的寿命期不相等时，一般需要通过计算对比年均使用成本进行决策。但在对旧的固定资产是继续使用一段时间更新还是现在立即更新进行决策时，会出现在一个时期内有数种年均成本的情况。这时，必须选择一个能够说明问题的"比较期"。根据年均使用成本计算相同比较期的可比使用成本现值，然后进行对比分析，做出决策。

【例 7-19】 某公司正考虑用一台效率更高的新机器取代现有的旧机器。旧机器的账面净值为 10 万元，市场价值为 6 万元；预计尚可使用 4 年，预计 4 年后净残值为 0；税法规定的折旧年限尚有 4 年，税法规定无残值。购买和安装新机器需要 50 万元，预计可使用 5 年，预计清理净残值为 2 万元。按税法规定可分 4 年折旧，并采用双倍余额递减法计算应纳税所得额，法定残值为原值的 1/10。使用该机器每年可以节约付现成本 16 万元。公司的所得税税率为 25%。如果该项目在任何一年出现亏损，公司将会得到按亏损额的 25% 计算的所得税抵免。假设公司的必要报酬率为 10%，问：公司应该做何决策？

解 继续使用旧设备的现金流量见表 7-8。

表 7-8 继续使用旧设备的现金流量 单位：元

项目	现金流量	时间	折现系数	现值
旧设备变现价值	−60 000	0 年	1	−60 000
变现损失减税	(60 000−100 000)×25%=−10 000	0 年	1	−10 000
每年付现成本	−160 000×(1−25%)=−120 000	1～4 年	3.169 9	−380 388
每年折旧减税	25 000×25%=6 250	1～4 年	3.169 9	19 811.88
旧设备流出现值合计				−430 576.12
年平均成本	430 576.12÷(P/A, 10%, 4)=430 576.12÷3.169 9=135 833			

使用新设备的现金流量见表 7-9。

表 7-9 使用新设备的现金流量 单位：元

项目	现金流量	时间	折现系数	现值
投资	−500 000	0 年	1	−500 000
第 1 年折旧减税	250 000×25%=62 500	1 年	0.909 1	56 818.75
第 2 年折旧减税	125 000×25%=31 250	2 年	0.826 4	25 825
第 3 年折旧减税	37 500×25%=9 375	3 年	0.751 3	7 043.44
第 4 年折旧减税	37 500×25%=9 375	4 年	0.683 0	6 403.13
残值净收入	20 000	5 年	0.620 9	12 418
残值净损失减税	(50 000−20 000)×25%=7 500	5 年	0.620 9	4 656.75
新设备流出现值合计				−386 834.93
年平均成本	386 834.93÷(P/A, 10%, 5)=386 834.93÷3.790 8=102 046			

上述计算表明，使用旧设备的年平均成本高于使用新设备的年平均成本，故公司使用新设备。

4. 资本限额决策

资本限额是指公司资本有一定限度，不能投资于所有可接受的项目。也就是说，有很多获利项目可供投资，但无法筹集到足够的资本，特别是那些以内部融资为经营策略或外部融资受到限制的企业。此外，出于公司管理能力的限制也可能有意识地控制公司的发展规模和速度。

【例 7-20】 某公司面临 A、B、C 三个投资项目，各项目的净现金流量如表 7-10 所示。

表 7-10 A、B、C 三个投资项目的净现金流量 单位：元

	0	1	2	3	4	5
A	−100 000	30 000	30 000	30 000	30 000	30 000
B	−300 000	80 000	80 000	80 000	80 000	80 000
C	−200 000	50 000	50 000	50 000	50 000	50 000

假定公司要求的必要报酬率是 10%，资本预算为 400 000 元，公司如何在 A、B、C 三个投资项目中进行选择？

解　根据相关资料，分别计算出三个项目的净现值和获利指数：A 项目的净现值与获利指数为 13 730 元和 1.137；B 项目的净现值与获利指数为 3 280 元和 1.011；C 项目的净现值与获利指数为 8 505 元和 1.043。

三个项目的投资额不同，但净现值都大于 0，获利指数都大于 1。如果公司有充足的资本，就都可以进行投资。但公司的资本预算为 400 000 元，如何进行决策？公司应将资金安排在增值能力最强的项目上，按照获利指数由高到低依次选择。在项目可分的情况下，公司应该选择全部的 A 项目，然后选择 C 项目，最后将剩余的 100 000 元投资于部分 B 项目。如果项目不可分，公司可以选择 A 和 B 组合，也可以选择 A 和 C 组合。但 A 和 C 组合的净现值总额要大于 A 和 B 组合。因此公司应选择 A 和 C 组合。

本 章 小 结

长期投资决策是关于长期投资方案的选择。本章对长期决策的时间和空间范围做进一步的扩展，并引入了现金流量、资金成本、货币时间价值等一系列重要概念，对投资回收期法、净现值法、内含报酬率法、平均年成本法等决策分析方法做了较为详细的介绍。

投资决策的关键是做好投资方案的经济评价工作，在投资决策过程中，通常采用现金流量作为对投资方案进行经济评价的基础，现金流量的估算是投资决策中最为关键且难度最大的环节。现金流量包括初始现金流量、营业现金流量和终结现金流量。

评价投资效果的方法，按其是否考虑货币时间价值可分为静态评价方法（非贴现评价方法）和动态评价方法（贴现评价方法）。

静态评价方法不考虑货币时间价值对投资过程及结果的影响，直接按投资方案各年形成的现金流量进行计算评价。它主要包括年平均投资报酬率法和投资回收期法。

动态评价方法考虑货币时间价值对投资过程及结果的影响，即采用复利计算方式，按某一资本成本，将未来的预期报酬统一折算为某一时点的价值。该方法的优点在于把不同时期的现金流量折算到可比的基础上，但计算过程复杂。该法主要包括净现值法、现值指数法和内含报酬率法。

思 考 题

1. 长期投资的概念是什么?

2. 长期投资决策分析的基本因素有哪些?

3. 什么是现金流量? 其构成情况如何?

4. 为什么在进行单项或互斥方案决策时, 人们普遍认为净现值法优于内部收益率法?

习 题

一、单项选择题

1. 有一项年金, 前 3 年无流入, 后 5 年每年年初流入 500 万元, 假设年利率为 10%, 其现值为 ( ) 万元。

    A. 1 994.59   B. 1 565.68   C. 1 813.48   D. 1 423.21

2. 现金净流量是指一定期间现金流入量和现金流出量的差额, 这里所说的 "一定期间" 是指 ( )。

    A. 一年间

    B. 投资项目持续的整个年限内

    C. 一年或一季或一月

    D. 有时是一年, 有时是投资项目持续的整个年限内

3. 在存在所得税的情况下, 以 "利润＋折旧" 估计营业期现金净流量时, 利润是指 ( )。

    A. 利润总额   B. 净利润

    C. 营业利润   D. 息税前利润

4. 关于静态回收期指标, 下列描述不正确的有 ( )。

    A. 静态回收期越短, 投资风险越小

    B. 该指标未考虑货币时间价值

    C. 该指标只考虑了现金净流量中小于和等于原始投资额的部分

    D. 该指标是正指标

5. 某公司已投资 10 万元于一项设备研究, 但未成功。如果决定再继续投资 20 万元, 应当有成功的把握, 并且取得的现金流入至少为 ( ) 方才收回投资。

    A. 20 万元   B. 10 万元

    C. 30 万元   D. 15 万元

6. 如果某一投资方案的净现值为正数, 则必然存在的结论是 ( )。

    A. 投资回收期小于项目计算期的一半

B. 投资报酬率大于100%

C. 获利指数大于1

D. 平均现金净流量大于原始投资额

7. 下列各项中，不属于投资项目的现金流出量的是（　　）。

A. 建设投资 　　　　　　　　　B. 固定资产折旧

C. 垫支的流动资金 　　　　　　D. 经营成本

8. 在下列评价指标中，属于非折现正指标的是（　　）。

A. 投资回收期 　　　　　　　　B. 投资报酬率

C. 内含收益率 　　　　　　　　D. 净现值

9. 某项目原始投资为6 000元，当年完工投产，有效期3年，每年可获得现金净流量2 300元，则该项目的内含收益率为（　　）。

A. 7.33% 　　　　　　　　　　B. 7.68%

C. 8.32% 　　　　　　　　　　D. 6.68%

10. 已知某完整工业投资项目的固定资产投资为2 000万元，无形资产投资为200万元。预计投产后第二年的总成本费用为1 000万元，同年的折旧额为200万元、无形资产摊销额为40万元，计入财务费用的利息支出为60万元，则投产后第二年用于计算现金净流量的付现成本为（　　）万元。

A. 1 300 　　　　B. 760 　　　　C. 700 　　　　D. 300

二、多项选择题

1. 已知某项目固定资产投资20 000元，建设期1年，项目的投资额是采用借款的方式取得的，年利率为5%，采用直线法计提折旧，项目寿命期为5年，净残值为1 000元，投产需垫支的营运资金为10 000元，则下列表述中正确的有（　　）。

A. 原始投资额为20 000元

B. 项目投资总额为31 000元

C. 折旧为4 000元

D. 建设投资为20 000元

2. 内部长期投资的特点为（　　）。

A. 内部长期投资的回收时间较长

B. 内部长期投资的变现能力较差

C. 内部长期投资的实物形态与价值形态可以分离

D. 内部长期投资的次数相对较少

3. 在下列评价指标中，属于正指标的有（　　）。

A. 投资回收期 　　　　　　　　B. 投资报酬率

C. 净现值 　　　　　　　　　　D. 内含收益率

4. 下列项目中，属于现金流入项目的有（　　）。

A. 营业收入 　　　　　　　　　B. 回收垫支的流动资金

C. 建设投资 　　　　　　　　　D. 固定资产残值变价收入

E. 经营成本节约额

5. 计算投资项目的终结现金流量时，需要考虑的内容有（　　）。

    A. 终结点的净利润　　　　　　　　B. 固定资产的残值变价收入

    C. 垫支的流动资金　　　　　　　　D. 投资项目的原始投资额

6. 净现值指标的优点有（　　）。

    A. 使用了现金净流量指标

    B. 考虑了货币时间价值的影响

    C. 考虑了整个项目计算期的全部现金净流量

    D. 能从动态的角度直接反映投资项目的实际收益率水平

    E. 可以对投资额不等的方案进行选择评价

7. 确定一个投资方案可行的必要条件是（　　）。

    A. 内部报酬率大于 0　　　　　　　B. 净现值大于 0

    C. 现值指数大于 1　　　　　　　　D. 回收期小于 1 年

三、计算题

1. 为实施某项计划，需要取得外商贷款 1 000 万美元，经双方协商，贷款利率为 8%，按复利计息，贷款分 5 年于每年年末等额偿还。外商告知，他们已经算好，每年年末应归还本金 200 万美元，支付利息 80 万美元。要求：核算外商的计算是否正确。

2. 某企业拟建造一项生产设备，预计建设期为 1 年，所需原始投资 200 万元于建设起点一次投入，设备使用寿命 5 年，使用期满报废清理时无残值，直线法计提折旧，该设备投产后每年增加净利润 60 万元。基准折现率为 10%。要求：

(1) 计算项目各年现金净流量；

(2) 计算净现值，并进行项目可行性评价。

3. 某公司于 20×5 年初用自有资金购置设备一台，需一次性投资 100 万元。经测算，该设备使用寿命为 5 年，税法亦允许按 5 年计提折旧；设备投入运营后每年可新增利润 20 万元；直线法计提折旧，净残值率为 5%。不考虑建设期和公司所得税。要求：

(1) 计算使用期内各年现金净流量；

(2) 计算投资回收期和投资报酬率；

(3) 以 10% 作为折现率，计算其净现值。

4. 已知某长期投资项目建设期净现金流量为：$NCF_0 = -500$ 万元，$NCF_1 = -500$ 万元，$NCF_2 = 0$　$NCF_{3\sim12} = 200$ 万元，第 12 年末的回收额为 100 万元，行业基准折现率为 10%。要求：

(1) 计算原始投资额；

(2) 计算终结点现金净流量；

(3) 计算静态投资回收期（不包括建设期和包括建设期的回收期）；

(4) 计算净现值。

5. 某厂拟购置机器设备一套，有 A、B 两种型号可供选择，两种型号机器的性能相同，但使用年限不同，有关资料如表 7-11 所示。

表 7－11　A 设备与 B 设备的相关数据表

单位：元

设备售价		各年维修操作成本								残值
		1	2	3	4	5	6	7	8	
A	20 000	4 000	4 000	4 000	4 000	4 000	4 000	4 000	4 000	3 000
B	10 000	3 000	4 000	5 000	6 000	7 000				1 000

如果该企业的资本成本为 10%，应选用哪种型号的机器？

第8章

全面预算

学习目标与要求

通过本章的学习，了解全面预算的内容和作用，理解全面预算的内容、编制原则和模式，掌握财务预算编制的各种方法，重点掌握预算编制中对经营预算、财务预算和资本支出预算的编制及它们之间的钩稽关系。

8.1 全面预算概述

为了实现既定的目标，保证决策所制订的最优方案在实际中得到贯彻、执行，企业就需要编制预算。预算是计划工作的成果，它既是决策的具体化，又是控制生产经营活动的依据。财务预算是企业全面预算的一部分，它和其他预算是联系在一起的，整个全面预算是一个数字相互衔接的整体。

1. 全面预算的内容

所谓预算，就是用货币计量的方式，将决策目标所涉及的经济资源进行配置，以计划的形式具体地、系统地反映出来。预算在传统上被看成是控制支出的工具，但新的观念将其看成"使企业的资源获得最佳生产率和获利率的一种方法"。

全面预算是由一系列预算构成的体系，各项预算之间相互联系，关系比较复杂，很难用一个简单的办法准确描述。图8-1是一个简化了的例子，反映了各预算之间的主要联系。

企业应根据长期市场预测和生产能力，编制长期销售预算。以此为基础，确定本年度的销售预算，并根据企业财力确定资本支出预算。销售预算是年度预算的编制起点，根据以销定产的原则确定生产预算，同时确定所需要的销售费。生产预算的编制，除了考虑计划销售量外，还要考虑现有存货和年末存货。根据生产预算来确定直接材料预算、直接人工预算和制造费用预算。产品成本预算和现金预算是有关预算的汇总。预计利润表、预计资产负债表和预计现金流量表是全部预算的综合。

全面预算按其涉及的预算期长短，可分为长期预算和短期预算。长期销售预算和资

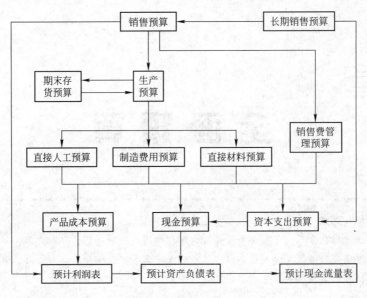

图 8-1　全面预算体系图

本支出预算属于长期预算，有时还包括长期资金筹措预算和研究与开发预算。短期预算是指年度预算，或者时间更短的季度或月度预算，如直接材料预算、现金预算等。通常长期和短期的划分以 1 年为界限，有时把 2~3 年的预算称为中期预算。

全面预算按其涉及的内容分为总预算和专门预算。总预算是指预计利润表、预计资产负债表和预计现金流量表，它们反映企业的总体状况，是各种专门预算的综合。专门预算是指其他反映企业某一方面经济活动的预算。

全面预算按其涉及的业务活动领域分为销售预算、生产预算和财务预算。前两个预算又统称业务预算，用于计划企业的基本经济业务。财务预算是关于资金筹措和使用的预算，包括短期的现金收支预算和信贷预算，以及长期的资本支出预算和长期资金筹措预算。

2. 全面预算的作用

企业预算是各级各部门工作的奋斗目标、协调工具、控制标准、考核依据，在经营管理中发挥着重大作用。

企业的目标是多重的，不能用唯一的数量指标来表达。西方企业的主要目标是盈利，但也要考虑社会的其他限制。因此，需要通过预算分门别类地、有层次地表达企业的各种目标，包括销售、生产、成本和费用、收入和利润等。这些企业的总目标，通过预算被分解成各级各部门的具体目标。它们根据预算安排各自的活动，如果各级各部门都完成了自己的具体目标，那么企业的总目标也就有了保障。预算中规定了企业一定时期的总目标及各级各部门的子目标，可以动员全体职工为此而奋斗。

企业内部各级各部门必须协调一致，这样才能最大限度地实现企业的总目标。各级各部门因其职责不同，往往会出现互相冲突的现象。例如，企业的销售、生产、财务等各部门可以分别编制出对自己来说是最好的计划，而该计划在其他部门不一定能行得通。销售部门根据市场预测，提出一个庞大的销售计划，生产部门可能没有那么大的生产能力。生产部门可以编制一个充分发挥生产能力的计划，但销售部门却可能无力将产品推销出去。销售部门和生产部门都认为应当扩大生产能力，财务部门却认为无法筹集到必要的资金。企业预算运用货币度量来表达，具有高度的综合能力，经过综合平衡以后可以体现解决各级各部门冲突的最佳办法。企业预算代表企业整体的最优方案，可以使各级各部门的工作在此基础上协调起来。

计划一经确定，就进入了实施阶段，管理工作的重心转入控制，即设法使经济活动按计划进行。控制过程包括经济活动状态的计量、实际状态和标准的比较，两者差异的确定和分析，以及采取措施调整经济活动等。预算是控制经济活动的依据和衡量其合理性的标准，当实际状态和预算有了较大差异时，要查明原因并采取措施。

现代化生产是许多人共同劳动的过程，不能没有责任制度，而有效的责任制度离不开工作成绩的考核。通过考核，对每个人的工作进行分析，并据此实行奖惩和安排人事任免，可以促使人们更好地工作。考核与不考核是大不一样的。当管理人员知道将根据他们的工作实绩来分析其能力并实行奖惩时，他们将会更努力地工作。作为考核的依据，预算一般比过去的实际效果更好。超过上年或历史最好水平，只能说明有所进步，而不能说明这种进步已经达到了应有的程度。由于客观条件的变化，收入减少或成本增加并不一定是管理人员失职造成的，很难依据历史变化趋势说明工作的好坏。当然，考核时也不能只看预算是否被完全执行了，某些偏差可能是有利的，如增加推销费用可能对企业总体有利；反之，年终突击花钱，虽未超过预算，但也不是一种好的现象。

为使预算发挥上述作用，除了要编制一个高质量的预算外，还应制定合理的预算管理制度，包括编制程序、修改预算的办法、预算执行情况的分析方法、调查和奖惩办法等。

3. 全面预算编制的模式

（1）自上而下式

这种模式就是由企业总部根据战略管理需要编制预算，各分部或分公司只是预算执行主体。这种模式的最大好处在于能保证总部利益，同时考虑企业战略发展需要。但这种模式的不足之处是：权力高度集中在总部，各分部或分公司人员的参与程度较低，不利于调动其积极主动性与创造性。这种模式适用于集权制企业。

（2）自下而上式

这种模式主要由分部编制并上报预算，总部只设定目标，并对预算负有最终审批权。这种模式的优点是：让分部积极参与预算的制定，可以提高分部的积极主动性。不足之处就是容易造成预算目标制定过低，不利于分部盈利潜能的最大发挥。

（3）上下结合式

这种模式是取前两种模式之长，在预算编制过程中，经历了自上而下和自下而上的反复过程，实现了预算参与各方的有效沟通和协商，加强了预算的科学性、合理性和可执行性。这种模式克服了前两种预算模式的不足之处，但其耗时长、花费高也是无法克服的缺点。

4. 全面预算的编制程序

企业预算的编制，涉及经营管理的各个部门，只有执行人参与预算的编制，才能使预算成为他们自愿努力完成的目标，而不是外界强加于他们的枷锁。

企业预算的编制程序如下。

① 最高领导机构根据长期规划，利用本量利分析等工具，提出企业一定时期的总目标，并下达规划指标。

② 最基层成本控制人员自行草编预算，使预算较为可靠、符合实际。

③ 各部门汇总部门预算，并初步协调本部门预算，编出销售、生产、财务等业务预算。

④ 预算委员会审查、平衡业务预算，汇总出公司的总预算。

⑤ 经过行政领导批准，审议机构通过或者驳回修改预算。

⑥ 主要预算指标报告给董事会或上级主管单位，讨论通过或驳回修改。

⑦ 批准后的预算下达给各部门执行。

8.2　全面预算的编制

全面预算中的现金预算是用来反映预算期内企业现金流转状况的预算，这里说的现金是指企业的库存现金和银行存款等货币资金，编制现金预算的目的在于合理地处理现金收支业务，调度资金，保证企业财务的正常运转。

8.2.1　业务预算

1. 销售预算

销售预算是整个预算的编制起点，其他预算的编制都以销售预算作为基础。表8-1是M公司的销售预算。

表 8-1　销售预算　　　　　　　　　　　　　　　　单位：元

季度	一	二	三	四	全年
预算销售量/件	100	150	200	180	630
预计单位售价	200	200	200	200	200
销售收入	20 000	30 000	40 000	36 000	126 000
预计现金收入					
上年应收账款	6 200				6 200
第一季度（销售20 000）	12 000	8 000			20 000
第二季度（销售30 000）		18 000	12 000		30 000
第三季度（销售40 000）			24 000	16 000	40 000
第四季度（销售36 000）				21 600	21 600
现金收入合计	18 200	26 000	36 000	37 600	117 800

销售预算的主要内容是销量、单价和销售收入。销量是根据市场预测或销售合同并结合企业生产能力确定的。单价是通过价格决策确定的。销售收入是两者的乘积，在销售预算中计算得出。

销售预算通常要分品种、分月份、分销售区域、分推销员来编制。为了简化，本例只划分了季度销售数据。

销售预算中通常还包括预计现金收入的计算，其目的是为编制现金预算提供必要的资料。第一季度的现金收入包括两部分，即上年应收账款在本年第一季度收到的货款，以及本季度销售中可能收到货款的部分。在本例中，假设每季度销售收入中，本季度收到现金60％，另外40％的现金要到下季度才能收到。

2. 生产预算

生产预算是在销售预算的基础上编制的，其主要内容有销售量、期初存货和期末存货、生产量。表8-2是M公司的生产预算。

表8-2 生产预算

单位：件

季度	一	二	三	四	全年
预算销售量	100	150	200	180	630
加：预计期末存货	15	20	18	20	20
合计	115	170	218	200	650
减：预计期初存货	10	15	20	18	10
预计生产量	105	155	198	182	640

通常，企业的生产和销量不能做到"同步同量"，需要设置一定的存货，以保证能在发生意外需求时按时供货，并均衡生产，节省赶工的额外支出。存货数量通常按下期销售量的一定百分比确定。本例按10％安排期末存货。年初存货是编制预算时预计的，年末存货根据长期销售趋势确定。本例假设年初有存货10件，年末留存20件。存货预算也可单独编制。

生产预算的"预计销售量"来自销售预算，其他预算在本表中计算得出。

预计期末存货＝下季度销售量×10％

预计期初存货＝上季度期末存货

预计生产量＝（预计销售量＋预计期末存货）－预计期初存货

生产预算在实际编制时是比较复杂的，产量受到生产能力的限制，存货数量受到仓库容量的限制，只能在此范围内安排存货数量和各期生产量。此外，有的季度可能销量很大，可以用赶工方法增产，为此要多付加班费。如果提前在淡季生产，会因增加存货而多付资金利息。因此，要权衡两者得失，选择成本最低的方案。

3. 直接材料预算

直接材料预算，是以生产预算为基础编制的，同时要考虑原材料存货水平。

表8-3是M公司的直接材料预算。其主要内容有直接材料的单位产品用量、生产需用量、期初存量和期末存量等。"预计生产量"的数据来自生产预算，"单位产品材料用量"的数据来自标准成本资料或消耗定额资料，"生产需用量"是上述两项的乘积。

年初和年末的材料存货量是根据当前情况和长期销售预测估计的。各季度"期末材料存量"根据下季度生产量的一定百分比确定，本例按20％计算。各季度"期初材料存量"是季度的期末存货。预计各季度"采购量"根据表8-3计算确定。

为了便于以后编制现金预算，通常要预计材料采购各季度的现金支出。每个季度的现金支出包括偿还上期应付账款和本期应支付的采购货款。本例假设材料采购的货款有50％在本季度内付清，另外50％在下季度付清。这个百分比是根据经验确定的。如果材料品种很多，则需要单独编制材料存货预算。

表8-3　直接材料预算　　　　　　　　　　　　　　单位：kg、元

季度	一	二	三	四	全年
预计生产量/件	105	155	198	182	640
单位产品材料用量	10	10	10	10	10
生产需用量	1 050	1 550	1 980	1 820	6 400
加：预计期末存量	310	396	364	400	400
合计	1 360	1 946	2 220	2 344	6 800
减：预计期初存量	300	310	396	364	300
预计材料采购量	1 060	1 636	1 948	1 856	6 500
单价	5	5	5	5	5
预计采购金额/元	5 300	8 180	9 740	9 280	32 500
预计现金支出					
上年应付账款	2 350				2 350
第一季度（采购5 300）	2 650	2 650			5 300
第二季度（采购8 180）		4 090	4 090		8 180
第三季度（采购9 740）			4 870	4 870	9 740
第四季度（采购9 280）				4 640	4 640
合计	5 000	6 740	8 960	9 510	30 210

4. 直接人工预算

直接人工预算也是以生产预算为基础的。其主要内容有预计产量、单位产品工时、人工总工时、每小时人工成本和人工总成本。"预计产量"数据来自生产预算。单位新产品人工工时和每小时人工成本数据，来自标准成本资料。人工总工时和人工总成本是在直接人工预算中计算出来的。M公司的直接人工预算见表8-4。由于人工工资都需要使用现金支付，所以无须另外预计现金支出，可直接参与现金预算的汇总。

表8-4　直接人工预算

季度	一	二	三	四	全年
预计产量/件	105	155	198	182	640
单位新产品工时/h	10	10	10	10	10
人工总工时/h	1 050	1 550	1 980	1 820	6 400
每小时人工成本/元	2	2	2	2	2
人工总成本/元	2 100	3 100	3 960	3 640	12 800

5. 制造费用预算

制造费用预算通常分为变动制造费用预算和固定制造费用预算两部分。变动制造费用预算以生产预算为基础来编制。如果有完善的标准成本资料，用单位新产品的标准成本与产量相乘，即可得到相应的预算金额。如果没有标准成本资料，就需要逐项预计计划产量需要的各项制造费用。固定制造费用预算，需要逐项进行预计，通常与本期产量无关，按每季度实际需用的支付额预计，然后求出全年数。表8-5是M公司的制造费用预算。

表8-5　制造费用预算　　　　　　　　　　　　单位：元

季度	一	二	三	四	全年
变动制造费用：					
间接人工	105	155	198	182	640
间接材料	105	155	198	182	640
修理费	210	310	396	364	1 280
水电费	105	155	198	182	640
小计	525	775	990	910	3 200
固定制造费用：					
修理费	1 000	1 140	900	900	3 940
折旧	1 000	1 000	1 000	1 000	4 000
管理人员工资	200	200	200	200	200
保险费	75	85	110	190	460
财产费	100	100	100	100	400
小计	2 375	2 375	2 310	2 390	9 600
合计	2 900	3 300	3 300	3 300	12 800
减：折旧	1 000	1 000	1 000	1 000	4 000
现金支出的费用	1 900	2 300	2 300	2 300	8 800

为了便于以后编制产品成本预算，需要计算小时费用率。

$$变动制造费用分配率 = \frac{3\,200}{6\,400} = 0.5\,（元/h）$$

$$固定制造费用分配率 = \frac{9\,600}{6\,400} = 1.5\,（元/h）$$

为了便于以后编制现金预算，需要预计现金支出。制造费用中，除折旧费外都须支付现金。所以，根据每个季度制造费用数额扣除折旧费后，即可得出"现金支出的费用"。

6. 产品成本预算

产品成本预算指的是生产预算、直接材料预算、直接人工预算、制造费用预算的汇总。其主要内容是产品的单位成本和总成本。单位产品成本的有关数据，来自前述三个预算。生产成本、存货成本和销货成本等数字，根据单位成本和有关数据计算得出。表8-6是M公司的产品成本预算。

表 8－6　产品成本预算

项目	单位成本			生产成本 (640 件)	期末存货 (20 件)	销货成本 (630 件)
	每千克或每小时	投入量	成本/元			
直接材料	5	10 kg	50	32 000	1 000	31 500
直接人工	2	10 h	20	12 800	400	12 600
变动制造费用	0.5	10 h	5	3 200	100	3 150
固定制造费用	1.5	10 h	15	9 600	300	9 450
合计			90	57 600	1 800	56 700

7. 销售及管理费用预算

销售费用预算是指为了实现销售预算所需支付的费用预算。它以销售预算为基础，分析销售收入、销售利润和销售费用的关系，力求实现销售费用的最有效使用。在编制销售费用预算时，要利用本量利分析方法，费用的支出应能获取更多的收益。在草拟销售费用预算时，要对过去的销售费用进行分析，考察过去销售费用支出的必要性和效果。销售费用预算应与销售预算相配合，应有按品种、按地区、按用途的具体预算数额。

管理费用是搞好一般管理业务所必要的费用。随着企业规模的扩大，管理职能日益重要，其费用也相应增加。在编制管理费用预算时，要分析企业的业务成绩和一般经济状况，务必做到费用合理化。管理费用多属于固定成本，所以一般是以过去的实际开支为基础，按预算期的可预见变化来调整。重要的是，必须充分考虑每种费用是否必要，以便提高费用效率。表 8－7 是 M 公司的销售及管理费用预算。

表 8－7　销售及管理费用预算　　　　　　　　　　　　单位：元

销售费用：	
销售人员工资	2 000
广告费	5 500
包装、运输费	3 000
保管费	2 700
管理费用：	
管理人员薪金	4 000
福利费	800
保险费	600
办公费	1 400
合　计	20 000
每季度支付现金（20 000÷4）	5 000

8. 资本支出预算

M 公司预计在第二季度购买设备一台，价款为 10 000 元。

8.2.2 财务预算

财务预算又叫现金预算。现金预算的内容主要有四部分：现金收入、现金支出、现金多余或不足、资金的筹集和运用。

现金收入包括期初的现金结存数和预算期内预计发生的现金收入，如现销收入、收回前期的应收款项、应收票据到期兑现和票据贴现等。

现金支出是指预算期内预计发生的现金支出，如采购材料支付款项，支付工资，支付部分制造费用，支付销售、管理及财务费用，偿还前期的应付款项，交纳税金和支付股利等。

现金收支相抵后的余额，若收大于支，则现金多余，除了可用于偿还银行贷款之外，还可购买用于短期投资的证券；若收小于支，则现金不足，需设法筹资。

现金不足部分的筹措方案。如现金不足，可向银行借款或发放短期商业票据筹集资金。

现金预算实际上是其他预算有关现金收支部分的汇总，以及收支差额平衡措施的具体计划。它的编制，要以其他各项预算为基础，或者说其他预算在编制时要为现金预算做好数据准备。

"现金收入"部分包括期初资金余额和预算期现金收入，销货取得的现金收入是其主要来源。年初的"现金余额"是在编制预算时预计的，"销货现金收入"的数据来自销售预算，"可供使用现金"是期初余额与本期现金收入之和。表8-8是M公司的现金预算情况。

表 8-8 现 金 预 算

单位：元

季度	一	二	三	四	全年
期初现金余额	8 000	8 200	6 060	6 290	8 000
加：销货现金收入（表8-1）	18 200	26 000	36 000	37 600	117 800
可供使用现金	26 200	34 200	42 060	43 890	125 800
减：现金支出：					
直接材料（表8-3）	5 000	6 740	8 960	9 510	30 210
直接人工（表8-4）	2 100	3 100	3 960	3 640	12 800
制造费用（表8-5）	1 900	2 300	2 300	2 300	8 800
销售及管理费用（表8-7）	5 000	5 000	5 000	5 000	20 000
所得税	4 000	4 000	4 000	4 000	16 000
购买设备		10 000			10 000
股利		8 000		8 000	16 000
支出合计	18 000	39 140	24 220	32 450	113 810
现金多余或不足	8 200	(4 940)	17 840	11 440	11 990
向银行借款		11 000			11 000
还银行借款			(11 000)		(11 000)
借款利息（年利率10%）			(550)		(550)
期末现金余额	8 200	6 060	6 290	11 440	11 440

"现金支出"部分包括预算期的各项现金支出。"直接材料""直接人工""制造费用""销售及管理费用""购买设备"的数据分别来自前述有关预算。此外，还包括所得税、股利分配等现金支出，有关的数据分别来自另行编制的专门预算。

"现金多余或不足"部分列示现金收入合计与现金支出合计的差额。差额为正，说明收大于支，现金有多余，可用于偿还过去向银行取得的借款，或者用于短期投资；差额为负，说明支大于收，现金不足，要向银行取得新的借款。本例中，该企业需要保留的现金余额为 6 000 元，不足此数时需要向银行借款。假设银行借款的金额要求是 1 000 元的倍数，那么第二季度借款额为

$$借款额＝最低现金余额＋现金不足额＝6\ 000＋4\ 940＝10\ 940（元）$$

第三季度现金多余，可用于偿还借款。一般按"每期期初借入，每期期末归还"来预计利息，故本例借款期为 6 个月。假设年利率为 10%，则应计利息为

$$利息＝11\ 000×10\%×6/12 ＝ 550（元）$$

还款后，仍须保持最低现金余额，否则只能部分归还借款。

现金预算的编制，以各项营业预算和资本预算为基础，它反映各项预算期的收入款项和支出款项，并做对比说明。其目的在于资金不足时筹措资金，资金多余时及时处理现金余额，并且提供现金收支的控制限额，以发挥现金管理的作用。

8.2.3 预计财务报表的编制

预计财务报表是财务管理的重要工具，包括预计利润表、预计资产负债和预计现金流量表等。这里主要介绍预计利润表和预计资产负债表的编制。

预计财务报表的作用与历史实际的财务报表不同。所有企业都要在年终编制历史实际的财务报表，这是有关法规的强制性规定，其主要目的是向外部报表使用人提供财务信息。当然，这并不表明常规财务对企业经理人员没有价值。而预计财务报表主要为企业财务管理服务，是控制企业资金、成本和利润总量的重要手段。因其可以从总体上反映一定时期内企业经营的全局情况，通常称为企业的"总预算"。

1. 预计利润表

表 8-9 是 M 公司的预计利润表，它是根据上述各有关预算编制的。

表 8-9 预计利润表　　　　　　　　　　　　　　　　　　单位：元

销售收入（表 8-1）	126 000
销货成本（表 8-6）	56 700
毛利	69 300
销售及管理费用（表 8-7）	20 000
利息（表 8-8）	550
利润总额	48 750
所得税（估计）	16 000
税后净利润	32 750

其中，"销售收入"项目的数据，来自销售收入预算；"销售成本"项目的数据，来自销售成本预算；"毛利"项目的数据是前两项的差额；"销售及管理费用"项目的数据，来自销售及管理费用预算；"利息"项目的数据，来自现金预算。

其中，"所得税"项目是在利润规划时估计的，并已列入现金预算，它通常不是根据"利润"和所得税税率计算出来的，因为有诸多纳税调整的事项存在。此外，从预算编制程序上看，如果根据"本年利润"和税率重新计算所得税，就需要修改"现金预算"，引起信贷计划修订，进而改变"利息"，最终又要修改"本年利润"，从而陷入数据的循环修改。

预计利润表与实际利润表的内容、格式相同，只不过数字是面向预算期的。该表又称利润表预算，它是在汇总销售、成本、销售及管理费用、营业外收支、资本支出等预算的基础上加以编制的。通过编制预计利润表，可以了解企业预期的盈利水平。如果预算利润与最初编制方针中的目标利润有较大的不一致，就需要调整部门预算，设法达到目标，或者经企业领导同意后修改目标利润。

2. 预计资产负债表

预计资产负债表与实际资产负债表的内容、格式相同，只不过数据是反映预算期末的财务状况。该表是利用本期期初资产负债表，根据销售、生产、资本等预算的有关数据加以调整编制的。

表8-10是M公司的预计资产负债表。大部分项目的数据来源已注明在表中。土地、普通股、长期借款三项本年度没有变化。

年末"未分配利润"是这样计算的：

$$期末未分配利润＝期初未分配利润＋本期利润－本期股利$$

$$＝16\ 250＋32\ 750－16\ 000$$

$$＝33\ 000（元）$$

"应收账款"是根据表8-1中的第四季度销售额和本期收现率计算的：

$$期末应收账款＝本期销售额×（1－本期收现率）$$

$$＝36\ 000×（1－60\%）$$

$$＝14\ 400（元）$$

"应付账款"是根据表8-3中的第四季度采购金额和付现率计算的：

$$期末应付账款＝本期销售额×（1－本期付现率）$$

$$＝9\ 280×（1－50\%）$$

$$＝4\ 640（元）$$

编制预计资产负债表的目的在于判断预算反映的财务状况的稳定性和流动性。如果通过预计资产负债表的分析，发现某些财务比率不佳，必要时可修改有关预算，以改善财务状况。

表8-10　预计资产负债表　　　　　　　　　　　　　单位：元

资产			权益		
项目	年初	年末	项目	年初	年末
现金（表8-8）	8 000	11 440	应付账款（表8-3）	2 350	4 640
应收账款（表8-1）	6 200	14 400	长期借款	9 000	9 000
直接材料（表8-3）	1 500	2 000	普通股	20 000	20 000
产成品（表8-6）	900	1 800	未分配利润（表8-9）	16 250	33 000
土地	15 000	15 000			
房屋及设备（表8-8）	20 000	30 000			
累计折旧（表8-5）	4 000	8 000			
资产总额	47 600	66 640	权益总额	47 600	66 640

8.3　全面预算的编制方法及调整

8.3.1　编制预算的专门方法

1. 弹性预算

弹性预算（flexible budget）是相对于固定预算（静态预算）而言的，是指用数量形式反映的、按未来一定时期可以预见的、多种业务量水平分别确定的、具有伸缩性的预算。弹性预算主要用于各种间接费用预算，有时也可用于成本和利润预算。弹性预算的特点主要表现在以下两个方面。一是弹性预算按一系列业务量水平编制，扩大了预算的适用范围。进行成本预算时，由于弹性预算按成本的习性分别列示，便于在预算期终了时计算"实际业务量的预算成本"，从而使预算执行情况的评价和考核具有可比性和客观性。二是弹性预算具有灵活机动、便于分析、利于控制等优点，可以有效地弥补固定预算的不足。

弹性预算的前提条件是预算内容与作业量的变化有密切联系，其基本编制程序如下。

① 确定作业量的计算标准及变化区间。不同的作业量，其计量标准不同，相应预算内容也不同。因此，为了明确预算内容和作业量的变动关系，必须选用一个对作业量具有代表性的计量标准。例如，销售预算中，核心是销售收入的测算，其相关的作业量主要是以实物形式计量的销售数量；又如直接人工预算中，同人工费用直接相关的作业量是生产工人工时的消耗，一般用工时计量等。

对业务量可能出现的各种情况（或称为变化区间）应给予科学估计，以便在某一变化区间内，划分不同的业务量标准来编制相应的预算，既要保证预算有足够多的业务量标准，具有较大的"弹性"，又要保证预算编制简便易行。

② 确定作业量变动与相应预算内容数量变动之间的关系，使弹性预算更加科学、

可靠。各种形式的作业量的变化与相应预算内容数量变动之间的关系，是编制弹性预算的重要计算依据。例如，编制弹性成本预算时，就应明确划分为变动成本和固定成本两部分，固定成本在相关范围内对产销量变化无反应、无"弹性"，而变动成本则随业务量变动呈正比例变动。

③ 按照一定的方式表达弹性预算的结果。弹性预算的表达方式主要有列表法、公式法和图解法三种。

现以制造费用预算为例，说明弹性预算的编制方法。

【例8-1】 某公司生产工时（业务量）分别为8 000 h、9 000 h、10 000 h、11 000 h和12 000 h。假定固定性制造费用数额不变，其组成为：管理人员工资3 000元；折旧费10 000元；保险费1 600元；财产税3 000元，共计17 600元。变动性制造费用在相关范围内的变动率为2元/h，其中：间接人工0.6元/h；间接材料0.5元/h；维修费0.2元/h；水电费0.4元/h；固定资产租金0.3元/h。要求：区分5种不同的业务量水平，编制制造费用的弹性预算并以列表法表示。

解 制造费用预算分为变动制造费用和固定制造费用分别进行。其中：变动制造费用的各项目可根据各种不同的业务量与相应的变动成本率相乘计算求得；固定制造费用在上述工时范围内保持不变。该公司制造费用的弹性预算如表8-11所示。

表8-11 制造费用的弹性预算

单位：元

项目		业务范围（生产工时）				
		8 000 h	9 000 h	10 000 h	11 000 h	12 000 h
变动制造费用						
间接人工	(0.6元/h)	4 800	5 400	6 000	6 600	7 200
间接材料	(0.5元/h)	4 000	4 500	5 000	5 500	6 000
维修费	(0.2元/h)	1 600	1 800	2 000	2 200	24 000
水电费	(0.4元/h)	3 200	3 600	4 000	4 400	48 000
固定资产租金	(0.3元/h)	2 400	3 700	3 000	3 300	36 000
小计	(2元/h)	16 000	18 000	20 000	22 000	24 000
固定制造费用						
管理人员工资		300	300	300	300	300
折旧费		10 000	10 000	10 000	10 000	10 000
保险费		1 600	1 600	1 600	1 600	1 600
财产税		3 000	3 000	3 000	3 000	3 000
小计		17 600	17 600	17 600	17 600	17 600
合计		33 600	35 600	37 600	39 600	41 600

运用弹性预算也可编制利润预算，利润的弹性预算反映了企业在预算期内各种业务

量水平上应获得的利润指标。

2. 固定预算

固定预算又称静态预算，是指根据预算期内正常的、可能实现的某一业务量水平作为唯一基础来编制预算的一种方法。其主要特点是：所编制的预算的业务量水平固定不变，不考虑预算期内业务量水平可能发生的变动；在进行业绩考核评价时，也只能将实际执行结果与预算期内所确定的预计业务量水平下的预算数相比较。如果企业的实际业务量水平与预计业务量水平相差较大时，有关预算指标的实际数与预算数之间就会因业务量基础不同而失去可比性。因此，采用固定预算方法编制的预算不利于正确地控制、考核和评价企业预算的执行情况。

3. 零基预算

零基预算（zero‐base planning and budgeting）是相对于传统的增量预算或减量预算而言的一种"以零为基础"的编制预算方法。零基预算，不是在上期有关预算的基础上进行某种增减调整，而是从零开始，根据未来一定期间内生产经营的实际需要确定的有关项目的预算。其特点是：预算过程中不受基期既成事实的束缚，即不考虑基期的费用开支水平，一切以零为起点，按照预算期内应该达到的经营目标的工作水平，依次决策现有资源的分配顺序，确定出全新的预算。采用零基预算，以零为起点观察和分析企业的一切生产经营活动，而不考虑现成的、可参考的费用预算开支项目，工作量较大。该方法符合目前实际情况，具有先进性，可以保证预算指标不受以往既成事实的影响，有利于充分发挥各级管理人员的积极性和创造性；同时，还可促进基层单位精打细算，合理使用资金，提高资金的使用效果。

零基预算的编制程序如下。

① 各部门和全体职工根据预算年度的企业经营总目标及本部门的具体指标，认真研究讨论预算期内本部门需要开支的项目并制订相应的支出方案，包括支出目的和预计支出数额等。

② 对每一项开支进行"成本效益分析"，据此对各种支出方案进行评价，权衡各支出方案的利害得失，并将其分成若干层次，排定先后排序。

③ 根据预算期内可动用的资金来源，按照排定的先后顺序分配资金，落实预算。

4. 增量预算

增量预算又称调整预算，是以基期的费用水平为基础，根据预算期内业务量水平及有关影响成本因素的未来变动情况，通过调整有关原有费用项目而编制预算的一种方法。这种方法的基本假设思想是：现有的业务活动是企业所必需的，原有的各项开支都是合理的，增加费用预算是值得的。在这种假设思想之下，企业采用增量预算方法编制预算时往往不加分析地保留，接受原有成本项目，或按主观臆断平均削减，或只增不减，容易造成浪费，有可能使不必要的开支合理化。

优点：编制方法简便，便于理解；同时由于考虑了上年预算的实际执行情况，编制的预算往往能够得到公司员工的理解和支持。

缺点：由于增量预算假定上年度经济业务活动在新的预算期内仍然发生，增量预算采用的结果可能导致保护落后、出现"鞭打快牛"现象，造成预算上的浪费，不利于调动各部门降低费用的积极性，长期下去可能会阻碍企业的未来发展。

5. 概率预算

概率预算（probability budget）是相对于定值预算而言的。它是针对构成预算的各个变量的不确定性，分别估计它们在一定范围内的可能值及其出现的概率，再通过加权平均计算有关变量在预算期内期望值的一种预算编制方法。概率预算的优点是综合了各种变量乐观、正常和悲观等状态，使预算更接近于未来实际，从而能进一步发挥预算的计划和控制作用。

概率预算编制的具体做法如下。

① 在预测分析的基础上，估计各相关因素的可能值及其出现的概率。

② 计算联合概率，即具有递进关系的各相关因素的概率之积。

③ 根据弹性预算提供的预算指标，以及与之对应的联合概率计算出预算对象的期望值，即概率预算下的预算结果。

6. 滚动预算

滚动预算（rolling budget）又称永续预算（perpetual budgets）或连续预算（continuous budgets），是指按照预算的执行过程自动延伸，使预算期永远保持在一年（12个月），每过一个月份（或季度），立即在期末增列一个月（或季度）的预算，逐期往后滚动。这种预算，能使企业管理人员有长远的计划，考虑和规划企业在未来一年内的生产经营活动，以保证企业经营管理工作能够稳定而有秩序地进行，使企业经营活动始终有一个长远的总体战略布局。

滚动预算的编制一般采用长、短安排的方式进行，具体做法是在基期编制预算时，先按年度分类，并将第一季度按月划分，编制各月预算的明细数，而其他三个季度的预算可以粗略一点，只列各季度总数。到第一季度将结束时，再将第二季度的预算按月划分，予以具体化，同时立即增补下一年度的第一季度预算。滚动预算具体编制程序如表8-12所示。

表8-12 滚动预算编制程序

2013 年度					
第一季度			第二季度	第三季度	第四季度
1 月明细数	2 月明细数	3 月明细数	总数	总数	总数
2013 年度					2014 年度
第二季度			第三季度	第四季度	第一季度
4 月明细数	5 月明细数	6 月明细数	总数	总数	总数

采用滚动预算，有利于企业管理人员对预算资料做经常的分析研究，对未来时期经营活动进行筹划，并根据预算执行情况，对预算不断调整与修正，使预算更加切合实际，充分发挥预算的指导和监控作用。

7. 定期预算

定期预算是指在编制预算时以不变的会计期间（如日历年度）作为预算期的一种预算编制方法。这种方法的优点是能够使预算期间与会计年度相配合，便于考核和评价预算的执行结果。缺点是远期指导性差、灵活性差和连续性差。由于定期预算往往是在年初甚至提前两三个月编制的，对于整个预算年度的生产经营活动很难做出准确的预算，尤其是对预算后期的预算只能进行笼统的估算，数据含糊，缺乏远期指导性。其次，由于定期预算不能随情况的变化及时调整，当预算中所规划的各种经营活动在预算期内发生重大变化时（如在预算期临时中途转产），就会造成预算滞后过时，使之成为虚假预算。同时，由于受预算期的限制，致使经营管理者的决策视野局限于本期规划的经营活动，不能适应连续不断的经营过程，从而不利于企业的长远发展。

8. 作业预算

作业，是指企业为了达到其生产经营目标所进行的与产品（劳务）相关或者对产品有影响的各项具体活动。

作业预算是指根据公司作业活动和业务流程之间的关系合理配置公司资源而编制预算的一种方法。或定义为企业在理解作业和成本动因的基础上，对未来期间的作业量和资源需求量进行预测的一种方法。

作为一种新兴的预算编制方法，作业预算编制的基本流程可以概括如下。

① 根据生产经营目标预测产品或劳务的需求量。

② 确定作业消耗比率。

③ 用作业消耗比率乘以产品或劳务的预测需求量，预测出可以满足产品或者劳务消耗的需求的作业需求量。

④ 确定资源消耗比率。

⑤ 用资源消耗比率乘以③中预测出的作业需求量，测算出预算期可以满足作业消耗需求的资源量。

作业预算的优点有：可以有效地提高预算的准确性；可以有效地实现经营预算和财务预算的综合平衡；利于上下沟通，能有效地调动基层员工参与的积极性；可以将企业战略与业务流程紧密地结合在一起。

8.3.2　全面预算的调整

1. 预算调整的条件

（1）财务指标和非财务指标选择的有效性

预算中使用的数据分为财务指标和非财务指标。财务指标往往是基于特定预算期间的考虑，囿于其资料获得和计算过程的局限性，无法从战略角度观察企业的发展。单纯利用财务指标评价管理者和员工的工作绩效可能会诱使责任人采取短期行为；而且财务指标只能提供已完成行为的历史信息，无法随时反映过程的变化。非财务指标虽然存在难以量化和效益反映滞后的缺陷，但其与企业发展战略的密切关联性和前瞻性又是财务指标无法替代的。因此，在企业进行预算控制的过程中，财务指标和非财务指标的配合程度、综合评价体系有效性的发挥程度都成为预算调整的条件。

（2）偶发因素

事先无法预见的偶发因素会对企业生产经营产生难以预计的影响，所以必须谨慎地对待预算执行中可能出现的问题，尽可能在预算编制中考虑可能会发生的偶发情况，做出相应的应对措施。

（3）国家相关政策发生重大变化及通货膨胀

国家产业政策、价格政策、税收政策、产品进出口政策等相关经济政策的调整，都会对某些行业、企业的生产经营产生重大影响，对预算的调整也是自然的。

预算执行中通货膨胀率与预算编制时的通货膨胀率可能会产生偏离，如果不注意这种变化，很可能使通货膨胀成为偶发因素中的不可控因素，给企业带来损失。

（4）预算项目的可控性问题

理想状态下，下发给各级各部门的预算应该是与其权、责、利密切相关的、可控的。但实际上由于部门之间、部门与员工之间的权责关系很难完全分开，必然会存在一些谁都无法确定直接责任的"灰色"项目。这种可控性存在的问题可能在预算编制时就已经发现了，并得到一定的解决。但有些可控性是隐蔽的，只有发生与之直接相关的经济业务时才会显现出来。因此，在预算执行中就必须对无法归属的项目做出及时、合理地处理和调整，否则就会影响正常的生产经营。

（5）信息传递失败

在预算控制中，应该定期形成控制报告并向相应的责任人报送，以及时做出反映。但在实际操作中，由于各种原因，很可能出现信息传递失败，需要及时调整的预算没有在第一时间把信息传递给责任人。未及时调整预算，由于贻误时机给企业造成的损失是难以预计的，甚至会导致整个企业经营失败。

2. 预算调整的原则

（1）不随意调整原则

年度预算方案一经批准，需要保持较高的刚性，除非预算执行的内外部条件发生重大变化，原有预算条件已不再适用，一般情况下不得随意调整预算。

（2）内部挖潜原则

当不利于预算执行的重大因素出现时，首先应该通过内部挖潜或采取其他措施弥补；只有在无法弥补的情况下，才能提出预算调整申请。

（3）积极调整原则

当外部环境和内部条件发生重大变化时，还应该积极主动地提出预算调整申请，以保证预算方案符合客观实际，且具有现实性和可操作性。

3. 预算调整的程序

预算调整按发起对象不同，可分为自上而下和自下而上两种。

（1）自上而下的预算调整

自上而下的预算调整，是指由董事会或公司高层管理人员发起的预算调整。主要适用于企业的外部环境和内部条件等客观因素导致公司发生了全局性重大变化的情况。

（2）自下而上的预算调整

自下而上的预算调整是指由各个预算责任中心作为发起人对原有预算进行的调整。适用于外部环境和内部条件等客观因素导致公司发生局部性的重大变化，而且符合预算调整条件的情况。

4. 预算调整的频率

全面预算一般不得随意调整，不满足预算调整条件的坚决不调整，以保持预算的刚性。通常预算的调整按时间分为以下两种。

（1）定期调整

一般选择每季度 20 日后，由总经理负责，有关责任中心负责人参加预算协调会，讨论预算调整事宜。

（2）不定期调整

只要公司的外部环境和内部条件发生重大变化，企业就需要根据实际情况随时对全面预算做出调整。

本 章 小 结

财务预算是企业全面预算的一部分，它和其他预算是联系在一起的，整个全面预算是一个数字相互衔接的整体。现金预算是财务预算的核心内容，现金预算要求在销售预算、生产预算、直接材料预算、直接人工预算、制造费用预算、产品成本预算、销售及管理费用预算、资本支出预算编制的基础上进行编制。预计财务报表包括预计利润表、预计资产负债表和预计现金流量表。

思 考 题

1. 全面预算的内容有哪些？
2. 如何编制现金预算？
3. 简述全面预算体系的构成及各组成部分之间的关系。
4. 在运用弹性预算时，业务量范围应如何选择？
5. 零基预算的优点有哪些？

习 题

一、单项选择题

1. 编制全面预算的基础是（　　）。

A. 直接材料预算 　　　　　　　　　B. 直接人工预算

C. 生产预算 　　　　　　　　　　　D. 销售预算

2. 资本支出预算是（　　）。

  A. 财务预算　　　　　　　　　　　　B. 生产预算

  C. 专门决策预算　　　　　　　　　　D. 业务预算

3. 随着业务量的变动做机动调整的预算是（　　）。

  A. 滚动预算　　　　　　　　　　　　B. 弹性预算

  C. 增量预算　　　　　　　　　　　　D. 零基预算

4. 滚动预算的基本特点是（　　）。

  A. 预算期是相对固定的　　　　　　　B. 预算期是连续不断的

  C. 预算期与会计年度一致　　　　　　D. 预算期不可随意变动

5. 编制弹性预算首先应当考虑及确定的因素是（　　）。

  A. 业务量　　　　　　　　　　　　　B. 变动成本

  C. 固定成本　　　　　　　　　　　　D. 计量单位

6. 全面预算按其涉及的业务活动领域分为财务预算和（　　）。

  A. 业务预算　　　　　　　　　　　　B. 销售预算

  C. 生产预算　　　　　　　　　　　　D. 现金预算

7. 可以概括了解企业在预算期间盈利能力的预算是（　　）。

  A. 专门决策预算　　　　　　　　　　B. 现金预算

  C. 预计利润表　　　　　　　　　　　D. 预计资产负债表

8. 下列项目中，能够克服定期预算缺点的是（　　）。

  A. 固定预算　　　　　　　　　　　　B. 弹性预算

  C. 滚动预算　　　　　　　　　　　　D. 零基预算

9. 编制弹性成本预算的关键在于（　　）。

  A. 分解制造费用

  B. 确定材料标准耗用量

  C. 选择业务量计量单位

  D. 将所有成本划分为固定成本与变动成本两大类

10. 零基预算的编制基础是（　　）。

  A. 零　　　　　　　　　　　　　　　B. 基期的费用水平

  C. 国内外同行业费用水平　　　　　　D. 历史上费用的最好水平

11. 被称为"总预算"的预算是（　　）。

  A. 生产预算　　　　　　　　　　　　B. 销售预算

  C. 专门决策预算　　　　　　　　　　D. 财务预算

二、多项选择题

1. 编制预算的方法按其业务量基础的数量特征不同，可分为（　　）。

  A. 固定预算　　　　　　　　　　　　B. 零基预算

  C. 滚动预算　　　　　　　　　　　　D. 弹性预算

  E. 增量预算

2. 在下列预算中，属于业务预算的内容的有（   ）。

    A. 资本支出预算   B. 销售预算

    C. 生产预算   D. 现金预算

    E. 零基预算

3. 在管理会计中，构成全面预算内容的有（   ）。

    A. 业务预算   B. 财务预算

    C. 专门决策预算   D. 零基预算

    E. 滚动预算

4. 财务预算的主要内容包括（   ）。

    A. 现金预算   B. 预计利润表

    C. 预计资产负债表   D. 投资决策预算

    E. 销售预算

5. 下列各项中，属于编制现金预算依据的有（   ）。

    A. 销售预算和生产预算   B. 直接材料采购预算

    C. 直接人工预算和制造费用预算   D. 产品成本预算

    E. 财务费用和管理费用预算

6. 编制弹性预算所用业务量可以是（   ）。

    A. 产量   B. 销售量

    C. 直接人工工时   D. 机器台时

    E. 材料消耗量

7. 全面预算的作用概括起来有（   ）。

    A. 明确工作目标   B. 协调各职能部门的关系

    C. 控制各部门日常经济活动   D. 考核各部门工作业绩

    E. 组织各部门的工作

8. 零基预算与传统的增量预算相比较，其不同之处在于（   ）。

    A. 一切从可能出发   B. 以零为基础

    C. 以现有的费用水平为基础   D. 一切从实际需要出发

    E. 不考虑以往会计期间所发生的费用

9. 按照定期预算方法编制的预算的缺点是（   ）。

    A. 灵活性   B. 滞后性

    C. 盲目性   D. 间断性

    E. 预见性

10. 在编制现金预算时，（   ）是决定企业是否进行资金融通及资金融通数额的依据。

    A. 期初现金余额   B. 期末现金余额

    C. 预算期内发生的现金收入   D. 预算期内发生的现金支出

    E. 企业既定的现金余额范围

三、计算题

1. 假设企业期末现金最低库存为 15 000 元，现金短缺主要以向银行贷款解决，贷款最低起点为 1 000 元，企业于期初贷款，于季末归还贷款本息，贷款利率为 5%。要求：将现金预算表（表 8-13）中的空缺项（1）~（15）填列出来。

表 8-13　现金预算表　　　　　　　　　　　　单位：元

摘要	第一季度	第二季度	第三季度	第四季度	全年合计
期初现金余额	18 000	（4）	15 691	（10）	18 000
加：现金收入	120 500	140 850	（6）	121 650	526 250
可动用现金合计	（1）	156 591	158 941	138 802	544 250
减：现金支出					
直接材料	25 424	34 728	34 576	（11）	126 976
直接人工	13 200	15 600	12 900	13 900	55 600
制造费用	6 950	7 910	6 830	72 30	28 920
销售费用	1 310	1 507	1 358	1 075	5 250
管理费用	17 900	17 900	17 900	17 900	71 600
购置设备	48 000	33 280	—	—	81 280
支付所得税	27 125	27 125	27 125	27 125	108 500
支付股利	10 850	10 850	10 850	10 850	43 400
现金支出合计	150 759	148 900	111 539	110 328	521 526
现金余缺	（2）	7 691	47 402	（12）	22 724
银行借款	（3）	8 000			36 000
借款归还	—		（7）	（13）	（36 000）
支付利息	—		（8）	（14）	（1 337.5）
期末现金余额	15 741	（5）	（9）	21 386.5	（15）

2. 企业 20××年度现金预算部分数据如表 8-14 所示。如果该企业规定各季末必须保证有最低的现金余额 5 000 元。要求：将该企业 20××年度现金预算表中的空缺项逐一填列出来。

表 8-14　现金预算表　　　　　　　　　　　　单位：元

摘要	第一季度	第二季度	第三季度	第四季度	全年合计
期初现金余额	8 000				
加：现金收入		70 000	96 000		321 000
可动用现金合计	68 000	75 000		100 000	
减：现金支出					
直接材料	35 000	45 000		35 000	
制造费用		30 000	30 000		113 000

摘要	第一季度	第二季度	第三季度	第四季度	全年合计
购置设备	8 000	8 000	10 000		36 000
支付股利	2 000	2 000	2 000	2 000	
现金支出合计		85 000			
现金余缺	(2 000)		11 000		
银行借款（期初）		15 000	—	—	
归还本息（期末）	—	—		(17 000)	
期末现金余额					

3. 利达公司20××年年初现金余额为4 000元，预测当年各季的现金收支情况见表8-15。

表 8-15　现金收支情况表　　　　　　　　　单位：元

季度 项目	一	二	三	四
现金收入	60 000	75 000	85 000	100 000
现金支出	35 000	32 000	28 000	30 000
材料	31 000	33 000	30 500	29 000
人工		22 000	21 000	25 000
其他	24 000			
购置固定资产	16 000			

该公司要求每季末至少保留10 000元现金余额，现金不足时向银行借款，借款年利率为15%。假定借款在季初，还款在季末，借款利息按季支付。假设银行借款的金额要求是1 000元的倍数。

要求：根据上述资料编制该公司分季度的现金收支预算（表8-16）。

表 8-16　利达公司现金预算表　　　　　　　　　单位：元

项目	季度				全年
	一	二	三	四	
期初余额					
现金收入					
现金支出					
材料					
人工					
其他					
购置固定资产					

项目	季度				全年
	一	二	三	四	
现金余额					
银行借款					
归还银行借款					
支付利息					
期末余额					

第9章
成本与存货控制

学习目标与要求

通过本章的学习，了解成本控制的含义、分类、原则、方法及程序；理解标准成本法的基本原理；理解存货控制的含义，能有效划分企业持有存货的相关成本；掌握不同情况下存货订货量决策的相关模型，以及企业存货生产量的决策，会进行存货的敏感性分析；了解存货日常管理的各种方法；掌握标准成本的制定和成本差异的计算与分析。

9.1 成本控制概述

9.1.1 成本控制的意义

企业生产经营的主要目的是获得最大利润。提高企业的利润有很多途径，而控制成本是提高利润的主要途径之一。成本控制是指对企业生产过程中的各个方面、各个环节和各个阶段的全部成本的控制。成本控制包括控制产品设计阶段、试制阶段、产品生产阶段的成本和销售及售后服务阶段的成本，也就是说产品生产周期的每个阶段都要进行成本控制，即全面控制。

9.1.2 成本控制的分类

成本控制可以按照不同的标准分类，本书主要介绍三种分类标准。

1. 按照成本控制阶段分类

按照成本控制阶段分类是与产品生产周期相适应的，一般分为设计、试制阶段成本控制，生产阶段成本控制和销售及售后服务阶段的成本控制。

设计、试制阶段成本控制也称事前成本控制，是指在产品投产前，通过价值工程分析，确定目标成本，依据它进行成本控制。这一阶段的成本控制是降低成本最有效的途径。

生产阶段成本控制和销售及售后服务阶段的成本控制均属于日常成本控制，是在产品成本及费用形成过程中，按照目标成本衡量实际成本支出，两者若有偏差，应及时找出差异的类型及原因。同时对实际成本超支的差异及时纠正，对实际成本节约的差异（不包括会损害企业长期利益的节约差异）要保持下去并且给予有关责任部门和责任人员一定的奖励。

2．按照控制原理分类

按照控制原理分类，可将成本控制分为前馈控制、防护控制和反馈控制。

根据现代控制论的原理，前馈控制是对产品设计、试制阶段进行的成本控制。防护控制是一种制度控制，它是通过建立企业内部章程制度来控制成本。反馈控制是产品成本发生过程中的成本控制，属于日常成本控制。

3．按照控制内容分类

按照控制内容分类，可将成本控制分为产品成本控制和质量成本控制。

产品成本控制是对产品生产过程的全面控制。质量成本控制是质量控制与成本控制在产品生产过程中的有机结合，质量成本决策确定的最优水平可以作为质量成本控制的目标。

9.1.3　成本控制的原则

1．全过程原则

成本控制要以产品生命周期成本形成的全过程为控制领域。只有这样，成本才能最大限度地降低。

2．全员原则

成本控制不仅要靠成本控制的专职机构和人员，还要靠企业的每个部门和每个员工。应充分调动所有部门和员工参与成本控制的积极性和主动性。

3．责权利相结合原则

成本控制必须严格按照目标管理经济责任体制的要求，事先将企业的成本管理目标按照各有关责任中心层层分解，落实到每个责任中心和员工，明确规定有关方面或个人应承担的成本控制责任和义务，并赋予其相应的权力，进而实现成本控制的目标。同时还要对他们的工作成绩进行考评，做到奖惩分明。

4．成本-效益原则

成本控制必须考核各项成本支出是否符合以尽可能少的劳动消耗获得尽可能大的经济效果的原则，这样才能达到降低成本的最终目的。在成本控制的过程中要本着成本-效益原则将成本控制所必须付出的代价限制在最经济的限度内，只有当成本控制取得的效益大于其代价时，成本控制才是可行的。

5．例外管理原则

例外管理原则是指在日常实施全面成本控制的同时，有选择地分配人力、物力和财力，抓住那些重要的、不正常的、非常规的关键性差异（称之为"例外事件"）进行重点调查分析，集中力量解决这些主要矛盾。

例外管理原则是成本控制的一项重要原则。一般来说，确定"例外事件"的标准如下。

（1）重要性

它是根据成本差异金额的大小来决定的。通常情况下，差异额大和差异率高的成本差异总是较为重要的，应给予足够的重视。应该注意的是，这里所说的成本差异应包括有利差异和不利差异。尽管有利差异对企业是有利的，但差异过大，很可能会包含某些损害企业长期利益的因素。比如，为了降低产品成本，采用一些不正当的降低成本的方法会引起产品质量下降，最终会给企业造成损失。因此，对这类有利差异也应视为"例外事件"。

（2）一惯性

有些成本差异虽然没有达到重要性标准，但却经常发生，对这些成本差异也应视为"例外事件"。原因很可能是由于制定的标准并不符合实际情况。

（3）可控性

引起成本差异的原因，对企业来说有些是可控制的，有些则是不可控制的。凡是不可控因素造成的成本差异，即使差异再大，也不能视为"例外事件"。

（4）项目本身的性质

在企业中，有些成本项目对企业的发展有极大的影响，即使这些成本项目的差异没有达到严重的程度，也应作为"例外事件"处理，要引起企业管理人员的注意。

9.1.4　成本控制的程序和方法

成本控制是一项具有科学性的工作，为了收到良好的效果，需要按照以下程序进行：制定成本控制标准；控制成本形成过程；计算成本差异并分析差异原因；采取积极措施解决问题。

成本控制的方法有很多，我国采用过按照定额法计算产品成本、采用限额领料单控制材料等一些方法，但大都是事后控制。国外的成本控制法有目标成本控制法、相对成本控制法、预算成本控制法、标准成本控制法和责任成本控制法等。本书重点介绍标准成本控制法。

9.2　标准成本的含义和分类

1. 标准成本制度的含义

标准成本制度是以标准成本为核心，通过标准成本的制定、执行、核算、控制、差异分析等一系列工作，将成本的事前控制、反馈控制及核算功能有机结合的一种成本控制系统。

标准成本控制的内容包括：标准成本的制定、成本差异的计算与分析和成本差异的账务处理。通过标准成本的制定可以实现成本的事前控制；通过成本差异的计算与分析可以实现成本的事中控制；通过成本差异的账务处理不仅可以实现事后控制，而且还可以为下期的标准成本制定提供重要资料。

2. 标准成本的含义

标准成本是通过精确的技术经济分析确定的，在正常的生产经营条件下应该能够实现的，可以衡量工作绩效和控制成本开支的一种成本水平。"标准成本"一词准确地讲

有两种含义：一种是指"单位产品标准成本"，它是根据产品的标准消耗量和标准单价计算出来的，即

$$单位产品标准成本＝单位产品标准消耗量×标准单价$$

它又被称为"成本标准"；另一种含义是指"实际产量标准成本"，它是根据实际产品产量和成本标准计算出来的，即

$$实际产量标准成本＝实际产品产量×单位产品标准成本$$

3. 标准成本的分类

在确定企业成本控制标准时，根据管理者要求达到的效率不同，可以把标准成本分为以下三类。

（1）理想的标准成本

理想的标准成本是一种理论标准，是指在理想（最佳）经营状态下的最低成本。由于它排除了一切浪费、机器故障、人员闲置等情况的可能性，因此这种标准成本要求很高。一般情况下，无论企业员工怎样努力，都难以达到该标准，这将削弱员工的积极性。如果一味地追求该标准，企业员工可能会采用某些不太合理的手段（如降低产品质量）来达到这一标准，最终会影响到企业经营效果（如质量成本上升），所以实际中很少采用理想的标准成本。

（2）现实的标准成本

现实的标准成本也叫正常的标准成本，它是根据现有的生产技术水平和正常生产经营能力制定的标准成本。该标准适当地考虑了企业的一些不能完全避免的成本。因此，这一标准比较符合实际，只要企业员工尽最大努力就能达到。

（3）基本的标准成本

基本的标准成本是以过去一段时间的实际成本作为标准的成本，是用来衡量产品在以后年度的成本水平，并结合未来的变动趋势而制定的标准成本。由于它的水平偏低，所以在实际中较少采用。

9.3 标准成本的制定和差异分析

9.3.1 标准成本的制定

基于产品成本的构成，标准成本通常是由直接材料、直接人工和制造费用三部分构成的。标准成本的确定取决于价格标准和用量标准两部分，其基本公式为

$$标准成本＝价格标准×用量标准$$

标准成本的制定往往需要利用实际的历史成本数据，经过相应的调整，使之现实可行。

1. 直接材料的标准成本

直接材料的标准成本＝单位材料的价格标准×单位产品的用量标准

（1）直接材料的价格标准

材料的价格标准是以订货合同的价格为依据，并考虑市价及未来市场情况的变动来确定的。该价格是材料的采购价格，包括买价及附带成本。

（2）直接材料的用量标准

材料的用量标准即标准消耗量，主要由生产技术部门制定，并参考执行标准的部门和职工意见。它是现有技术条件下生产单位产品所需的材料数量，其中包括必不可少的消耗及各种难以避免的损失。

【例 9 - 1】 诚信公司生产某产品的主要原材料的耗用量标准和价格标准如表 9 - 1 所示。

表 9 - 1 原材料耗用标准

标准	A 材料
单位产品耗用量标准	
主要材料耗用量	10 kg
辅助材料耗用量	3 kg
必要损耗量	1 kg
价格标准	
预计发票价格	5 元/kg
检验费	1 元/kg
正常损耗	1 元/kg

要求：计算该产品直接材料的标准成本。

解 计算分析如下。

$$单位产品 A 材料的标准耗用量＝10＋3＋1＝14（kg）$$
$$A 材料的标准单价＝5＋1＋1＝7（元/kg）$$
$$单位产品 A 材料的标准成本＝14×7＝98（元）$$

如果产品需耗用多种原材料，应将各种原材料的标准成本加总，得到单位产品直接材料的标准成本。

2. 直接人工的标准成本

单位产品直接人工的标准成本＝单位小时工资率标准×单位产品工时标准

（1）直接人工工资率标准

在这里直接人工工资率标准是指价格标准，通常是由企业人力资源管理部门事先制定的，包括员工的基本工资及规定的附加内容。当企业采用计件工资制时，工资率标准就是单位产品应支付的计件单价；当采用计时工资制时，工资率标准就是每一标准工时应分配的工资。

（2）直接人工工时标准

在这里直接人工工时标准就是用量标准，即单位产品的工时定额，一般由企业的工程技术部门制定。它包括直接加工工时、工人必要的休息时间、机器停工及难以避免的形成废品所耗用的工时。

【例9-2】 诚信公司生产某产品的直接人工标准成本计算如表9-2所示。

表9-2 直接人工标准成本计算表

项　目	标　准
标准工资率（1）	10 元
计算单位产品工时	
理想作业时间（2）	12 h
调整设备时间（3）	2.4 h
工作间息（4）	0.6 h
单位产品工时合计（5）＝（2）＋（3）＋（4）	15 h
单位产品直接人工标准成本（6）＝（1）×（5）	150 元

3. 制造费用的标准成本

制造费用的标准成本＝制造费用分配率标准×单位产品人工工时标准

（1）制造费用分配率标准

制定制造费用分配率标准时，应将制造费用按成本性态分类，分为固定性制造费用和变动性制造费用，并按下列公式确定制造费用分配率标准。

制造费用分配率标准＝制造费用预算总额÷标准总工时

（2）制造费用工时标准

制造费用工时标准一般可借用直接人工工时标准。

制造费用标准成本的制定通常分变动制造费用和固定制造费用两部分进行。

【例9-3】 诚信公司生产某产品的制造费用标准成本计算如表9-3所示。

表9-3 制造费用标准成本计算表

项　目	标　准
月标准总工时（1）	32 000 h
变动制造费用预算总额（2）	224 000 元
变动制造费用标准分配率（3）＝（2）÷（1）	7 元/h
单位产品工时标准（4）	15 h
变动制造费用标准成本（5）＝（3）×（4）	105 元

续表

项　目	标　准
固定制造费用预算总额（6）	736 000 元
固定制造费用标准分配率（7）＝（6）÷（1）	23 元/h
固定制造费用标准成本（8）＝（4）×（7）	345 元
单位产品制造费用标准成本（9）＝（5）＋（8）	450 元

产品成本中直接材料、直接人工、制造费用等项目的标准成本确定以后，即可编制该产品的标准成本单。

【例 9-4】　汇总诚信公司产品的标准成本，如表 9-4 所示。

表 9-4　产品标准成本单

成本项目	价格标准	用量标准	标准成本
直接材料	7 元/kg	14 kg	98 元
直接人工	10 元/h	15 h	150 元
变动制造费用	7 元/h	15 h	105 元
固定制造费用	23 元/h	15 h	345 元
单位产品标准成本			698 元

以上该公司产品的标准成本可以作为成本控制的手段，如果有关标准发生重大变化，则要做相应的调整。一般情况下，标准成本制定好以后，一年内不进行修订，以便更好地发挥标准成本的控制作用。

9.3.2　标准成本的差异分析

标准成本的差异分析是对企业一定时期内发生的实际成本与标准成本之间差异原因的分析，它和预算一起是企业规划与控制的重要手段。完整的差异分析包括三个步骤：首先，计算差异的数额并分析其种类；其次，寻找差异产生的具体原因；最后，明确责任，采取积极措施改进成本控制。

标准成本差异有两种：一种是不利差异，即实际成本大于标准成本的差异，这种差异就是成本的超支数；另一种是有利差异，即实际成本小于标准成本的差异，这种差异是成本的节约数。

基于成本的性态分类，标准成本差异的分析可分为变动成本差异分析和固定成本差异分析两部分。变动成本差异分析包括对直接材料成本差异、直接人工成本差异和变动制造费用成本差异的分析。固定成本差异分析即固定制造费用差异分析。

在标准成本制定的过程中，任何一项费用的标准成本都是由价格标准和用量标准这两个因素决定的。因此，差异分析就应该从价格差异和用量差异两方面进行。

总成本差异＝实际成本－标准成本

$$＝实际价格×实际用量－标准价格×标准用量$$

$$价格差异(分配率差异)＝实际价格×实际用量－标准价格×实际用量$$

$$用量差异＝标准价格×实际用量－标准价格×标准用量$$

$$总差异＝价格差异(分配率差异)＋用量差异$$

1. 直接材料成本差异分析

直接材料成本差异，是指直接材料的实际成本与标准成本之间的差异。该差异还可以进一步分解为直接材料价格差异和直接材料用量差异。直接材料价格差异是由直接材料的实际价格脱离标准价格引起的；直接材料用量差异是由实际耗用量脱离标准耗用量引起的。其计算公式如下。

$$直接材料成本差异＝实际总成本－实际产量下的标准成本$$

$$直接材料价格差异＝实际价格×实际用量－标准价格×实际用量$$

$$＝(实际价格－标准价格)×实际用量$$

$$直接材料用量差异＝实际用量×标准价格－标准用量×标准价格$$

$$＝(实际用量－标准用量)×标准价格$$

【例 9－5】 华泰公司生产产品所用的 A 材料的实际耗用为 48 00 kg，实际产量为 350 件，原材料实际价格为每千克 7.2 元。单位产品的直接材料标准成本为 98 元，即每件产品耗用 7 kg 直接材料，每千克材料的标准价格为 14 元。直接材料成本差异计算如下。

$$直接材料价格差异＝(7.2－7)×4\ 800＝960\ （元）$$

$$直接材料用量差异＝(4\ 800－14×350)×7＝－700\ （元）$$

$$直接材料成本差异＝960－700＝260\ （元）$$

$$＝实际成本－标准成本$$

$$＝4\ 800×7.2－14×350×7$$

$$＝34\ 560－34\ 300＝260\ （元）$$

计算表明，直接材料成本总差异为不利差异 260 元，即实际成本比标准成本多出 260 元，其中价格差异为不利差异 960 元，用量差异为有利差异 700 元。

直接材料价格差异是在采购过程中形成的，采购部门的业绩报告应说明差异产生的原因。差异的原因有很多，其中有些差异是采购部门可以控制的，有些则是不可控制的。例如，由于采购批量、供应商的选择、运输工具等原因导致的价格差异是采购部门可以控制的；而由于通货膨胀、经济危机等原因导致的价格差异则是采购部门无法控制的。因此，要具体调查差异原因，明确责任归属。

值得注意的是，有些较大金额的有利差异可能是由于购买了大量质量较次而廉价的原料所致，因此该有利差异对于整个企业来讲，就是一个不利因素，它将导致日后大量质量成本的产生，最后影响企业长远的经济效益。

直接材料用量差异应由企业的生产部门负责，其差异产生的原因也有很多。例如，产品设计结构、工人的技术熟练程度、生产设备的有效利用程度等。但有时多用料并非生产部门的责任，如原料质量差、工艺变更等原因造成的多用料。因此，也要具体调查差异原因，明确责任归属。

2. 直接人工成本差异分析

直接人工成本差异，是指直接人工实际成本与标准成本的差异。它可以分为直接人工工资率差异（价差）和直接人工效率差异（量差）两部分。直接人工工资率差异是由实际工资率脱离标准工资率引起的；直接人工效率差异是由实际工时脱离标准工时引起的。其计算公式如下。

直接人工成本差异＝实际成本－实际产量下的标准成本

直接人工工资率差异＝实际工资率×实际工时－标准工资率×实际工时

＝（实际工资率－标准工资率）×实际工时

直接人工效率差异＝实际工时×标准工资率－标准工时×标准工资率

＝（实际工时－标准工时）×标准工资率

【例 9-6】 华泰公司用于生产的实际工时为 650 小时，实际每小时工资率为 8 元，实际产量为 350 件。每件产品的直接人工标准成本为 15 元，即每件产品标准工时为 2 小时，标准工资率为 7.5 元/h。直接人工成本差异计算如下。

直接人工工资率差异＝（8－7.5）×650＝325（元）

直接人工效率差异＝（650－2×350）×7.5＝－375（元）

直接人工成本差异＝325－375＝－50（元）

＝实际成本－标准成本

＝650×8－350×7.5×2

＝5 200－5 250＝－50（元）

计算表明，直接人工成本差异为有利差异 50 元，是由直接人工工资率的不利差异 325 元和直接人工效率的有利差异 375 元引起的。

直接人工工资率差异应依据具体情况进行分析。直接人工效率差异反映了劳动生产率的高低。差异产生的原因有：工人的生产效率、生产合理安排程度、生产设备的状况等。这些差异都是生产部门可以控制的，但是如果差异的产生是因为其他责任中心效率低下，那么就应分清责任，合理评价业绩。

3. 制造费用差异分析

变动制造费用一般与以工时表现的产量呈正比例关系，如果生产产品的工时与预计数发生差异，变动制造费用也将发生差异。而固定制造费用在变动成本法下属于期间费用，与该期间的产量及工时的多少没有直接关系。所以，在分析两类制造费用差异时，使用的方法是不同的。

（1）变动制造费用差异分析

变动制造费用差异是实际变动制造费用与标准变动制造费用之间的差额。它可以分为耗费差异（价差）和效率差异（量差）两部分。变动制造费用耗费差异是变动制造费用分配率差异，是由变动制造费用实际分配率脱离标准分配率引起的；变动制造费用效率差异是由实际耗用工时脱离标准应耗工时引起的。其计算公式如下。

变动制造费用差异＝实际成本－实际产量下的标准成本

变动制造费用耗费差异＝变动制造费用实际分配率×实际工时

－变动制造费用标准分配率×实际工时

＝（变动制造费用实际分配率

－变动制造费用标准分配率）×实际工时

变动制造费用效率差异＝实际工时×变动制造费用标准分配率

－标准工时×变动制造费用标准分配率

＝（实际工时－标准工时）×变动制造费用标准分配率

【例9-7】 华泰公司用于生产的实际工时为650小时，耗用变动制造费用的实际分配率为7.5元/h，实际产量为350件。每件产品的变动制造费用标准成本为14元，即每件产品标准工时为2小时，变动制造费用标准分配率为7元/h。变动制造费用差异计算如下。

变动制造费用耗费差异＝(7.5－7)×650＝325(元)

变动制造费用效率差异＝(650－2×350)×7＝－350(元)

变动制造费用差异＝325－350＝－25(元)

＝实际成本－标准成本

＝650×7.5－2×7×350

＝4 875－4 900＝－25(元)

计算表明，变动制造费用差异为有利差异25元，是由变动制造费用耗费的不利差异325元和变动制造费用效率的有利差异350元引起的。

变动制造费用耗费差异的产生实际上既有价格差异的因素，又有耗用量差异的因素。实际工作中，对变动制造费用耗费差异的控制一般都是针对各费用的耗用数量差异的控制。

变动制造费用效率差异与直接人工效率差异的形成原因相同。

(2)固定制造费用差异分析

固定制造费用在相关范围内不随业务量的变化而变化，成本总额保持相对稳定。固定制造费用与企业生产规模的大小、时间的长短有关。

固定制造费用差异是固定制造费用实际发生额与实际用量下标准数额之间的差异。对固定制造费用差异进行分析可采用两种方法，即"二因素分析法"和"三因素分析法"。

二因素分析法是指将固定制造费用差异分解为耗费差异和能量差异两部分的方法。其计算公式如下。

固定制造费用耗费差异＝固定制造费用实际发生额－固定制造费用预算额

固定制造费用能量差异＝(预算产量下的标准工时－实际产量下的标准工时)×

固定制造费用标准分配率

三因素分析法是指将固定制造费用成本差异分解为耗费差异、闲置能量差异和效率差异三部分的方法。它是将二因素分析法下的能量差异进一步划分为闲置能量差异和效率差异。其计算公式为

固定制造费用耗费差异＝固定制造费用实际发生额－固定制造费用预算额

固定制造费用闲置能量差异＝(预算产量下的标准工时－实际产量下的实际工时)×
固定制造费用标准分配率

固定制造费用效率差异＝(实际产量下的实际工时－实际产量下的标准工时)×
固定制造费用标准分配率

【例 9-8】 华泰公司生产的产品应负担的固定制造费用预算总额为 16 000 元，预算产量为 360 件，固定制造费用实际发生额为 16 050 元，单位产品的实际工时为 2.1 小时，实际产量为 350 件。每件产品固定制造费用标准成本为 46 元/件，即每件产品标准工时为 2 小时，固定制造费用标准分配率为 23 元/h。固定制造费用差异计算如下。

二因素分析法下：

固定制造费用耗费差异＝16 050－16 000＝50(元)

固定制造费用能量差异＝(360×2－350×2)×23＝460(元)

固定制造费用总成本差异＝50＋460＝510(元)

三因素分析法下：

固定制造费用耗费差异＝16 050－16 000＝50(元)

固定制造费用闲置能量差异＝(360×2－350×2.1)×23＝－345(元)

固定制造费用效率差异＝(350×2.1－350×2)×23＝805(元)

固定制造费用总成本差异＝50－345＋805＝510(元)

计算表明，三因素分析法中的闲置能量差异和效率差异之和等于二因素分析法中的能量差异。

分析固定制造费用差异时，必须结合企业实际，逐项分析形成这些差异的具体原因。导致固定制造费用耗费差异的因素主要有：管理人员工资及职工福利费的调整、折旧方法的改变和修理费用的变化等。导致固定制造费用能量差异(闲置能量差异和效率差异)的因素主要有：机械发生故障、能源短缺、设备利用程度不高、材料供应存在问题和市场销路的变化等。

9.4 成本差异账务处理

1. 成本差异核算应设置的账户

在标准成本控制系统中，对产品的标准成本与成本差异应分别进行核算。标准成本

数据记入"原材料""生产成本"和"产成品"账户，而有关的差异分别记入各成本差异账户。核算成本差异的账户，既可以按成本的具体项目来设置，也可以按成本差异的具体内容来设置。

在完全成本法下，按成本项目设置的成本差异账户主要包括："直接材料成本差异"账户、"直接人工成本差异"账户、"变动制造费用成本差异"账户和"固定制造费用成本差异"账户。每个账户下再按差异形成的原因分设明细账户。在变动成本法下，可以不设置"固定制造费用成本差异"账户。

在完全成本法下，按成本差异的具体内容设置的账户包括："直接材料价格差异""直接材料用量差异""工资率差异""人工效率差异""变动制造费用耗费差异""变动制造费用效率差异""固定制造费用耗费差异""固定制造费用能量差异"（或"固定制造费用闲置能量差异""固定制造费用效率差异"）等账户。各种成本差异类账户的借方核算发生的超支差异，贷方核算发生的节约差异。

2. 成本差异的处理程序

在采用标准成本进行核算时，应按照如下程序处理成本差异。

① 将日常发生的各项生产要素的实际消耗，分别按照标准成本记入"生产成本"账户的各个成本项目中，实际成本脱离标准成本的差异，分别列入事先所设置的各成本差异账户中予以单独反映。

② 采取相应的成本计算方法计算出完工产品和期末在产品的标准成本。基本原理是：依据完工产品数量和单位产品标准成本计算出完工产品标准成本，本期汇总的全部标准生产成本减去完工产品应负担的标准成本即为期末在产品标准成本。具体计算时可以根据企业生产组织特点和管理要求结合不同的成本计算方法计算。

③ 将计算出的完工产品标准成本在期末一次转入"产成品"账户。

④ 将各种成本差异分账户汇总后，在会计期末根据各项成本差异的性质采用直接处理法、递延法、稳健法等不同的方法进行有关处理。

3. 期末成本差异的账务处理方法

（1）直接处理法

直接处理法也叫当期转销法或损益法，即在每个会计期末将汇总的各项成本差异转入"主营业务成本"账户，由本期的销售产品负担，并全部从本期主营业务收入中扣减，不再分配给期末在产品和期末库存产成品的一种会计处理方法。这时，期末资产负债表的在产品和产成品项目只反映标准成本。这种方法认为，成本差异是由于各期经营管理的有效性和成功与否等主客观因素所致，应当直接体现在本期损益之中，使利润能体现本期工作成绩的好坏。这种方法比较简单，能使当期经营成果与成本控制的业绩直接挂钩，但当成本标准过于陈旧或实际成本水平波动幅度过大时，会因差异额过高而使当期净收益水平及存货水平失真。为了克服这一缺陷，除了严格监督标准成本制定工作外，在标准成本与实际成本出现较大背离且又主要是由于各种客观因素所致时，应及时调整各项成本标准，使之尽可能接近实际。在实践中，这种方法的应用比较普遍。

（2）递延法

递延法也叫分配法，即在每个会计期末将汇总的各项成本差异，按标准成本比例分配给期末在产品、本期已销售产品和期末库存商品。由已销售产品承担的差异转入当期损益，由存货承担的部分仍然留在差异账户。这时，期末资产负债表的在产品项目和产成品项目反映的是实际成本，利润表的产品销售成本反映的也是本期已销售产品的实际成本。本期发生的成本差异应由存货和销货成本共同负担。但是这种方法下的期末差异分配非常复杂，不便于产品成本计算的简化，而且期末资产负债表的在产品项目和产成品项目反映的都是实际成本，利润表的产品销售成本反映的也是本期已销售产品的实际成本，也不便于本期成本差异的分析和控制。

（3）稳健法

稳健法也叫折中法，是指将成本差异按其形成的主、客观原因不同进行区别对待、分别处理的一种成本差异处理方法。在稳健法下，由主观原因形成的差异（一般指用量差异）按直接处理法处理，由客观原因形成的差异（一般指价格差异）按递延法处理。这种方法既能在一定程度上通过利润来反映成本控制的业绩，又可以将那些不是主观努力所能控制的差异合理地分配给有关对象。但是这种方法不符合一致性原则。

由此可见，标准成本体系通过事前制定标准成本，限制各种耗费和费用的发生；事中按标准成本控制支出，及时发现节约和超支，对超支部分迅速采取措施纠正偏差；事后对标准成本和成本差异进行分别核算，便于本期成本差异的分析和控制，帮助企业进行定期分析和考核。所以，标准成本法不仅实现了成本的事前控制、事中控制和事后分析，而且还是将成本核算与成本控制有机结合的方法。

9.5 存货管理的决策

存货是指企业在日常生产经营过程中为生产或销售而储备的物资。企业持有充足的存货，不仅有利于生产过程的顺利进行，节约采购费用与生产时间，而且能够迅速地满足客户各种订货需要，从而为企业的生产与销售提供较大的机动性，避免因存货不足带来的机会损失。然而，存货的增加必然要占用更多的资金而使企业付出更大的持有成本（即存货的机会成本），而且存货的储存与管理费用也会增加，进而影响企业获利能力的提高。因此如何在存货的功能（收益）与成本之间进行利弊权衡，在充分发挥存货功能的同时降低成本、增加收益、实现它们的最佳组合就成为存货管理的基本目标。

9.5.1 存货的功能

存货的功能是指存货在企业生产经营过程中所具有的作用，主要表现在以下几个方面。

（1）防止停工待料

对于企业来讲，适量的原材料存货和在产品、半成品存货，能使各生产环节的生产活动更加协调，不至于因等待原材料或半成品而影响生产。所以，适量的存货能防止企业停工待料事件的发生。

（2）防止脱销而坐失良机

存货储备特别是产成品和商品储备，能增强企业在销售方面的机动性从而适应市场变化。企业有了足够的产成品或商品储备，在满足顾客需要的同时，也使企业利用市场获得了收益。相反，若企业某种畅销商品库存不足，将会坐失目前的或未来的销售良机，并有可能因此而失去顾客，使企业蒙受损失。

（3）降低进货成本

企业采用批量集中进货，往往会获得较多的商业折扣。另外，通过增加每次进货的数量，减少购货的次数，可以降低采购费用。所以即使在推崇以零存货为管理目标的今天，仍有不少企业采用大批量的购货方式，原因在于这种方式可使企业降低进货成本。只要进货成本的降低额大于因存货增加的各项储存费用，便是可行的。

（4）维持均衡生产

对于那些所生产产品具有季节性的公司，生产所需材料的供应具有季节性的公司，为维持均衡生产，降低生产成本，就必须适当储备一定的半成品存货或保持一定的原材料存货。否则，这些公司若按照季节变动组织生产活动，难免会出现忙时超负荷运转、闲时生产能力得不到充分利用的情况，这也会导致生产成本的提高。其他公司在生产过程中，同样会出现上述情况，拥有一定数量的存货，可以缓冲这种变化对公司生产活动及获利能力的影响。

9.5.2　存货的成本

与储备存货有关的成本，包括以下三种。

1. 取得成本

取得成本是指为取得某种存货而支出的成本，通常用 TC_a 来表示。取得成本又分为订货成本和购置成本。

（1）订货成本

订货成本是指取得订单的成本，如办公费、差旅费、邮资、通信费等支出。订货成本中有一部分与订货次数无关，如常设采购机构的基本开支等，称为订货的固定成本，用 F_1 表示；另一部分与订货次数有关，如差旅费、邮资等，称为订货的变动成本。订货成本包括固定性订货成本和变动性订货成本，可用最小二乘法、高低点法及散布图法等进行分解。若每次订货的变动成本用 K 表示，订货次数等于存货年需要量（D）与每次进货量（Q）之商，则订货成本的计算公式为

$$订货成本 = F_1 + \frac{D}{Q}K$$

【例 9-9】　某企业采购部门全年订货 12 次，订货成本为 5 000 元；全年订货 24 次，订货成本为 8 600 元。试将订货成本分解为固定性订货成本和变动性订货成本。

解　　　　$$每次订货成本 = \frac{高点的成本 - 低点的成本}{高点订货次数 - 低点订货次数}$$
$$= \frac{8\ 600 - 5\ 000}{24 - 12} = 300（元/次）$$

订货成本中的固定性订货成本＝高（或低）点订货成本－高（或低）点订货次数×

每次订货成本

$$＝8\ 600－24×300＝1\ 400（元）$$

高点订货成本中的变动性订货成本＝高点订货成本－订货成本中的固定性订货成本

$$＝8\ 600－1\ 400＝7\ 200（元）$$

低点订货成本中的变动性订货成本＝低点订货成本－订货成本中的固定性订货成本

$$＝5\ 000－1\ 400＝3\ 600（元）$$

（2）购置成本

购置成本是指存货本身的价值，经常用数量与单价的乘积来确定。若年需要量用 D 表示，单价用 U 表示，则购置成本为 DU。

订货成本加上购置成本，就等于存货的取得成本。其公式为

取得成本＝订货成本＋购置成本＝订货固定成本＋订货变动成本＋购置成本

$$TC_a = F_1 + \frac{D}{Q}K + DU$$

2. 储存成本

储存成本是指为保持存货而发生的成本，包括存货占用资金所应计的利息（若企业用现有现金购买存货，便失去了现金存放银行或投资于证券本应取得的利息，视为"放弃利息"；若企业借款购买存货，便要支付利息费用，视为"付出利息"）、仓库费用、保险费用、存款破损和变质损失等，通常用 TC 来表示。

储存成本也分为固定成本和变动成本。固定成本与存货数量的多少无关，如仓库折旧、仓库职工的固定月工资等，常用 F_2 表示。变动成本与存货的数量有关，如存货资金的应计利息、存货的破损和变质损失、存货的保险费用等，单位成本用 K_c 来表示。储存成本的计算公式为

储存成本＝储存固定成本＋储存变动成本

$$TC_c = F_2 + K_c \frac{Q}{2}$$

3. 缺货成本

缺货成本是指由于存货供应中断而造成的损失，包括原材料供应中断造成的停工损失、产成品库存缺货造成的拖欠发货损失和丧失销售机会的损失（还应包括需要主观估计的商誉损失）；如果生产企业以紧急采购代用材料解决库存材料中断之急，那么缺货成本表现为紧急额外购入成本（紧急额外购入的开支会大于正常采购的开支）。缺货成本用 TC_s 表示。

如果以 TC 来表示储备存货的总成本，它的计算公式为

$$TC = TC_a + TC_c + TC_s = F_1 + \frac{D}{Q}K + DU + F_2 + K_c \frac{Q}{2} + TC_s$$

企业存货的最优化，即是使 TC 值最小。

9.5.3 存货决策

1. 存货订货量的决策

存货订货量的决策涉及四项内容：决定进货项目、选择供应单位、决定进货时间和决定进货批量。决定进货项目和选择供应单位是销售部门、采购部门和生产部门的职责。财务部门要做的是决定订货时间和决定订货量（分别用 T 和 Q 表示）。按照存货管理的目的，需要通过合理的订货量和订货时间，使存货的总成本最低，这个量叫作经济订货量。有了经济订货量，可以很容易地找出最适宜的进货时间。

与存货总成本有关的变量（即影响总成本的因素）很多，为了解决比较复杂的问题，有必要简化或舍弃一些变量，先研究解决简单的问题，然后再扩展到复杂的问题。此外，这需要设立一些假设，在此基础上建立经济订货量的基本模型。

1）经济订货量基本模型

经济订货量基本模型需要设立的假设条件如下。

① 企业能够及时补充存货，即需要订货时便可立即取得存货。

② 能集中到货，而不是陆续入库。

③ 不允许缺货，即无缺货成本（TC_s 为零），这是因为良好的存货管理本来就不应该出现缺货。

④ 需求量稳定，并且能预测，即 D 为已知常量。

⑤ 存货单价不变，不考虑现金折扣，即 U 为已知常量。

⑥ 企业现金充足，不会因现金短缺而影响进货。

⑦ 所需存货市场供应充足，不会因买不到需要的存货而影响其他。

设立上述假设条件后，存货总成本的公式可以简化为

$$TC = F_1 + \frac{D}{Q}K + DU + F_2 + K_c\frac{Q}{2}$$

当 F_1、K、U、F_2、K_c 为常量时，TC 的大小取决于 Q。为了求出 TC 的极小值，对其进行求导，可得出下列公式：

$$Q^* = \sqrt{\frac{2KD}{K_c}}$$

这一公式称为经济订货量基本模型，求出的每次订货量，可使 TC 达到最小值。这个基本模型还可以演变为其他形式。

每年最佳订货次数公式：

$$N^* = \frac{D}{Q^*} = \sqrt{\frac{DK_c}{2K}}$$

与订货量有关的存货总成本公式：

$$TC(Q^*) = \frac{KD}{\sqrt{\frac{2KD}{K_c}}} + \sqrt{\frac{\frac{2KD}{K_c}}{2}} \cdot K_c = \sqrt{2KDK_c}$$

最佳订货周期公式：

$$t^* = \frac{1}{N^*} = \frac{1}{\sqrt{\dfrac{DK_c}{2K}}}$$

经济订货量占用资金：

$$I^* = \frac{Q}{2}U$$

【例 9 - 10】 某企业每年耗用某种材料 3 600 kg，该材料单位成本为 10 元，单位存储成本为 2 元，一次订货成本 25 元。则

$$Q^* = \sqrt{\frac{2KD}{K_c}} = \sqrt{\frac{2 \times 3\ 600 \times 25}{2}} = 300(\text{kg})$$

$$N^* = \frac{D}{Q^*} = \frac{3\ 600}{300} = 12(\text{次})$$

$$\text{TC}(Q^*) = \sqrt{2KDK_c} = \sqrt{2 \times 25 \times 3\ 600 \times 2} = 600(\text{元})$$

$$t^* = \frac{1}{N^*} = \frac{1}{12}(\text{年}) = 1(\text{个月})$$

$$I^* = \frac{Q}{2}U = \frac{300}{2} \times 10 = 1\ 500(\text{元})$$

经济订货量也可以用图解法求得：先计算出一系列不同订货量的各有关成本，然后在坐标图上描绘出由各有关成本构成的订货成本线、储存成本线和总成本线，总成本线的最低点（或者是订货成本线和储存成本线的交点）对应的订货量，即为经济订货量。

不同订货量下的有关成本指标如表 9 - 5 所示。

表 9 - 5 不同订货量下的有关成本指标表

单位：元

订货量	100	200	300	400	500	600
平均存量	50	100	150	200	250	300
储存成本	100	200	300	400	500	600
订货次数/次	36	18	12	9	7.2	6
订货成本	900	450	300	225	180	150
总成本	1 000	650	600	625	680	750

不同订货量的有关成本变动情况见图 9 - 1。从以上成本指标的计算和图形中可以很清楚地看出，当订货量为 300 kg 时总成本最低，小于或大于这一订货量都是不划算的。

2）基本模型的扩展

经济订货量的基本模型是在前述各假设条件下建立的，但现实生活中能够满足这些假设条件的情况较少。为了使模型更接近于实际情况，具有较高的可用性，需逐一放宽假设，同时改进模型。

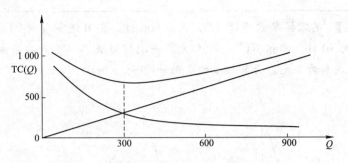

图 9-1 不同订货量的有关成本变动情况图

（1）订货提前期

一般情况下，企业的存货不能做到随用随补充，因此不能等存货用完了再去订货，而需要在没有用完时提前订货。在提前订货的情况下，企业再次发出订货单时，尚有存货的库存量，称为再订货点，用 R 表示。它的数量等于交货时间（L）和每日平均需用量（d）的乘积，即

$$R = L \cdot d$$

接例 9-10，某企业订货日至到货期的时间为 10 天，每日存货需要量为 10 kg，那么

$$R = L \cdot d = 10 \times 10 = 100 \text{ kg}$$

即某企业在尚存 100 kg 存货时，就应当再次订货，等到下批订货到达时（再次发出订货单 10 天后），原有库存刚好用完。此时，有关存货的每次订货量、订货次数、订货间隔时间等并无变化，与瞬间补充相同。订货提前期的情形见图 9-2。这就是说，订货提前期对经济订货量并无影响，仍以原来瞬间补充情况下的 300 kg 为订货量，只不过在达到再订货点（库存 100 kg）时即发出订货单罢了。

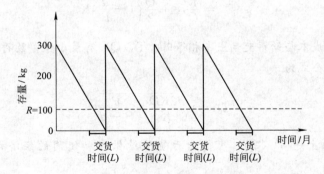

图 9-2 订货提前期的存量变动图

（2）存货陆续供应和使用

在建立基本模型时是假设存货一次全部入库，故存货增加时存货量变化是一条垂直的直线。事实上，各种存货可能陆续入库，使存量陆续增加。尤其是产成品入库和产品转移，几乎总是陆续供应和陆续耗用的。在这种情况下需要对基本模型做一些修改。

【**例 9 - 11**】 某零件年需用量（D）为 3 600 件，每日送货量（P）为 30 件，每日耗用量（d）为 10 件，单价（U）为 10 元，一次订货成本（生产准备成本）为 25 元，单位储存变动成本为 2 元。存货数量的变动如图 9 - 3 所示。

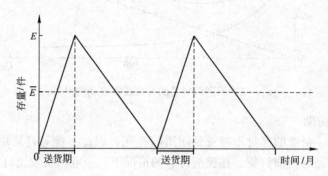

图 9 - 3 存货数量的变动图

设每批订货数为 Q。由于每日送货量为 P，故该批货全部送达所需天数为 Q/P，称为送货期。

因零件每日耗用量为 d，故送货期内的全部耗用量为 $\dfrac{Q}{P}d$，由于零件边送边用，所以每批送完时，最高库存量为 $Q-\dfrac{Q}{P}d$，平均存量则为 $\dfrac{1}{2}\left(Q-\dfrac{Q}{P}d\right)$。图 9 - 3 中的 E 表示最高库存量，$\overline{E}$ 表示平均库存量。这样，与订货量有关的总成本为

$$
\begin{aligned}
\mathrm{TC}(Q) &= \frac{D}{Q}K + \frac{1}{2}\left(Q-\frac{Q}{P}d\right)K_{\mathrm{c}} \\
&= \frac{D}{Q}K + \frac{Q}{2}\left(1-\frac{d}{P}\right)K_{\mathrm{c}}
\end{aligned}
$$

在订货变动成本与储存变动成本相等时，$\mathrm{TC}(Q)$ 有最小值，故存货陆续供应和使用的经济订货量公式为

$$
Q^{*} = \sqrt{\frac{2KD}{K_{\mathrm{c}}}\cdot\frac{P}{P-d}}
$$

将这一公式代入上述 $\mathrm{TC}(Q)$，可得出存货陆续供应和使用的经济订货量总成本公式为

$$
\mathrm{TC}(Q^{*}) = \sqrt{2KDK_{\mathrm{c}}\left(1-\frac{d}{P}\right)}
$$

将上述例题数据代入，则为

$$
Q^{*} = \sqrt{\frac{2\times25\times3\ 600}{2}\times\frac{30}{30-10}} = 367（件）
$$

$$TC(Q^*) = \sqrt{2 \times 25 \times 3\,600 \times 2 \times \left(1 - \frac{10}{30}\right)} \approx 490(元)$$

（3）实行数量折扣的经济订货量模型

为了鼓励客户购买更多的商品，销售企业通常会给予不同程度的价格优惠，即实行商业折扣或称价格折扣。购买越多，所获得的价格优惠越大。此时，进货企业对经济订货量的确定，除了考虑进货费用与储存成本外，还应考虑存货的进价成本，因为此时的存货进价成本已经与进货数量的大小有了直接的联系，属于决策的相关成本。

在经济订货量基本模型其他各种假设条件均具备的前提下，存在数量折扣时的存货相关总成本可按下式计算。

存货相关总成本＝存货进价＋相关进货费用＋相关存储成本

$$TC = UD + \frac{A}{Q}P + \frac{Q}{2}C$$

式中，U 为存货的单价。

数量折扣条件下经济订货量可以按如下步骤确定。

① 计算不考虑数量折扣条件的经济订货量，作为订货量的第一选择，并计算出相关存货总成本。

② 以销售公司提供的价格折扣的下限作为第二、第三或更多的选择，并按照这些进货数量和相应价格分别计算出相关的存货总成本。

③ 对比不同订货数量下的存货总成本，找出总成本最低的方案，该订货量即为有数量折扣下的经济订货量。

【例 9 - 12】 某种材料全年总需用量为 24 000 个。每次订货成本为 30 000 元，每个材料每个月的储存费 10 元。购买 3 999 个以下每个买价为 100 元，购买 4 000 个以上每个买价为 95 元。

首先计算不考虑数量折扣条件下的经济订货量。

$$Q^* = \sqrt{\frac{2AP}{C}} = \sqrt{\frac{2 \times 30\,000 \times 24\,000 \div 12}{10}} \approx 3\,460(个)$$

其次计算每次订货 3 460 个和每次订货 4 000 个各自发生的费用成本。

$$T_{3\,460} = \frac{3\,460}{2} \times 10 \times 12 + \frac{24\,000}{3\,460} \times 30\,000 \approx 415\,700(元)$$

$$T_{4\,000} = \frac{4\,000}{2} \times 10 \times 12 + \frac{24\,000}{4\,000} \times 30\,000 = 420\,000(元)$$

虽然每次订货 4 000 个的成本费用比每次订货 3 460 个费用高出 4 300 元（420 000－415 700），但可节省买价货款 24 000×（100－95）＝120 000 （元）。总体来看，节省货款支付额远远大于费用成本增加额。因此，每次订货 4 000 个比每次订货 3 460 个更优。

在数量折扣条件下订购物资，并不是订货量越大越有效益。增加订货量时，使节省的买价支付额与费用成本增加额之间的差额最大，此时的订货量为最佳。

（4）允许缺货时的经济订货量模型

在允许缺货的情况下，企业对经济订货量的确定，不仅要考虑订货费用与储存费用，而且还必须对可能的缺货成本加以考虑，即能够使三项成本总和最低的订货量便是经济订货量。

设缺货量为 S，单位缺货成本为 R，其他符号同上，则有

$$Q = \sqrt{(2DK \div K_c) \times (K_c + R) \div R}$$
$$S = Q \times K_c \div (K_c + R)$$

即

$$允许缺货时的经济订货量 = \sqrt{2 \times \frac{一定时期存\ 货需要总量 \times 平均每次\ 进货费用}{一定时期单位存货储存成本} \times \frac{一定时期单位\ 存货储存成本 + 一定时期单位\ 存货缺货成本}{一定时期单位存货缺货成本}}$$

$$平均缺货量 = 允许缺货时的经济订货量 \times \frac{一定时期单位\ 存货储存成本}{一定时期单位\ 存货储存成本 + 一定时期单位\ 存货缺货成本}$$

【例9-13】（允许缺货时的经济订货量模型）某企业甲材料年需要量为 32 000 kg，每次订货费用为 60 元，单位储存成本为 4 元，单位缺货成本为 8 元。则

$$允许缺货情况下的经济订货量 = \sqrt{\frac{2 \times 32\,000 \times 60}{4} \times \frac{4+8}{8}} = 1\,200 \text{ kg}$$

$$平均缺货量 = 1\,200 \times \frac{4}{4+8} = 400 \text{ kg}$$

（5）保险储备

经济订货量基本模型假定需求量不变、交货时间不变。实际上，每日需求都在变化，交货时间也可能变化，按照某一订货批量和再订货点发出订单后如果需求增大或送货延迟，就会发生缺货或供货中断。为了防止由此造成的损失，就需要多储备一些存货以备应急之需。其基本计算公式如下。

$$保险库存量 = （预计每天最大耗用量 - 平均每天正常耗用量）\times 订货提前期$$

这些存货在正常情况下是不动用的，只有当存货过量使用或送货延迟时才动用。这时的再订货点为

$$R = 交货时间 \times 平均日需求 + 保险库存量$$

一个公司增加保险储备，可以有效地减少缺货所造成的损失。但保险储备的负面影

响是储存费用的增加。因此，研究保险储备的目的就是要找出合理的保险储备量，使缺货成本和储备成本之和最小。方法上可先计算出各不同保险储备量的总成本，然后再对总成本进行比较，选定其中最低的总成本。

$$缺货损失＝缺货数量×缺货概率×单位缺货成本×订货次数$$
$$储存费用＝保险储备量×单位储存费用$$

需要指出的是，实际工作中，通常还存在数量优惠（即商业折扣或称价格折扣）及允许一定程度的缺货等情形，企业必须同时结合价格折扣及缺货成本等不同的情况具体分析，灵活运用经济订货量模型。

3）经济订货量的敏感性分析

经济订货量的敏感性分析就是利用经济订货量的计算公式，研究经济订货量有关因素的变动对相关指标的影响，以便掌握有关因素之间的变化规律，为加强存货管理提供科学依据。

（1）材料年需要量变动的影响

根据经济订货量公式 $\left(Q^* = \sqrt{\dfrac{2KD}{K_c}}\right)$，假设材料年需要量变动为原来的 n 倍，K、K_c 不变，则

$$变动后的经济订货量（Q'）= \sqrt{\frac{2K(nD)}{K}} = \sqrt{n} \cdot \sqrt{\frac{2DK}{K_c}} = \sqrt{n}Q$$

$$变动后的年存货总成本（T'）= \sqrt{2(nD)KK_c} = \sqrt{n}T$$

$$变动后的最优订货批数（N'）= \sqrt{\frac{(nD)K_c}{2K}} = \sqrt{n}N$$

即若材料需要量变动为原来预计数的 n 倍，则经济订货量、年存货总成本及订货批数均变为原值的 $\sqrt{n}$ 倍，说明经济订货量增减幅度比年需要量增减幅度要小得多，Q 的反应不是很敏感。

（2）一次订货成本变动的影响

假设一次订货成本变动为原来预计数的 n 倍，则

$$变动后的经济订货量（Q'）= \sqrt{\frac{2D(nK)}{K_c}} = \sqrt{n}Q$$

$$变动后的年存货总成本（T'）= \sqrt{2(nK)DK_c} = \sqrt{n}T$$

$$变动后的最优订货批数（N'）= \sqrt{\frac{DK_c}{2(nK)}} = \frac{1}{\sqrt{n}}N$$

可以看出，经济订货量、年存货总成本与一次订货成本变动倍数的平方根呈正比例关系，最优订货批数与一次订货成本变动倍数的平方根呈反比例关系，为原来的 $\dfrac{1}{\sqrt{n}}$ 倍，但影响幅度不大，即不太敏感。

（3）单位存货年储存成本变动的影响

假设单位存货年储存成本变动为原来预计数的 n 倍，则

$$变动后的经济订货量（Q'）= \sqrt{\frac{2KD}{nK_c}} = \frac{1}{\sqrt{n}}Q$$

$$变动后的年存货总成本（T'）= \sqrt{2(nK_c)KD} = \sqrt{n}T$$

$$变动后的最优订货批数（N'）= \sqrt{\frac{D(nK_c)}{2K}} = \sqrt{n}N$$

以上各式说明，单位存货年储存成本的变动将引起经济订货量呈反比例变动，以及年存货总成本和最优订货批数呈正比例变动。

（4）多因素变动的影响

假设年需要量变动为原来的 α 倍，一次订货成本变动为原来的 β 倍，单位存货年储存成本变动为原来的 γ 倍，则

$$变动后的经济订货量（Q'）= \sqrt{\frac{2(\beta K)(\alpha D)}{(\gamma K_c)}} = \sqrt{\frac{\alpha\beta}{\gamma}}Q$$

$$变动后的年存货总成本（T'）= \sqrt{2(\alpha D)(\beta K)(\gamma K_c)} = \sqrt{\alpha\beta\gamma}T$$

$$变动后的最优订货批数（N'）= \sqrt{\frac{(\alpha D)(\gamma K_c)}{2(\beta K)}} = \sqrt{\frac{\alpha\gamma}{\beta}}N$$

通过对经济订货量的敏感性分析，可以准确地预计有关因素的变化对经济订货量、年存货总成本和最优订货批数的影响程度，从而对这些因素的变化进行事先评估，为存货决策提供科学依据。

2. 存货生产量的决策

在企业的生产经营过程中，产品所消耗的原材料、低值易耗品等往往是外购的，需要利用经济订货量模型合理地确定对外订货的量和次数。同时生产制造企业也存在大量的自制存货。对于自制存货而言，使全年相关总成本最小的每批生产量，称为经济生产量。

在计算经济生产量时，不存在订货费用，取代它的是生产准备成本。生产准备成本包括每批产品投产以前所需的设计图纸、模具、工艺规程、工具等所耗用的人工和原材料等成本。在全年投产总量不变的情况下，投产批次越少，生产准备成本越低，但每次的生产量也就越大。同时，正因为生产量大，储存费用也高。反之，投产批次多，准备成本就高，但因每次生产量小，储存费用却可节约。总之，经济生产量的要求是务必使两种成本合计值最小。

设全年存货生产量为 D，每批生产量为 Q，每日生产量为 P，故该批存货全部生产出来所需天数则为 $\frac{Q}{P}$。设存货每日耗用量为 d，故每批存货生产阶段的全部耗用量为 $\frac{Q}{P}d$。

由于存货边生产边耗用，所以每批生产终了时，最高库存量为 $Q-\dfrac{Q}{P}d$，平均库存量为 $\dfrac{1}{2}\left(Q-\dfrac{Q}{P}d\right)$。

设每批生产准备成本为 K，单位产品年平均储存成本为 K_c，与经济生产量有关的全年总成本为

$$TC = \frac{D}{Q}K + \frac{Q}{2}\left(1-\frac{d}{P}\right)K_c$$

对 TC 求 Q 的导数并整理，得经济生产量为

$$Q^* = \sqrt{\frac{2DK}{K_c}\cdot\frac{P}{P-d}}$$

最优生产次数为

$$\frac{D}{Q^*} = \sqrt{\frac{DK_c}{2K}\left(1-\frac{d}{P}\right)}$$

将经济生产量代入相关总成本公式，可得出经济生产量总成本公式为

$$TC^* = \sqrt{2DKK_c\left(1-\frac{d}{P}\right)}$$

经济生产量模型除了可直接判定最优的生产量外，还可以用于自制和外购的选择决策。自制零件属于边送边用的情况，单位成本可能较低，但每批零件投产的生产准备成本比一次外购订货的订货成本可能高出许多。外购零件的单位成本可能较高，但订货成本可能比较低。要在自制零件和外购零件之间做出选择，需要全面衡量它们各自的总成本，才能得出正确的结论。这时，就可借用经济生产量模型。

【例 9 - 14】 某生产企业使用某零件，可以外购，也可以自制。如果外购，单位成本为 5 元，一次订货成本为 18 元；如果自制，单位成本为 4 元，每次生产准备成本为 660 元，每日产量为 50 件。零件的全年需求量为 3 600 件，储存变动成本为零件价值的 20%，每日平均需求量为 10 件。要求：分别计算零件外购和自制的总成本，以选择较优的方案。

解 （1）外购零件

$$Q^* = \sqrt{\frac{2\times3\,600\times18}{5\times20\%}} = 360（件）$$

$$TC^* = \sqrt{2\times3\,600\times18\times5\times20\%} = 360（元）$$

$$T = 3\,600\times5 + 360 = 18\,360（元）$$

（2）自制零件

$$Q^* = \sqrt{\frac{2\times3\,600\times660}{4\times20\%}\cdot\frac{50}{50-10}} = 2\,725（件）$$

$$TC^* = \sqrt{2 \times 3\ 600 \times 660 \times 4 \times 20\% \times \left(1 - \frac{10}{50}\right)} = 1\ 744(元)$$

$$T = 3\ 600 \times 4 + 1\ 744 = 16\ 144(元)$$

由于自制的总成本 16 144 元低于外购的总成本 18 360 元，故以自制为宜。

9.6 存货控制

在存货管理中，确定了再订货点和经济订货量，解决了什么时候再订货和订多少货的问题，这仅仅是存货管理的开始。而如何能使存货经常保持在最佳水平上，还有待日常对存货的有效控制。存货控制常用的方法有以下几种。

1. ABC 控制法

ABC 控制法又称重点管理法，这种方法是把不同项目的存货按其重要程度分成 A、B、C 三类，并对 A 类存货重点管理的一种方法。

ABC 控制法适用于大型企业对存货的管理控制。在一个大型企业，存货项目成千上万种，有的价值昂贵，有的价值较低，有的数量庞大，有的寥寥无几，如果不分主次，面面俱到，对每一种存货都进行周密规划、严格控制，会浪费大量的人力、财力，而且也没有必要。采用 ABC 控制法就可以抓住重点，合理有效地控制存货资金。

运用 ABC 法控制存货资金占用量时，一般可分如下步骤。

① 计算每种存货在一定时间内（一般为一年）的资金占用额。

② 计算每种存货资金占用额占全部存货资金占用额的百分比，并按大小顺序排列，编成表格。

③ 根据事先测定好的标准，把重要的存货划为 A 类，把一般的存货划为 B 类，把不重要的存货划为 C 类，并画图表示出来。

④ 对 A 类存货进行重点规划和管理，对 B 类进行次重点管理，对 C 类只进行一般管理即可。

【例 9-15】 某企业共 40 种材料，计划年度材料的耗用总额为 1 000 000 元，按占用资金多少的顺序排列后，根据企业规定的控制标准把 40 种材料划分为 A、B、C 三类，编制材料资金 A、B、C 分类表，见表 9-6。

表 9-6　材料资金 A、B、C 分类表　　　　　　　单位：元

材料品种	各种材料耗用资金数额	各类材料资金占用		各类材料品种		管理类别
		金额	比重	品种数	比重	
1#	300 000					
2#	180 000	750 000	75%		10%	A
3#	150 000					
4#	120 000					

材料品种	各种材料耗用资金数额	各类材料资金占用		各类材料品种		管理类别
		金额	比重	品种数	比重	
5#	42 000					
6#	30 000					
7#	27 000	200 000	20％		25％	B
⋮	⋮					
13#	12 000					
14#	10 000					
15#	9 200					
16#	8 000					
17#	6 800	50 000	5		65	C
⋮	⋮					
38#	450					
39#	230					
40#	120					

根据已知资料，材料资金分布图如图 9-4 所示。

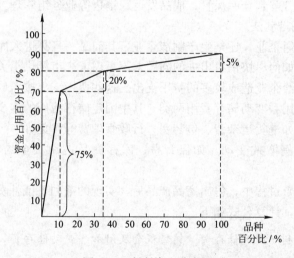

图 9-4　材料资金分布图

从表 9-6 和图 9-4 可以看出，A 类材料存货种类虽少，只有四种，占全部品种比例的 10％，但占用资金达 750 000 元之多，比重占 75％，所以对 A 类材料存货收、发、经济订货量、储存期都要进行严格控制；C 类材料存货虽然品种多，有 26 种，占全部品种比例达 65％，但占用资金为 50 000 元，比重仅为 5％，所以对 C 类材料存货只做一般管理；而 B 类材料存货介于 A 类与 C 类之间，不必像 A 类那样进行严格的控制，但也应给予相当重视。

2. 存货的归口分级管理法

（1）存货资金的统一管理

财务部门对存货实行统一综合管理，实现资金使用的综合平衡。财务部门对存货统一管理的重要内容包括：根据财务制度和企业具体情况，制定资金管理的各种制度；测算原材料、在产品、产成品的资金占用定额，汇总编制存货资金计划；将有关控制指标分别归口落实到供应、生产、销售等部门具体负责；对各部门资金运用情况进行检查、分析和考核。

（2）存货资金归口管理

根据物资管理和资金管理相结合的原则，每项物资由哪个部门使用，其资金就由哪个部门管理。资金归口管理的分工一般如下：原材料、燃料、包装物等占用的资金归物资供应部门负责；在产品和自制半成品占用的资金归生产部门管理；产成品占用的资金归销售部门负责；工具、用具占用的资金归工具部门负责；修理用备件占用的资金归维修部门负责。

（3）存货资金的分级管理

各归口的管理部门要根据具体情况，将资金控制计划进行层层分解，分配给所属的仓库、车间、班组等基层单位：原材料资金计划指标分解到供应计划、材料采购、仓库保管、整理准备等业务组管理；在产品资金计划指标分解到各车间、半成品库管理；产成品资金计划指标分解到仓库保管、成品发运、销售等业务组管理。

3. 存货储存期控制法

无论是商品流通企业，还是生产制造企业，其商品一旦买进入库，产品一旦生产完工入库，便面临着如何尽快销售出去的问题。不考虑未来市场供求关系如何变化，仅就存货储存本身就会给企业造成较多的费用支出。这些费用支出按照与储存时间的关系可以分为固定储存费用和变动储存费用两类，其中固定储存费用的多少与存货储存期的长短没有直接联系，如进货运杂费、包装费、行政管理费等；变动储存费用则随着存货储存期的长短成正比例增减变动，如保管费、库存商品占用资金的利息、储存期间损耗等。

企业在生产经营过程中，售出商品产品后，实现的毛利要抵补费用和税金，剩下的才是企业经营利润，计算公式如下。

$$利润＝毛利－固定储存费－销售税金及附加－变动储存费×储存天数$$

由上述公式可见，变动储存费用的大小，会直接影响企业利润的减少与增加。这样随着存货储存期的延长，利润将日渐减少。当"毛利－固定储存费－销售税金及附加"的金额被变动储存费抵消到等于企业目标利润时，表明存货储存到了保利期；当完全被变动储存费抵消时，便意味着存货储存已经到了保本期。毫无疑问，存货如果能够在保利期内售出，所获得的利润将会超过目标值，反之将难以实现预期的利润目标。如果存货不能在保本期内售出，便会使企业蒙受损失。

存货储存期控制法，就是要通过计算、分析其保本期、保利期，尽量缩短存货储存时间，节约资金使用，加速资金周转。计算公式如下。

$$存货保本储存天数＝\frac{毛利－固定储存费－销售税金及附加}{每日变动储存费}$$

$$存货保利储存天数＝\frac{毛利－固定储存费－销售税金及附加－目标利润}{每日变动储存费}$$

【例9-16】 某商品流通企业购进甲商品1 000件，单位进价（不含增值税）为100元，单位售价（不含增值税）为120元，经销该批商品固定费用为10 000元，若货款均来自银行贷款，年利率为10.8%，该批存货月保管费用率为3‰，销售税金及附加为800元，要求：

（1）计算该批存货的保本储存期；

（2）若企业要求获得3%的投资利润率，计算保利期；

（3）若该批存货实际储存了200天，问能否实现目标投资利润额？差额是多少？

（4）若该批存货亏损了2 000元，则实际储存了多久？

解 有关指标计算如下。

（1）保本储存天数 $= \dfrac{(120-100)\times1\,000-10\,000-800}{100\times1\,000\times(10.8\%\div360+3‰\div30)} = \dfrac{9\,200}{40} = 230$（天）

（2）保利储存天数 $= \dfrac{(120-100)\times1\,000-1\,000-800-100\times1\,000\times3\%}{100\times1\,000\times(10.8\%\div360+3‰\div30)} = \dfrac{6\,200}{40}$

$= 155$（天）

（3）经销该批商品获利额 $=40\times(230-200)=1\,200$（元）

实际利润－目标利润 $=1\,200-100\times1\,000\times3\%=-1\,800$（元）

（4）实际储存天数 $=230+\dfrac{2\,000}{40}=280$（天）

通过对存货储存期的分析与控制，可以及时地将存货信息传递给经营决策部门，如有多少存货已过保本期或保利期、比重多高、金额多大，这样决策者就可以针对不同情况，采取相应的措施。一般而言，凡是已过保本期的商品产品，大多属于积压呆滞的存货，对此企业应当积极推销，降低损失；对超过保利期但未过保本期的存货，需尽早采取措施；至于那些尚未超过保利期的存货，应密切监督、控制，以实现企业经济效益。

4. 零存货管理

零存货管理系统（just in time inventory system）的特征是争取存货为零，即在生产刚开始时，供应商发出的原材料刚好到达；在生产线上，没有留存的半成品，只有不断运动的在产品；产品一旦完工，马上销售出去。零存货库存突破了传统的存货库存模式，这种模式能够使公司加速流动资金周转，减少利息支出，减少库存仓储存放费用和运输装卸费用，降低原材料费用成本。同时还能避免随着商品的不断更新，库存物资因不适合市场需要和生产质量工艺要求，出现削价处理、报废处理，甚至霉烂变质等损失。

零存货管理要有严密的生产计划。公司根据产品销售订货合同，按照交货进度，与供应原材料公司订立供货原材料合同；按照原材料交货时间和质量标准、数量和交货时间来组织生产，安排生产计划，尽可能在生产、供应、销售三个环节实现零存货库存，进而逐步做到不需要建立原材料、外购件、在产品、半成品及产成品的库存准备或者少储存。同时，这种管理模式也对供应商、员工、生产系统等提出了更高的要求。

本 章 小 结

标准成本制度是以标准成本为核心，通过标准成本的制定、执行、核算、控制、差异分析等一系列工作，将成本的事前控制、反馈控制及核算功能有机结合的一种成本控制系统。标准成本控制的内容包括：标准成本的制定、成本差异的计算与分析和成本差异的账务处理。通过标准成本的制定可以实现成本的事前控制；通过成本差异的计算与分析可以实现成本的事中控制；通过成本差异的账务处理不仅可以实现事后控制，而且可以为下期的标准成本制定提供重要资料。

企业持有存货的动机是保证生产和销售的正常进行，获取规模效益等。相应的成本则包括取得成本、储存成本和缺货成本。存货决策主要有经济订货量基本模型、基本模型的扩展，以及在数量折扣、一定缺货条件下的决策方法。存货控制方法包括 ABC 控制法、存货的归口分级管理法、存货储存期控制法和零存货管理。

思 考 题

1. 如何测定存货资金占用量？
2. 什么是存货管理的 ABC 控制法？
3. 什么是零存货管理？有什么意义？
4. 简述制定标准成本的意义。
5. 标准成本差异包括哪些内容？

习 题

一、单项选择题

1. 计算价格差异的公式是（　　）。
   A. 价格差×实际产量下的实际用量
   B. 价格差×实际产量下的标准用量
   C. 标准价格×实际产量下的用量差
   D. 实际价格×实际产量下的用量差
2. 固定制造费用成本差异是（　　）之间的差异。
   A. 实际产量下，实际固定制造费用与标准固定制造费用

B. 预算产量下，实际固定制造费用与标准固定制造费用

C. 实际产量下的实际固定制造费用与预算产量下的标准固定制造费用

D. 预算产量下的实际固定制造费用与实际产量下的标准固定制造费用

3. 标准成本控制的重点是（　　）。

A. 成本控制　　　　　　　　　　B. 标准成本的制定

C. 成本差异的计算分析　　　　　D. 成本差异的账务处理

4. 根据 ABC 控制法，某材料占一个企业整个储存成本的 69%，实物量比重为 12%，则该种材料应（　　）。

A. 重点控制　　　　　　　　　　B. 简单控制

C. 一般控制　　　　　　　　　　D. 任意控制

5. 与生产数量没有直接联系，而与批次成正比的成本有（　　）。

A. 缺货成本　　　　　　　　　　B. 储存成本

C. 调整准备成本　　　　　　　　D. 单位储存成本

6. 存货经济订货量基本模型所依据的假设不包括（　　）。

A. 存货集中到货　　　　　　　　B. 一定时期的存货需求量能够确定

C. 存货进价稳定　　　　　　　　D. 允许缺货

7. 每日耗用 10 件，每日进货 30 件，其余条件相同，则陆续到货的经济订货量比基本模型的经济订货量要（　　）。

A. 大　　　　　　　　　　　　　B. 小

C. 相等　　　　　　　　　　　　D. 无法判断

二、多项选择题

1. 现代成本管理的完整系统构成包括（　　）。

A. 成本预测　　　　　　　　　　B. 成本考核

C. 成本决策　　　　　　　　　　D. 成本控制

E. 成本规划

2. 标准成本的种类有（　　）。

A. 实际标准成本　　　　　　　　B. 现实标准成本

C. 基本标准成本　　　　　　　　D. 预定标准成本

E. 理想标准成本

3. 再订货点受到（　　）因素的影响。

A. 经济订货量　　　　　　　　　B. 库存量

C. 交货期　　　　　　　　　　　D. 发货量

E. 保险储备量

4. 与存货有关有成本包括（　　）。

A. 采购成本　　　　　　　　　　B. 订货成本

C. 储存成本　　　　　　　　　　D. 缺货成本

E. 机会成本

5. ABC 控制法的标准主要有（　　）。

    A. 重量   B. 金额

    C. 品种和数量   D. 长度

    E. 体积

6. 下列对 ABC 控制法的描述，正确的有（　　）。

    A. A 类存货金额巨大，但品种数量较少

    B. C 类存货金额巨大，但品种数量较少

    C. 对 A 类存货应重点控制

    D. 对 C 类存货应重点控制

    E. C 类存货金额较小，但品种数量繁多

三、计算题

1. 昌隆公司本月共生产某产品 8 100 件，实际耗用 A 材料 550 kg，实际成本为 86 800 元。乙产品的标准成本为每件耗用 A 材料 0.068 kg。A 材料每千克单价为 160 元。要求：

(1) 计算该产品耗用 A 材料的实际成本与标准成本的差异总额。

(2) 将上述直接材料成本的差异分解为价格差异与数量差异。

2. 长胜公司计划年度共生产产品 60 000 件，实际耗用工时 12 500 小时，直接人工实际总成本为 62 500 元。生产产品的标准工时为每件 0.2 小时，每小时标准工资率为 4.8 元。要求：计算该产品人工成本总差异、工资率差异和人工效率差异。

3. VS 公司是一家面向零售商店的空气过滤器分销商，它从几家制造企业购买过滤器。过滤器的订货批量为 1 000 件，每次订货成本为 40 元。零售店对过滤器的需求是每月 20 000 件，过滤器的储存成本是每月每件 0.1 元。要求：

(1) 经济订货量应为多少个批量（即每次订货应是多少个 1 000 件）？

(2) 如果每件过滤器每月的储存成本下降 0.05 元，最佳订货量应是多少？

(3) 如果订货成本下降为每次 10 元，最佳订货量应是多少？

4. Q 商店拟放弃现在经营的商品 A，改为经营商品 B，有关的数据资料如下。

① A 的年销售量为 3 600 件，进货单价为 60 元，售价为 100 元，单位储存成本为 5 元，一次订货成本为 250 元。

② B 的预计年销售量为 4 000 件，进货单价为 500 元，售价为 540 元，单位储存成本为 10 元，一次订货成本为 288 元。

③ 该商店按经济订货量进货，假设需求均匀、销售无季节性变化。

④ 假设 Q 商店投资所要求的必要收益率为 18%，不考虑所得税的影响。

要求：计算分析 Q 商店应否调整经营的品种（提示：要考虑资本占用的变化）。

5. 某企业计划生产 A、B 两种产品，单位产品耗用甲材料分别为 10 kg 和 20 kg，产量分别为 1 000 件和 500 件，甲材料的计划单价为 10 元，每次采购费用为 1 600 元，单位材料的年保管费为其价值的 40%。要求：计算甲材料的经济订货量。如果每次进货 5 000 kg 有 2% 的折扣，应如何选择订货量。

6. 达时利公司全年需甲材料 43 200 千克，一次订货成本为 400 元，单位储存成本

为 20 元，该公司的订货陆续到货，每日到货量为 200 千克。要求：计算该公司陆续到货情况下的经济订货量（一年按 360 天计算）。

7. 某公司正考虑是否选择在购入原材料时享受 1‰ 的销售价格折扣：如果每次订购超过 2 000 单位就可以享受销售折扣。该公司每年需要这种材料 16 000 单位，每次订购费用为 100 美元，每单位储存成本为 12.8 美元，折扣前每单位材料售价为 100 美元。该公司是否应该采用折扣购货？

第10章
作业成本计算与管理

学习目标与要求

通过本章的学习，使学生了解传统成本法的局限；了解作业成本法产生的背景；理解作业成本法和作业管理的基本概念；明确作业成本法的特点；掌握作业的四种分类，并能加以识别；熟练掌握作业成本法的基本程序和作业管理的基本步骤。

10.1 作业成本计算的产生

1. 作业成本计算的产生背景

作业成本思想最早可追溯到 20 世纪 30 年代末 40 年代初。当时美国会计学家科勒面临的问题是如何正确计算水力发电的成本，因为间接费用所占的比重相对较高，冲击了传统的制造成本法，因此科勒提出了"作业成本计算"。但这一思想在当时未受到重视。

(1) 生产方式的改变

经济不断发展和人们生活水平的日益提高，使得市场需求逐步呈现多样化、个性化、时尚化的局面。市场需求的这种变化，要求企业必须放弃大批量的生产和销售模式而以品种多、质量优、功能强的产品系列去争取尽可能多的订单，并按订单适时组织生产。产品需求多样化导致工艺与操作程序多样化进而导致作业的需求与资源耗费多样化，仍然采用人工小时、机器小时等与产量密切相关的单一指标作为制造费用的分配基础不能客观反映不同作业成本与不同产品的关系。

(2) 制造环境的变化

20 世纪 70 年代后，随着现代科技的发展，高新技术得到了广泛应用，制造环境也发生了很大变化，智能机器人、计算机辅助设计与制造的应用，形成了计算机集成制造系统。技术的进步也加剧了竞争，而使竞争加剧的原因之一是顾客需求的多样化，因此传统的大批量生产系统被"柔性制造系统"（FMS）所取代。传统的制造系统不能满足市场对多品种、小批量产品的需求，这就使系统的柔性对系统的生存越来越重要。随着批量生产时代正逐渐被适应市场动态变化的生产所替换，一个制造自动化系统的生存能力和竞争能力在很大程度上取决于它是否能在很短的开发周期内生产出较低成本、较高质量的产品。柔性制造系统取代了传统的大规模批量生产方式，从产品设计到制造，从材料配给、仓储到产品发运等，均实现了自动化。柔性制造系统的应用为作业成本法的应用创造了良好的外部环境。

制造环境的变化造成了企业产品成本结构的重大变化，直接人工成本大比例减少，制造费用大幅度增加并呈多样化。仍然采用传统制造费用分配基础，即单一的直接人工工时、直接人工成本、机器小时等标准分配制造费用，难以正确反映各种产品的成本。由此将导致产量大、技术含量低的产品成本偏高，而产量小、技术含量高的产品成本偏低，形成不同产品之间成本的严重扭曲，从而可能导致生产经营决策的失误。在实务界迫切要求在改革传统成本核算系统时将管理重心深入作业层次，以"作业"为核心的作业成本计算法应运而生。

（3）管理思想的发展

新的制造环境和先进制造系统的推广同样带来了管理思想的演变。企业从追求规模转向以客户为导向，从追求利润转向基于价值的管理，适时生产方式、弹性制造系统、物料需求计划、企业资源计划、全面质量管理这些新的管理思想和管理概念，无一不要求企业的成本信息更加准确、及时。

2. 作业成本计算法的理论研究

作业成本（activity-based costing，ABC）法又译为作业成本计算法，是一种新兴的成本计算模式，它最早起源于美国会计学家科勒的思想。科勒的作业会计思想主要来自于 20 世纪 30 年代末 40 年代初对水力发电活动的思考。在水力发电生产过程中，直接人工和直接材料（这里指水源）成本都很低廉，而间接费用所占的比重相对很高，这对传统的制造成本法——按照工时比例分配间接费用的方法产生了冲击。其原因是：传统的制造成本法预先假定了一个前提，即直接成本在总成本中所占的比重很高（如工业革命以来，机器大生产中大量的劳动力投入和原料消耗一直是成本的主体）。于是在会计史上，科勒的作业会计思想第一次把作业的观念引入会计和管理之中，被认为是作业成本法的萌芽。科勒于 1941 年在《会计论坛》发表论文，首次对作业、作业账户设置和作业会计的假设等问题进行讨论，并在 1952 年编著的《会计师词典》中首次提出作业、作业账户和作业会计等概念。

乔治·斯托布斯（George T. Staubus）是第二位研究作业成本法的学者，他分别在 1954 年的《收益的会计概念》、1971 年的《作业成本计算和投入产出会计》和 1988 年的《服务与决策的作业成本计算——决策有用框架中的成本会计》等著作中提出了一系列的作业成本观念。

美国哈佛商学院学者罗宾·库珀（Robin Cooper）和罗伯特·卡普兰（Robert S. Kaplan）于 20 世纪 80 年代后期，在《成本管理》《哈佛商业评论》等发表了一系列文章，即《一论 ABC 的兴起：什么是 ABC 系统？》《二论 ABC 的兴起：何时需要 ABC 系统？》《三论 ABC 的兴起：需要多少成本动因并如何选择之？》《四论 ABC 的兴起：ABC 系统看起来到底像什么？》和《计量成本的正确性：制定正确的决策》。这几篇论文，对 ABC 法的现实意义、运作程序、成本动因选择、成本库的建立等重要问题进行了全面深入的分析，奠定了作业成本法研究的基石。

随后，美国众多的会计组织和公司联合起来，共同在这一领域开展研究。这期间比较有代表性的著作有：詹姆斯·布林逊（James A. Brimson）和彼得·特尼（Peter B. B. Turney）在 1991 年分别编著的《作业会计：作业基础成本计算法》和《ABC 的功效：怎样成功地推进作业基础成本计算》，以及在 1992 年库珀、卡普兰等通过对八大公司试点报告的加工、整理写成的《推进作业基础成本管理：从行动到分析》等。

3. 作业成本计算的理论研究

作业成本法在实务界的应用发展相对于理论界来说是稳步前进的。根据克诺韦德对 1996 年美国管理会计学会成本管理组的资料研究和有关资料整理出的 ABC 法在美国公司应用的统计，如表 10-1 所示。由表 10-1 可知：未考虑 ABC 法的公司由 20 世纪 90 年代初的 70％下降到 1996 年的 21％，采纳及评定 ABC 法的公司由 30％上升到 74％，评定后拒绝 ABC 法的公司在 20 世纪 90 年代初没有，到 1996 年为 5％，可见 ABC 法在实务界的应用呈快速上升之势。至于有 5％的公司拒绝 ABC 法，一方面说明随着时间的推移，公司趋于理智地选择适合自己的会计方法，另一方面也说明同一切优秀的新方法一样，ABC 法有其成功应用的条件，不能生搬硬套。

表 10-1　ABC 法在美国公司的应用

类别	1990 年	1996 年
未考虑 ABC 法的公司	70％	21％
正在评定 ABC 法的公司	19％	25％
已评定但拒绝 ABC 法的公司	—	5％
已采纳 ABC 法的公司	11％	49％
合　　计	100％	100％

从严格意义上说，作业成本法是西方国家于 20 世纪 80 年代开始研究，90 年代初才在先进制造业率先应用起来的一种以作业为基础的成本核算和成本管理系统，因作业成本法注重信息的准确性和费用分摊的科学性，因而在短短的二十几年中，它就能在全球的制造型和商业型企业内得到迅速推广。目前，ABC 法的应用已由最初的美国、加拿大、英国，迅速地向澳大利亚等其他国家扩展。在行业领域方面，也由最初的制造行业扩展到零售业、金融业、保险业、医疗卫生等公共服务部门，以及会计师事务所、咨询类社会中介机构等。据福斯特（Foster）等人研究，在公司内部，会计和财务是使用 ABC 信息最多的两个部门，其他按使用频率依次为生产、产品管理、工程设计和销售部门。ABC 应用最重要的决策领域是在确认公司发展机会、产品管理决策和作业过程改进决策等方面，应用最多的业务领域包括生产加工、产品定价、零部件设计和确立战略重点等。现在作业成本计算法被认为是一种推动公司进步的基础方法。

在 20 世纪 90 年代末，作业成本法在企业中的应用遇到了企业资源计划（enterprise resource planning，ERP）的巨大挑战，ERP 及其软件的应用曾一度使企业的注意力从作业成本法转向基本资源（如人力、财务、生产、后勤资源等）的有效利用。同时 ERP 的应用也使公司怀疑 ABC 体系能否和耗资巨大的 ERP 相适应，为此美国的很多公司由于 ERP 的实施而推迟或者放弃 ABC 计划。正当众多企业为选择 ABC 还是选择 ERP 而大伤脑筋时，出售 ERP 的大软件商德国 SAPAG 公司却将战略转移到了 ABC 市场，它力争把以管理决策为目标的 ABC 和以信息、数据流为目标的 ERP 相结合，把 ABC 的理念和方法融入 ERP 系统之中，融入从预算、计划到销售、盈利能力分析等各个方面，使公司各有关部门能通过 ERP 系统获得 ABC 数据，从而最大限度地改善公司生产经营，形成整体最优化。ABC 与 ERP 的结合意味着企业在考虑实行 ERP 之前就可以实施 ABC 法，两者之间并没有实质性的冲突。

10.2　作业成本法的基本概念

1. 作业成本法

作业成本法是基于作业的成本计算法，是指以作业为间接费用归集对象，通过资源动因的确认、计量，归集资源费用到作业上，再通过作业动因的确认、计量，归集作业成本到产品或顾客上去的间接费用分配方法。它既是核算产品成本的一种方法，又是以生产方式的系统化、自动化为基础，同适时生产系统（JIT）与全面质量管理（TCM）紧密相结合的一种成本管理方法。每一个科学的理论体系，都有它基本的概念体系作为其完整理论框架的支撑，这样才能更全面、更科学地进行理论和应用体系等方面的研究。

2. 资源

资源（resource）是指支撑作业的成本、费用来源。它是一定期间内为了生产产品或提供服务而发生的各类成本、费用项目，或者是作业执行过程中所需要花费的代价。制造行业中典型的资源项目一般有：原材料、辅助材料、燃料、动力费用、工资、折旧、办公费、修理费和运输费等。如果一项资源支持多种作业，那么应当使用资源动因将资源分配计入各相应的作业中去。

3. 作业

作业（activity）是指企业为了实现其经营目标而从事的一系列活动。作业的实施必然消耗企业的资源。在作业成本法中，一项作业是最基本的成本归集单位。作业对资源的耗费，形成了作业成本。

作业是连接资源与产品的桥梁。作业具有如下特征：作业的主体是人；作业是投入产出因果联动的过程；作业消耗一定资源；作业贯串于公司经营的全过程；作业是一种可量化的基准，使得基于作业的成本计算有了客观依据。

乔治·斯托布斯从作业的层次上把作业分为以下四类。

① 单位层次作业（unit activity）。是指作用于每一个产品单位或每一个顾客的作业，其成本往往与产品的产量或某种属性（如产品重量、长度等）成正比。例如，加工零件、对每件产品进行的检验等。

② 批别层次作业（batch activity）。是指能够使一批产品或顾客受益的作业，其成本与产品的批数成正比。例如，设备调试、生产准备等。

③ 产品层次作业（product activity）。是指与特定产品品种有关的作业，其成本与产品的种类数成正比。例如，零件数控代码编制、产品工艺设计作业等。

④ 设施层次作业（sustaining activity）。也称管理级作业，是指为支持和管理生产经营活动而进行的作业，其成本与产品数量无关，而取决于组织的规模与结构。这种作业的成本为全部生产产品的共同成本。通常认为前三个类别以外的所有作业都是设施层次作业。例如，厂房维修、管理作业、照明和热动力等。

4. 作业中心和作业成本库

将类似的作业归集到一起便构成了作业中心（activity center）。作业中心是一系列相互联系、能够实现某种特定功能的作业集合。例如，原材料采购作业中，材料采购、材料检验、材料入库、材料仓储保管等都是相互联系的，都可以归类于材料处理作业中心。

把相关的一系列作业资源费用归集到作业中心，就构成了各作业中心的作业成本库（activity cost pool）。作业成本库是作业中心的货币表现形式。

5. 作业链与价值链

作业链（activity chain）是一个为了满足顾客需要而建立的一系列有序的作业集合体。一般来说，一个企业的作业链可以表示为：研究与开发—设计—生产—营销—配送—售后服务。

价值链（value chain）是指开发、生产、营销和向顾客交付产品或劳务所必需的一系列作业价值的集合，或者指伴随着作业转移的价值转移过程中全部价值的集合。从作业成本法观点看，由投入到产出的过程是由一系列作业构成作业链的过程，每完成一项作业要消耗一定量的资源，同时又有一定价值量的产出转移到下一个作业，按此逐步接转下去，直至最后一个步骤将产品提供给顾客。作业的转移同时伴随价值的转移，最终的产出既是作业链的最终结果，也是价值链的结果，因此作业链的形成过程也就是价值链的形成过程。作业形成价值，但并非所有的作业都增加转移给顾客的价值。有些作业可以增加转移给顾客的价值，称为增加价值的作业；有些作业则不能增加转移给顾客的价值，称为不增加价值的作业或浪费作业。企业管理就是要以作业管理为核心，尽可能消除不增加价值的作业，对于增加价值的作业，尽可能提高其运作效率，减少其资源消耗。

6. 成本动因

成本动因（cost driver）是指直接引起作业成本发生的原因，它是作业成本计算的成本分配标准。成本动因驱动成本产生，对产品成本结构起决定性作用。出于可操作性考虑，成本动因必须能够量化，可量化的成本动因包括生产准备次数、零部件数、不同的批量规模数、工程小时数等。成本动因作为分配标准，对于成本信息的准确性和相关性有重大影响，揭示和科学地确定成本动因可以从根本上提高会计信息系统的质量，从而提高企业的经营决策水平和管理控制水平。

成本动因有多种分类，按照作业成本法的核算程序，可将成本动因分为资源动因和作业动因两种。

（1）资源动因

资源动因是指决定一项作业所消耗资源的种类及数量的因素，它反映作业中心对资源的消耗情况，是资源成本分配到作业中心的标准。在分配过程中，由于资源是一项一项地分配到作业中去的,于是产生了作业成本要素(cost element),将每个作业成本要素相加形成作业成本库。通过对成本库成本要素的分析,可以揭示哪些资源需要减少、哪些资源需要重新配置,最终决定如何改进和降低作业成本。因此,通过对资源动因高低的分析,可以评价作业对资源的利用是否有效率。典型的资源动因例子如:采购作业量作为驱动采购部门资源耗费的动因,与采购部门所需的采购人员数量存在正相关的关系,从而与采购部门的工资、福利也呈正相关关系,在一般情况下,采购作业的增加会引起采购人员的增加,从而引起工资、福利的增加。表 10-2 列举了几种常见的资源动因。

表 10-2 资源动因举例

资　　源	资源动因
人　　工	消耗劳动时间
材　　料	消耗材料数量
动　　力	消耗电力度数
房屋租金	房屋使用面积

【例 10-1】 辰星公司 20×7 年 10 月作业 A 和作业 B 的人工工时总消耗为 1 000 小时,人工成本为 6 000 元;一般材料总消耗为 400 kg,总成本为 10 000 元。作业 A 和作业 B 消耗材料与人工情况的详细资料如表 10-3 所示。

表 10-3 资源消耗情况表

作业成本库	资源动因	
	消耗材料/kg	消耗工时/h
作业 A	100	800
作业 B	300	200
合　计	400	1 000

要求:计算作业 A 和作业 B 的成本。

解 作业成本计算过程与结果如表 10-4 所示。

表 10-4 作业成本计算表

作业成本库	材料消耗量/kg	分配率	材料消耗成本	工时消耗量/h	分配率	消耗人工成本	作业成本
作业 A	100	25	2 500	800	6	4 800	7 300
作业 B	300		7 500	200		1 200	8 700
	400		10 000	1 000		6 000	16 000

材料成本的分配率=10 000÷400=25(元/kg)

人工成本的分配率=6 000÷1 000=6(元/h)

(2)作业动因

作业动因是指决定产品所需作业种类和数量的因素,它反映产品使用作业的频率和强度，是将作业中心成本分配到产品、劳务或顾客中的标准。通过对作业动因的分析，可以揭示出增值作业与非增值作业，促使企业生产流程的合理化。典型的作业动因的例子如：产品设计消耗的资源与设计部门设计的品种数目呈正相关关系，因此产品设计作业的作业动因就是设计产品的品种数目。

表10-5是作业分类及相关作业动因。

表10-5 作业分类及相关作业动因

作业分类	常见作业动因
单位层次作业	产品或零部件产量、机器工时、人工工时、耗电千瓦时数等
批别层次作业	采购次数、生产准备次数、机器调整次数、材料或半成品转移次数、抽样检验次数等
产品层次作业	按产品品种计算的图纸制作份数，按产品品种计算的生产工艺改变次数，模具、样板制作数量，计算机控制系统和产品测试程序的开发，按品种下达的生产计划书份数等
设施层次作业	设备数量、厂房面积等

（3）资源动因与作业动因的区别和联系

从前文可以看出，资源动因连接着资源和作业，而作业动因连接着作业和产品。把资源分配到作业用的动因是资源动因；把作业成本分配到产品用的动因是作业动因。比如说，工资是企业的一种资源，把工资分配到作业"质量检验"的依据是质量检验部门的员工数，这个员工数就是资源动因；把作业"质量检验"的全部成本按产品检验的次数分配到产品，则检验的次数就是作业动因。作业动因和资源动因也有混同的情况，当作业和产品一致时，这时的资源动因和作业动因就是一样的。这些相关概念的内在联系如图10-1所示。

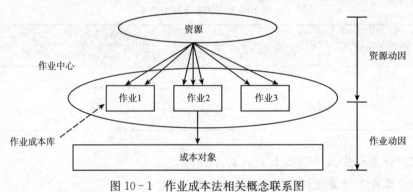

图10-1 作业成本法相关概念联系图

10.3 作业成本法的程序与应用

10.3.1 作业成本法的程序

1. 作业成本法的计算原理

传统的成本方法是首先将直接成本（如直接材料、直接人工等）直接计入产品成本而将各种不同性质的间接费用（如制造费用）归集到生产部门（如车间、分厂等），然后以数量为基础将制造费用分摊到有关产品，即把生产活动中发生的资源耗费，通过直接计人和分摊两种方式计入产品成本，即"资源→产品"。作业成本计算是以作业为中心，通过确认企业设计、生产、销售等经营过程中所有与产品相关的作业及相应资源耗费，按成本动因分配计量作业成本，对所有作业活动进行动态的反映，尽可能消除"不增值作业"，改进"增值作业"，优化"作业链"和"价值链"，从而得出相对合理的产品成本，为经营决策提供有用信息。

作业成本法的计算原理可以概括为：首先依据不同的成本动因分别确认主要作业，设置成本中心及对应的成本库，再归集各项作业的资源耗费量等投入成本到作业成本中心，然后分别按最终产品或最终劳务所耗费的作业量分摊各个成本库的作业成本，汇总得出各产品的作业总成本，最后计算各种产品的总成本和单位成本。这个过程如图10-2所示。

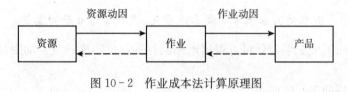

图10-2 作业成本法计算原理图

图10-2中实线表示成本计算和形成过程，虚线表示资源的消耗过程。该图反映了产品消耗作业，作业消耗资源；资源按资源动因把其成本追踪到作业中去，从而得到作业成本，作业又按作业动因把其成本追踪到产品中去，最终形成产品的成本。因此，作业是资源与产品之间联系的桥梁，是作业成本计算的重点。

2. 作业成本法的计算步骤

根据作业成本法的基本原理，可以按以下步骤计算产品成本。

（1）确认和计量各类资源的耗费

资源被消耗后，有关部门应采取一定的方法对其进行分类、归集，这样既可以从总体上反映各类资源的耗用情况，也为各类资源的耗费价值向作业中心的成本库进行分配奠定了基础。

（2）确认主要作业，并建立作业成本库

首先，将与企业间接费用发生有关的作业活动进行分类。由于制造业企业产品品种多而且不同产品在生产过程上有较大差异，因此企业要结合自身的生产特点，依据成本效益的原则，按照重要性和同质性划分出企业生产制造过程中的主要作业。在确认主要作业时，要特别注意具有以下特征的作业：资源昂贵、金额较大的作业，产品之间的使用程度差异极大的作业和需求形态与众不同的作业。

其次，按同质作业设置作业成本库。以同质作业成本库归集间接费用不但可以提高作业成本计算的可操作性，而且可以减少工作量，降低信息成本。例如，机器调整是一项作业，所有与机器调整有关的费用都应归属到"机器调整"这一作业成本库中。

最后，以资源动因为基础将间接费用分配到作业成本库。作业成本库建立之后，关键在于如何将各类资源的价值耗费分别计入各作业成本库中。作业消耗资源，作业量的多少决定着资源的耗费量，故分配资源价值耗费的基础是反映资源消耗量与作业量之间的资源动因。资源动因在确认时应遵循一定的原则：若某项资源耗费可直接确认其是为某一特定的产品所消耗，则直接将其计入该产品成本中，此时资源动因也就是作业动因，如直接材料费用的分配就适用这个原则；若某项资源耗费可以从发生领域上划分为各作业所耗，则可计入各作业成本库，此时资源动因可以认为是"作业专属耗费"，如不同作业各自发生的办公费一般适用于这个原则；若某项资源耗费从最初消耗上就呈现混合性耗费状态，则需要选择合适的量化依据将资源消耗分解到各作业，这个量化的依据就是资源成本动因。

（3）确定作业动因并计算各成本动因的分配率

作业动因是将作业成本库的成本分配到产品或劳务中去的基础。当各作业成本库建立后，从作业成本库的多个作业动因中选出恰当的作业动因作为该成本库的代表性成本动因，并计算成本动因的分配率。其计算公式如下。

$$成本动因分配率＝成本库费用/成本库作业动因总量$$

有了成本动因分配率，就可以根据产品消耗的各成本库的成本动因量，进行成本库费用的分配。

（4）计算每种产品的成本

每种产品从各成本库中分配所得的费用之和，即为每种产品的费用分配额。然后，将每种产品的各作业成本库分摊成本和直接成本（直接人工及直接材料）合并汇总，计算得出该产品的总成本，再将总成本除以产品数量，计算得出该产品的单位成本。

根据作业成本法的基本计算步骤，其成本计算流程应当遵循如下规则：首先，进行资源的归集，然后按资源动因分配到作业中去；其次，把相同性质的作业归集在一起形成作业成本库后，按作业动因分配到产品中；最后，对产品成本进行整合，提供与决策相关的成本信息。该流程可用图 10-3 表示。

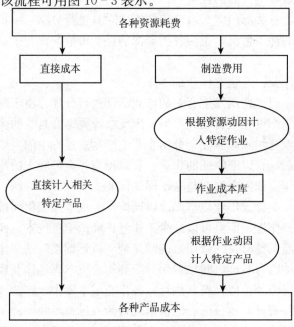

图 10-3　作业成本法核算程序示意图

10.3.2　作业成本法的应用

【例10-2】　辰星公司同时生产A、B两种产品。20×7年10月，该公司发生的制造费用总计500 000元，过去该公司制造费用按直接人工工时进行分配，有关资料见表10-6和表10-7。

要求：分别采用传统成本法和作业成本法计算产品成本。

表10-6　产品相关资料表

项　目	A产品	B产品
产量/件	1 000	2 000
直接材料成本/（元/件）	100	80
材料用量/kg	3 000	2 000
直接人工工时/（小时/件）	2	1
机器调控次数	15	5
产品抽检比例	50%	25%
小时工资率/（元/小时）	50	50

表10-7　产品作业资料表

作　业	成本动因	成本库	制造费用/元
质量控制	抽检件数	质量控制	200 000
机器调控	调控次数	机器调控	200 000
材料整理	整理数量	材料整理	100 000
制造费用合计			500 000

解　（1）传统成本法下的产品成本计算

制造费用分配率计算如下（表10-8）。

直接人工工时：A产品　$2×1\,000=2\,000$（工时）

B产品　$1×2\,000=2\,000$（工时）

合　计　　　　　　　　$4\,000$（工时）

制造费用分配率＝制造费用总额÷直接人工总工时

$=500\,000÷4\,000=125$（元/工时）

表10-8　传统成本法下的产品成本计算表

单位：元

成本项目	A产品		B产品	
	单位成本	总成本	单位成本	总成本
直接材料	100	100 000	80	160 000
直接人工	50×2＝100	100 000	50×1＝50	100 000

成本项目	A产品		B产品	
	单位成本	总成本	单位成本	总成本
制造费用	125×2＝250	250 000	125×1＝125	250 000
合　计	450	450 000	255	510 000

（2）作业成本法下的产品成本计算

① 制造费用分配率计算见表10－9。

表10－9　制造费用分配率计算表

成本库	制造费用/元	成本动因	分配率
质量控制	200 000	抽检件数（件） A产品：1 000×50％＝500 B产品：2 000×25％＝500 合计：1000	200 000÷1 000＝200（元/件）
机器调控	200 000	15＋5＝20（次）	200 000÷20＝10 000（元/次）
材料整理	100 000	A产品：3 000 kg B产品：2 000 kg 合计：5 000 kg	100 000÷5 000＝20（元/kg）

② 制造费用分配见表10－10。

表10－10　制造费用分配表

成本库	制造费用/元	分配率	A产品		B产品	
			消耗动因	分配成本/元	消耗动因	分配成本/元
质量控制	200 000	200（元/件）	500 件	100 000	500 件	100 000
机器调控	200 000	10 000（元/次）	15 次	150 000	5 次	50 000
材料整理	100 000	20（元/kg）	3 000 kg	60 000	2 000 kg	40 000
合　计	500 000	—	—	310 000	—	190 000

③产品成本计算见表10－11。

表10－11　产品成本计算表

单位：元

成本项目	A产品（1 000件）		B产品（2 000件）	
	单位成本	总成本	单位成本	总成本
直接材料	100	100 000	80	160 000
直接人工	50×2＝100	100 000	50×1＝50	100 000
制造费用	310 000÷1 000＝310	310 000	190 000÷2 000＝95	190 000
合　计	510	510 000	225	450 000

10.3.3 作业成本法与传统成本法的比较

1. 传统成本法存在的问题

传统成本法存在的问题主要表现在以下两个方面。

① 随着科学技术水平的提高与发展，企业的机械化、自动化程度越来越高，生产设备的更新换代也变得越来越快，设备价值不断提高和经济寿命的缩短，导致了单位会计期间内的固定资产折旧增大从而直接导致制造费用的增加。再加上机器作业大规模地替代了人工作业，传统成本法下分配制造费用的直接人工工时大大减少。在制造费用增加和直接人工减少双重作用的影响下，传统成本法下的制造费用分配率变大，且生产自动化程度越高，分配率就越大。过大的分配率也将导致在产品工时不发生大的误差时，产品成本发生巨大差异。这显然不是产品的真实耗费，而是由于成本分配方法本身所导致的虚假表象。

② 由于消费者需求的差异化和多样化影响，产品的更新换代速度越来越快，传统的大批量、少品种生产模式也逐渐被少批量、多品种的生产模式所取代。同时，与单个产品生产工时无关的费用却逐渐增加。而且很多生产支持性费用与产出数量并没有直接对应关系，企业如果把这些与产品生产工时无直接关系的费用按工时去分摊，必然会导致产品成本核算的不真实。

2. 作业成本法与传统成本法的比较

与传统成本核算方法相比较，作业成本法最大的不同在于成本动因的选择实现了质的突破。它不再是以机器工时、人工工时诸如此类单一的数量标准为分配基础，而是集多元化的分配标准为一体，将财务指标与非财务指标综合考虑在内，提高了产品与其成本的相关性。作业成本法下的成本是通过将间接费用按不同作业动因分配到相应成本库的方式进行归集的，再按照相应的动因率进行分配。换言之，作业成本法将与产出量相关的间接费用和与非产出量相关的间接费用区别开来，并采用不同动因进行分配，使成本库中归集的间接费用更具同质性，费用的分配与分配标准之间更具因果关系。两种成本核算方法在成本核算和控制方面的区别如表 10 - 12 所示。

表 10 - 12　传统成本法和作业成本法的主要区别

项目	传统成本法	作业成本法
成本库数量	间接费用的成本库数量很少，且缺乏同质性	同质间接成本库较多
成本形态	反映成本发生的静态过程	体现成本形成的动态模式
间接费用的分配标准	间接费用的分配基础多为财务变量	间接费用的分配基础包括财务变量和非财务变量
间接费用的分配方式	仅满足与产出量相关的费用分配	兼顾与非产出量相关的费用分配
表现方式	揭示了成本的经济实质和形式	贯串了成本发生的各个环节，体现了成本发生的全过程
成本信息的特点	不精确，与决策相关性弱	较精确，与决策相关性强

项目	传统成本法	作业成本法
成本控制流程	费用—产品	费用—作业—产品
成本控制着眼点	产品	作业
成本管理目的	降低成本	战略成本管理

3. 作业成本法的优势

（1）作业的分析与管理更具效果

作业成本法所提供的精确清晰的成本信息是进行作业管理及作业分析的基础，作业成本法溯本求源核算成本的思想也是作业管理及作业分析的精髓所在。作业成本法延伸到管理层面称为"作业成本管理"，在作业成本管理体系中，企业管理的焦点从传统的"产品或服务"前移到"作业"上来，实行以作业管理为基础的管理思想，企业管理深入到基层的作业层次，管理的幅度和深度得到了进一步的拓展。作业成本管理将企业管理深入到作业层次后，使得企业管理聚焦于作业，对作业进行分析并理顺作业间的关系，对企业和行业作业链进行整合分析，进一步消除无增值作业，使得增值作业更具效率，同时还使企业管理处于动态改进的环境之中。

（2）成本费用的核算更加合理、准确

传统成本法采用把直接成本同间接成本区分核算的方法，作业成本法则是通过对生产流程中的一系列作业活动进行分析后，无论一项资源是直接消耗还是间接消耗，凡是同某项作业具有关联性、对产品服务有重要影响的成本都会被纳入其中同等对待。对于成本费用的归集，作业成本法首先分析成本资源发生的原因，通过资源动因将成本资源划分为相对应的作业，再依据作业动因将各种作业归入到产品。与传统成本法相比较，运用作业成本法进行成本核算，将原先单一化的成本分配方式转变为按资源动因和作业动因的多指标分配模式，使得成本的核算具有更高的精确度，成本信息也更为真实。

（3）作业成本法是一种成本节约工具

应用作业成本法可以帮助识别出哪些工作不是必需的，哪些报告系统是冗余的，哪些交易流程是重复的，以及哪些空间未被充分利用，虽然这些都无助于提高质量、提升使用效果、改善外观或者识别顾客特征，但是这些可以揭示那些被分散在隶属于同一部门的不同职能之间的重复工作。在一个职能部门内，工作方式的改变可能会在很大程度上节省其他职能部门的时间和成本。在销售领域，当使用作业成本法来搜索那些无法增值的作业和损耗时，更加有利于资源重新配置。一家美国的自助零售连锁企业发现，销售人员55％的时间用在与任何销售活动都无关的事情上，这就推动了企业通过重新设计配送系统和更广泛地采用供应商自身的质量检测程序来减少并没有用在客户身上的服务时间，这样会减少占销售额3％的成本。进一步地，作业成本法可以通过建立成本计算系统，提供关于资源消耗的更准确的信息，推动流程的内部化。

10.4 作业成本管理概述

作业成本理论产生和发展的初衷是提高成本计算的准确性，改变传统成本计算方法对成本信息的扭曲。但是，随着市场竞争的日益激烈和企业内部经营环境、制造环境的持续转变，传统成本管理已难以适应。而以作业成本计算为基础的作业管理，能够利用所提供的成本信息，发现作业乃至价值链中的浪费现象并分析其原因，从而消除不增加客户价值的作业，实现企业竞争力和盈利能力的不断提升。因此，作业成本理论呈现从作业成本计算向作业成本管理转移的趋势。

1. 作业成本管理的含义

作业成本管理简称 ABM（activity-based management），是指以客户需求为出发点，以作业分析为核心，利用作业成本计算所获得的信息对作业链不断进行改进和优化，以不断消除浪费，提高客户价值，从而使企业获得竞争优势的一种先进的成本管理方法。作业成本管理是将成本管理的起点和核心由商品转移到作业层次的一种管理方法。在作业成本理论下，企业被看作是一个作业链，企业每完成一项作业都要消耗一定的资源，而作业的产出又形成一定的价值，转移到下一个作业，依次转移，直至形成最终的产成品，提供给外部顾客，最终产品中包含了各个作业链所形成并最终提供给顾客的价值。因此，从价值的形成过程看，作业链也可称为价值链。

作业成本管理运用作业成本计算提供的信息，通过科学合理地安排产品或服务，从成本方面优化企业的作业链和价值链，达到寻求改变作业和生产流程、改善和提高生产效率的机会的目的。作业成本管理的主要目的就是努力找到企业经营中存在的非增值作业成本并努力消除或将之降到最低。作业成本管理一般包括确认和分析作业，作业链-价值链分析和成本动因分析，区分增值作业与非增值作业，分析作业预算执行的结果及采取措施、改善企业的生产经营四个步骤。因为企业的作业链同时也表现为价值链，而企业的价值最终将通过顾客愿意支付的价格来实现，因此在进行作业分析时，应以顾客的需求为出发点，通过客户意向调查等方式，了解客户对企业产品的要求及顾客的偏好。只有通过这种方式，企业才能进一步分析哪些作业增加了企业价值，哪些作业属于无效用作业，从而为下一步的作业分析奠定基础。企业通过作业分析，采用先进的方法及有效的措施，优化作业链，同时尽量提高增值作业的利用效率，从而达到不断改善生产经营、确保低成本竞争战略优势的最终目的。

2. 识别增值作业与非增值作业

增值作业与非增值作业是站在顾客角度划分的。最终增加顾客价值的作业是增值作业，反之就是非增值作业。在一个企业中，区别增值作业和非增值作业的标准就是看这个作业的发生是否有利于增加顾客的价值或者说增加顾客的效用。

（1）增值作业分析

增值作业是指满足客户需要所必须进行的作业。对于此类作业，顾客愿意为其支付价格，如生产工艺中的各项作业。凡经过分析确定为增值作业的，企业必须保持，不能消除，否则会降低企业价值。增值作业需同时满足以下条件：作业能带来某种变化；这种变化是该作业发生之前的其他作业无法实现的；该作业使其他作业的发生成为可能。

在实际工作中，企业的作业多达上百种，要想对这些作业逐一进行价值分析并判定其增值作业的效率高低是不可能的，也是没有必要的。因此，合理的做法是对那些相对于顾客较为重要的作业展开价值分析。因为企业80%的成本通常是由20%的作业引起的，将作业按其成本大小排列，凡排列在前面的那些作业就是应分析的重点作业，而对于排列在后面的作业，则是对成本影响不大的作业，可以不予分析。

（2）非增值作业分析

非增值作业，从是否增加顾客价值角度来看，是指不能为最终产品或服务增加价值的作业，缺少它不会影响到顾客对产品或服务的满意程度；从企业角度来讲，指的是不必要的或虽必要但效率低下并可以改进的企业活动。这类作业属于企业过剩的作业，客户并不愿意为此支付价格，在不降低产品质量、企业价值的前提下，企业应努力消除这类作业。例如，材料或在产品堆积作业，产品或者在产品在企业内部迂回运送作业，产品废品清理作业，次品处理作业，返工作业，无效率重复某工序作业，由于订单信息不准确造成没有准确送达需要再次送达的无效率作业，等等。

3. 改善作业的具体措施

作业管理的最终目的是在保证客户价值不变的前提下尽可能改善作业，提高增值作业的效率和消除无增值作业。在实际工作中，要想彻底消除非增值作业往往是不可能的，但可以根据实际情况采用作业消除、作业选择、作业减少、作业转换、作业共享等措施来实现。具体内容如下。

（1）作业消除

作业消除是指采取措施将经过作业分析所确定的非增值作业消除，以减少不必要的耗费，提高成本效率。例如，将原材料从集中保管的仓库搬运到生产部门，将某部门生产的零部件搬运到下一个生产部门，这些都是非增值作业。如果条件许可，将原材料供应商的交货方式改为直接送达原材料使用部门，将功能性的工厂布局转变为单元制造式布局，就可以缩短运输距离，减少甚至消除非增值作业。

（2）作业选择

作业选择是尽可能列举各项可行的作业并从中选择最佳作业。不同的策略经常产生不同的作业。例如，加工某产品可以采用不锈钢材加工，但也可以采用普通钢材加工。如果通过表面处理后可以达到同样效果，且不影响产品质量，不降低客户价值，就应选择成本低的普通钢材加工作业。还可以通过作业成本计算，比较作业的成本和效率，如果作业效果相同，选择成本最低的作业；若成本不相上下，则选择效率最高或效果最好的作业。

（3）作业减少

作业减少就是改善必要作业的效率或者改善在短期内无法消除的非增值作业。例如，将原来需要6个机器工时的加工工艺压缩为4个机器工时，工时减少导致作业成本也减少了。对难以立即消除的非增值作业，可以采取不断改进的方式降低作业消耗的资源或时间，或提高作业效率以尽量减少作业量，从而降低成本耗费。例如生产过程中的半成品搬运，可以通过改进工厂布局，缩短运送距离，进而减少运送作业，降低作业成本。又如不合格品返工作业，产品合格率提高了，不合格的产品少了，对这项作业的需求也就降低了。

（4）作业转换

作业转换就是把不增值作业转换为增值作业。比如海底捞火锅把顾客等待这个不增值作业转化为向顾客提供服务的增值作业。

（5）作业共享

作业共享是指充分利用企业的生产能量使之达到规模经济效应，提高单位作业的效率。例如不增加某种作业的成本而增加作业的处理量，使单位成本动因的成本分配率下降。这也是提高作业效率的一个途径。所谓共享，即几种产品共享一项作业的产出。例如，新产品在设计时如果考虑到充分利用现有其他产品使用的零部件，就可以免除新产品零部件的设计作业，从而降低新产品的生产成本。对于不可消除的作业，扩大其共享范围是改进作业、提高效率的最佳方式。

企业在采取措施降低成本时，改善作业的以上途径往往需要结合起来考虑。需要说明的是，企业消除非增值作业，提高增值作业的效率，往往会造成作业能力的闲置，如厂房、设备、人员等方面资源的多余。如果不能将闲置资源充分利用或处置，则消除浪费的效果就不能充分得以实现。

本 章 小 结

作业成本法是基于作业的成本计算法，是指以作业为间接费用归集对象，通过资源动因的确认、计量，归集资源费用到作业上，再通过作业动因的确认、计量，归集作业成本到产品或顾客上去的间接费用分配方法。

作业成本管理是指以客户需求为出发点，以作业分析为核心，利用作业成本计算所获得的信息对作业链不断进行改进和优化，以不断消除浪费，提高客户价值，从而使企业获得竞争优势的一种先进的成本管理方法。作业成本管理是将成本管理的起点和核心由商品转移到作业层次的一种管理方法。在作业成本理论下，企业被看作一个作业链，企业每完成一项作业都要消耗一定的资源，而作业的产出又形成一定的价值，转移到下一个作业，依次转移，直至形成最终的产成品，提供给外部顾客，最终产品中包含了各个作业链所形成并最终提供给顾客的价值。因此，从价值的形成过程看，作业链也可称为价值链。

思 考 题

1. 什么是作业成本法? 作业成本法产生的原因是什么?
2. 什么是作业? 按照作业水平的不同可以将作业划分为哪几种类型?
3. 什么是成本动因? 成本动因有哪些类型?
4. 采用作业成本法计算产品成本的具体步骤有哪些?
5. 什么是增值作业? 什么是非增值作业? 判断的标准是什么?
6. 改善作业的具体措施有哪些?

习 题

一、单项选择题

1. 作业成本法的成本计算是以 ( ) 为中心。
   A. 产品　　　　　　B. 作业　　　　　　C. 费用　　　　　　D. 资源
2. 下列属于增值作业的是 ( )。
   A. 原材料储存作业　　　　　　　　B. 原材料等待作业
   C. 包装作业　　　　　　　　　　　D. 质量检查作业
3. ( ) 是作业成本的核心内容。
   A. 作业　　　　　　B. 产品　　　　　　C. 资源　　　　　　D. 成本动因
4. 使用作业成本法计算技术含量较高、生产量较小的产品,其单位成本与使用传统成本法计算相比,要 ( )。
   A. 高　　　　　　　B. 低　　　　　　　C. 两者一样
5. 传统成本计算法的计算对象为 ( )。
   A. 资源　　　　　　B. 作业中心　　　　C. 费用　　　　　　D. 最终产品

二、多项选择题

1. 作业按受益范围通常分为 ( )。
   A. 单位作业　　　　B. 批制作业　　　　C. 产品作业　　　　D. 过程作业
2. 成本动因选择主要考虑的因素有 ( )。
   A. 成本计量
   B. 成本动因与所耗资源成本的相关程度
   C. 成本库
   D. 成本中心
3. 下列说法中正确的有 ( )。
   A. 作业量决定资源的耗用量
   B. 最终产品产出量决定作业量

C. 资源耗用量与最终产品产出量有直接关系

D. 成本库的作业就是成本动因

4. 关于传统成本计算方法的说法中错误的有（   ）。

A. 传统成本法低估了产量大而技术复杂程度低的产品成本

B. 传统成本法高估了产量大而技术复杂程度低的产品成本

C. 传统成本法低估了产量小而技术复杂程度高的产品成本

D. 传统成本法高估了产量小而技术复杂程度高的产品成本

5. 关于作业成本法的说法中正确的有（   ）。

A. 作业成本法有利于提高成本信息质量，完全克服了传统成本分配主观因素的影响

B. 作业成本法有利于分析成本升降的原因

C. 作业成本法有利于完善成本责任管理

D. 作业成本法有利于成本的预测和决策

三、计算题

资料：某企业生产甲、乙两种产品，其中甲产品900件，乙产品300件，其作业情况如表10-13所示。

表 10-13　某企业作业情况　　　　　　　　　　　　单位：元

作业中心	资源耗用	动因	动因量（甲产品）	动因量（乙产品）	合计
材料处理	18 000	移动次数	400	200	600
材料采购	25 000	订单件数	350	150	500
使用机器	35 000	机器小时	1 200	800	2 000
设备维修	22 000	维修小时	700	400	1 100
质量控制	20 000	质检次数	250	150	400
产品运输	16 000	运输次数	50	30	80
合计	136 000				

要求：按作业成本法计算甲、乙两种产品的成本，并填制表10-14。

表 10-14　作业成本计算表　　　　　　　　　　　　单位：元

作业中心	成本库	动因量	动因率	甲产品	乙产品
材料处理	18 000	600			
材料采购	25 000	500			
使用机器	35 000	2 000			
设备维修	22 000	1 100			
质量控制	20 000	400			
产品运输	16 000	80			
合计总成本	136 000				
单位成本					

第11章

责任会计

学习目标与要求

通过本章的学习，掌握责任中心的概念，掌握成本中心、利润中心和投资中心的内涵及考核方法。

11.1 责任会计概述

1. 责任会计的产生和发展

责任会计是现代管理会计中的重要内容，实行责任会计是国外企业将庞大的组织机构分而治之的一种做法。责任会计最早产生于19世纪末20世纪初。这一时期，资本主义经济迅速发展，企业组织规模不断扩大，责任会计得到了充分的发展，其标志是以泰勒的"科学管理理论"为基础的标准成本制度的出现。科学管理理论的出现使责任会计体系得到进一步完善。责任会计在理论和方法上的成熟，则是在20世纪40年代以后。第二次世界大战后，国际经济迅速发展，市场竞争日趋激烈，企业的规模以前所未有的速度发展，出现了越来越多的股份制公司、跨行业公司和跨国公司等各种集团企业。这些企业规模庞大，管理层次繁多，组织机构复杂，其分支机构遍布世界各地，传统的管理模式已不适用或者效率低下。这样一来，现代分权管理模式应运而生，责任会计受到人们的普遍重视，其方法也被不断改进并最终形成了现代管理会计中的责任会计。

实行分权管理，就是将生产经营决策权在不同层次的管理人员之间进行适当划分，并将决策权随同相应的经济责任下放给不同层次的管理人员，有效地调动各级管理人员的积极性和创造性，使他们都能对日常的经济活动及时做出有效的决策，不断提高工作效率和质量。为了保证企业上下目标一致，并建立各管理层次的分工协作关系，对每个管理层次的主管人员都规定了相应的职责和权限，并实行管理控制程序，用以考核各责任中心的工作成绩，及时协调企业的生产经营活动。责任会计正是顺应这种管理要求不断发展和完善起来的一种行之有效的控制制度。今天，责任会计已形成了一套完整的体系。

2. 责任会计的概念

责任会计（responsibility accounting）是指以企业内部责任单位为主体，以责、权、利相统一的制度为基础，以分权为前提，以责任预算为控制目标的一种内部控制制度。其核心工作是：根据授予各单位的权利、责任及对其业绩的计量评价，在企业内部建立若干个不同形式的责任中心，并建立起以各责任中心为主体，以责、权、利相统一为特征，以责任预算、责任控制、责任考核为内容，通过信息的积累、加工和反馈等方式以实现对各责任中心分工负责的经济活动进行规划与控制的一种内部制度。

责任会计的关键是控制问题。企业在预测分析与决策分析的基础上编制了全面预算，为企业在预算期间生产经营活动的各个方面规定了总的目标和任务。为了保证这些目标和任务的实现，必须将全面预算中确定的指标按照企业内部管理系统的各个责任中心进行分解，形成"责任预算"，使各个责任中心明确自己的目标和任务。全面预算通过责任预算得到落实和具体化，而责任预算的评价与考核则通过责任会计来进行。

3. 责任会计的作用

责任会计在企业经营管理中的作用如下。

(1) 有利于贯彻企业内部的经济责任制

实行责任会计制度，可使各级管理人员目标明确、权责分明，而且责任者有职有权。通过责任会计的一系列方法把企业的经营总目标进行分解并层层落实，将使企业内部经济责任制得以完善和充实。

(2) 有利于提高决策的质量

实行责任会计制度，可使各级管理人员具有较多的决策自由，促使他们及时掌握情况和改进工作。同时，实行责任会计制度也便于各级管理人员及时了解在决策制定中存在的问题，从而收集更充分的信息使各项决策更加及时、准确。

(3) 有利于对各级管理部门的业绩进行评价与考核

实行责任会计制度，各责任层次分工明确，有的只对其所能控制的成本负责，有的兼对成本和利润负责，有的对资金运用效益负责，因而权责明确，考核有据，便于对各责任中心（responsibility center）制定出具体的评价指标和考核办法，全面、客观、公正地反映各责任中心的工作实绩和经营成果。

(4) 有利于保证企业经营目标的一致性

实行责任会计制度，各责任单位的经营目标就是整个企业经营总目标的具体体现，因而在日常经营活动中，必须随时注意各责任中心的经营目标是否符合企业的总目标，并随时进行调整。这样就便于把各责任中心的经营目标与企业总目标统一起来，以保证企业上下经营目标一致。

(5) 有利于信息反馈的及时化

责任会计制度为进行内部经济控制建立了会计信息反馈系统，可以及时地反馈各部门、各层次责任预算的执行情况，以便分析出现的偏差和产生偏差的原因，并采取措施及时加以纠正。

4. 责任会计的基本原则

各企业实行责任会计的具体做法可因企业的类型、规模、管理要求等情况的不同而有所差别，但在设计和建立责任会计制度时，都应遵循以下几项基本原则。

（1）责任主体原则

当企业建立责任会计制度时，企业所发生的每一项经济业务都由特定的责任中心负责。因此，责任会计的核算应以企业内部各责任中心为对象，责任会计资料的收集、记录、整理、计算、对比和分析等各项工作，都必须按责任中心进行。

（2）可控性原则

对于各级责任中心所赋予的责任，应以其能够控制为前提。各责任中心只对其能够控制的因素指标负责。生产部门应划分哪些项目属于可控成本，哪些为不可控成本；供销部门也应分清哪些成本和收益属于本部门的可控因素，哪些为不可控因素，这样才能划清经济责任。考核时，应尽可能排除责任中心不能控制的因素。

（3）统一性原则

确定各责任中心的权责范围、工作目标和业绩考核标准时，应当要求各责任中心的工作目标必须与企业的总目标相一致，兼顾各责任中心的局部利益和企业的整体利益，防止各责任中心的工作偏离企业总目标。实行责任会计制度的最终目的是提高企业的经济效益，如果各责任中心各行其是，不顾企业整体利益，那么实行责任会计制度的意义也就不存在了。

（4）责权利相结合的原则

实行责任会计制度，要为每个收支项目确定责任者，而且责任者必须有职有权。同时，还要为每个责任中心制定出合理的绩效考评标准。制定考核标准时，一定要考虑到尽可能充分调动各个责任中心的工作积极性，兼顾国家、集体和个人三方面的经济利益，做到奖罚分明，真正做到责、权、利三者的有机结合。

（5）反馈性原则

在责任会计制度中，对责任预算的执行要有一套健全的跟踪系统和反馈系统，使各责任中心不仅能保持良好、完善的记录和报告制度，及时掌握预算的执行情况，而且要通过实际数与预计数的对比分析，及时发挥各责任中心的作用，控制和调节生产经营活动，以保证企业预定目标和任务的实现。

（6）激励性原则

实行责任会计制度的目的就是最大限度地调动企业职工的积极性和创造性，保证企业整体利益的实现。因此，责任预算的制定、责任业绩的考核要具有激励作用，制定的标准要合理。目标太高，会挫伤有关责任中心工作的积极性；目标太低，不利于提高企业的经济利益。要使各责任中心都感到目标是合理的，经过努力可以实现，达到目标后所能得到的奖励和报酬与所付出的劳动相比是值得的，这样就可以不断激励各责任中心为实现其责任预算而努力。

（7）例外管理原则

例外管理原则也称重要性原则，就是在分析、评价各责任中心的责任执行情况和编制责任报告时，应重点分析和报告对各责任中心和企业有重大影响的事项或重大的差异，这样企业能够集中精力和节省时间解决重大的问题，达到事半功倍的效果。

5. 责任会计的基本内容

责任会计是将会计资料与责任中心紧密联系起来的信息系统，同时也是强化企业内部管理所实施的一种内部控制制度，是管理会计的一个子系统。它是在分权管理的条件下，为适应经济责任制的要求，在企业内部建立若干责任单位，并对其分工负责的经济活动进行规划与控制的一整套专门制度。责任会计一般包括以下内容。

（1）设置责任中心，明确权责范围

根据企业组织结构的特点和管理的需要，按照"分工明确、权责分明、业绩易辨"的原则，将它们划分为若干个责任中心，规定每个责任中心的权责范围。

（2）分解奋斗目标，编制责任预算

将企业全面预算所确定的奋斗目标和任务进行层层分解，落实到每个责任中心，形成责任预算，并以此作为各责任中心开展经营活动、评价工作成果的主要依据和基本标准。

（3）建立跟踪系统，进行反馈控制

在预算的实施过程中，每个责任中心应建立一套责任预算执行情况的跟踪系统，定期编制业绩报告，将实际数和预算数进行对比，据以找出差异，分析原因，并通过信息反馈，使责任中心的负责人及上级领导能够及时总结经验，纠正偏差。

（4）分析、评价业绩，建立责任奖罚制度

通过定期编制业绩报告，全面分析和评价各个责任中心的工作成果，并按工作成果的好坏进行相应的奖罚，做到功过分明、奖罚有据，最大限度地调动各个责任中心的积极性，做到责、权、利相结合。

11.2 责任中心

11.2.1 责任中心概述

1. 责任中心的概念

企业为了有效地进行内部控制，通常都要采用统一领导、分级管理的原则。根据企业组织结构的不同可将整个企业逐级划分为若干个责任区域，也就是各个责任层次能够严格进行控制的活动范围，即责任中心。责任中心，是指有专人承担一定的经济责任，并具有相应管理权限和相应经济利益，能够对其经济活动进行严格控制的企业内部单位。责任中心受命完成某项特定的任务，并接受企业提供的为完成这些任务所需要的资源。

划分责任中心的标准并不在于范围的大小。凡是在管理上可以划分的、责任上可以辨认的、成绩上可以单独考核的单位，大到分公司、地区、工厂或部门，小到产品、班组甚至单体设备，都可以划分为责任中心。只有既能划清责任又能进行单独核算的企业内部单位，才能作为一个责任中心。

2. 责任中心建立的条件

建立责任中心是建立责任会计制度的首要问题。概括来说，建立责任中心必须满足以下四个条件。

① 有承担经济责任的主体——责任者。

② 有确定经济责任的客观对象——资金运动。

③ 有考核经济责任的基本标准——责任预算。

④ 具备承担经济责任的基本条件——职责和权限。

凡不具备以上条件的单位和个人，不能构成责任实体，不能作为责任会计的基本单位。

责任中心按其责任者的责任范围不同，可以划分为成本（费用）中心、利润中心和投资中心。

11.2.2 成本中心

1. 成本中心的概念

成本中心（cost center）是指能够对成本负责的责任中心。通常成本中心是没有收入的。因此它只能控制成本，对成本负责，无须对收入和利润负责。任何发生成本、费用的责任领域都可以定为成本中心。

成本中心的应用范围最广，任何对成本、费用负有责任的部门都属于成本中心。例如，企业里每个分公司、分厂、车间都是成本中心，而它们下属的工段、班组甚至个人也是成本中心，只不过所能控制的成本范围更小一些。至于企业中不进行生产活动而提供专业性服务的职能管理部门，如计划部门、会计部门、统计部门、总务部门等，也属于广义的成本中心。

按照所能控制的成本范围的大小，可以将成本中心划分为若干层次。上一层次的成本中心所负责的成本指标是较宽的，而下一层次的成本中心所负责的成本指标往往是较窄的，也是比较具体的。一个较大的成本中心一般是由若干个较小的成本中心所组成，而较小的成本中心又可能再细分为若干个更小的成本中心。

2. 成本中心的类型

成本中心有两种类型：标准成本中心和费用中心。

标准成本中心（standard cost center）又称技术性成本中心。所谓技术性成本，是指成本发生的数额经过技术分析可以相对可靠地估算出来的成本。例如间接材料、直接人工、间接制造费用等，其发生额可通过标准成本或弹性预算加以控制，其特点是投入量与产出量有密切关系。标准成本中心是对那些实际产出量的标准成本负责的成本中心，它可以为企业提供一定的物质成果，如在产品、半成品、产成品。

费用中心也称酌量性成本中心（discretionary cost center）。酌量性成本是否发生及发生数额的多少是由管理人员的决策所决定的，主要包括各种管理费用和某些间接成本，适用于那些产出物不能用货币计量或者投入与产出之间没有密切关系的单位。这些单位包括一般行政管理部门，如会计、人事、劳资、计划等；研究开发部门，如设备改造、新产品研制等；某些销售部门，如广告、宣传、仓储等。政府机关及非营利性机构常采用这一制度，对其的控制着重于预算总额的审批上。费用中心是以直接控制经营管理为主的成本中心。

3. 成本中心的控制范围

成本中心虽然只对成本或费用负责，但并不一定能对其责任区域内的全部成本或费用负责。可控性是责任会计的一个重要原则。责任会计在对责任中心的各种成本进行核算时，必须首先根据可控性原则对全部成本进行分析。在责任会计看来，各责任中心所发生的成本应区分为可控成本（controllable cost）和不可控成本（uncontrollable cost）两类。

可控成本是指成本中心真正能够控制和调节的、受其经营活动和业务工作直接影响的有关成本，它是衡量和考核成本中心工作业绩的主要依据。不可控成本则是成本中心无法控制和调节的，不受其经营活动和业务工作直接影响的成本。例如，某一工段为成本中心，在其工段内直接发生的材料消耗、人工消耗属于可控成本，而在车间发生的，分摊给这一工段的车间经费，则属于不可控成本。

将成本中心的成本区分为可控成本和不可控成本不是绝对的，而是相对的。一个成本中心的可控成本往往是另一个成本中心的不可控成本；下一层次成本中心的不可控成本，对上一层次成本中心来说则可能是可控成本。例如，材料的买价和采购费用对于材料采购部门来说是可控成本，而对生产部门来说则是不可控成本；又如广告费，对于决定其最高限额的最高管理部门来说是可控成本，而对于只能在限额内使用、不能随意增减的有关基层单位来说就是不可控成本。还有一些成本，从较短期间来看属于不可控成本，如折旧费、租赁费等，但是从较长期间来看又属于可控成本。总之，判断一项成本是不是可控成本，应根据以下三个条件。

① 成本中心能够通过一定的途径和方式预知将要发生的成本。

② 成本中心能够对发生的成本进行计量。

③ 成本中心能够通过自己的行为对成本加以调节和控制。

凡不能同时满足上述三个条件的成本，通常是不可控成本，一般不属于成本中心的责任范围。可见，成本中心只对可控成本负责。

就一个成本中心来说，变动成本一般是可控成本，固定成本是不可控成本。但也不完全如此。例如，在手表厂的装配车间，表壳和表带属于变动成本，随着产销量的变动而按正比例变动；但如果表壳和表带是外购的，对于装配车间责任者来说就是不可控成本了。又例如，车间管理人员工资属于固定成本，但车间责任者如果可以决定或影响它的发生，就可作为可控成本。

4. 责任成本与产品成本

由于责任会计是围绕各责任中心来组织的，因此成本资料的收集、整理和分析不是以产品为对象，而是以各责任中心为对象。以产品为对象归集和计算的成本称为产品成本，而以责任中心为对象归集和计算的成本称为责任成本。一般来说，只有责任中心的可控成本，才能构成该责任中心的责任成本，不可控成本不能列为责任成本。因此，某责任中心的各项可控成本之和即构成该责任中心的责任成本。

责任成本与产品成本是有联系的，一个企业在一定时期内发生的全部责任成本和全部产品成本应一致，因为责任成本与产品成本反映的都是生产过程中所发生的耗费。但责任成本与产品成本又是有区别的，主要表现在以下两个方面。

① 成本计算和归集的方法不同。产品成本是按"谁受益，谁承担"的成本归集方法，由受益产品负担所发生的成本；责任成本采取的是"谁负责，谁承担"的成本归集方法，由责任中心负担其责任范围内的可控成本，各项可控成本之和构成该责任中心的责任成本。

② 成本反映与考核的目的不同。产品成本反映和监督产品成本计划完成情况，是实行经济核算制的需要；责任成本反映和考核责任预算执行情况，是贯彻经济责任制的重要手段。

11.2.3 利润中心

1. 利润中心的概念

利润中心（profit center）是指对利润负责的责任中心，它常被称为战略经营单位。由于利润等于收入减去成本和费用，所以利润中心实际上既要对收入负责，又要对成本、费用负责。利润中心属于企业中的较高层次，同时具有生产和销售的职能，有独立的、经常性的收入来源，可以决定生产什么产品、生产多少、生产资源在不同产品之间如何分配，也可以决定产品销售价格、制定销售政策，它与成本中心相比具有更大的自主经营权。

2. 利润中心的分类

利润中心可分为自然利润中心和人为利润中心两类。自然利润中心是指能直接与外界发生经营业务往来，获得业务收入，并独立核算盈亏的责任单位。这类利润中心主要是企业内部管理层次较高、具有独立收入来源的分公司、下属工厂等。人为利润中心则是指不直接对外销售，而是通过内部转移价格结算形成收入，从而形成内部收益或利润的责任单位。企业内部如果存在相互提供产品或服务的现象，为了公正地对各责任单位进行业绩考核，企业要制定内部转移价格，在这种情况下就会形成人为的利润中心。这类利润中心主要是企业中为其他责任中心提供产品或半成品的生产部门，或为其他责任中心提供劳务的动力、维修等部门。显然，当企业为各责任中心相互提供的产品或半成品，或劳务规定了内部转移价格后，大多数成本中心可转化为人为利润中心。此时，各责任中心之间虽然没有现金结算，但在会计账务处理上，供应方视同收入，受益方视同成本或费用，因而也就可以对供求双方的业绩进行考评。

11.2.4 投资中心

投资中心（investment center）是指既对成本、收入和利润负责，又对资金及其利用效益负责的责任中心。这类责任中心不仅在产品和销售上享有较大的经营自主权，而且能够相对独立地运用其所掌握的资金，一般是企业的最高层，如大型集团公司下面的分公司、子公司等。投资中心的责任对象必须是其能影响和控制的成本、收入、利润和资金。

投资中心同时也是利润中心。它与利润中心的区别是：权利不同，利润中心没有投资决策权，它只是在企业投资形成后进行具体的经营；评价方法不同，评价利润中心业绩时，不进行投入产出的比较，而在评价投资中心业绩时，必须将所获得的利润与所占用的资产进行比较。

从组织形式上看，投资中心通常都是独立的法人，只有具备经营决策权和投资决策权的独立经营单位才能成为投资中心。大型企业集团中具有投资决策权的事业部、子公司、分厂等，或者一个独立经营的常规法人企业，就是一个投资中心。因为它们拥有经营决策权和投资决策权，必须对投资的经济效益负责。投资中心的目标通常也就是企业的总目标，投资中心的责任预算从形式上看类似于企业总预算。为此，投资中心目标确定的前提是企业要有明晰且正确的战略导向。

由于投资中心要对其投资效益负责，为保证其考核结果的公正、公平和准确，各投资中心应对其共同使用的资产进行划分，对共同发生的成本进行分配，各投资中心之间相互调剂使用的现金、存货、固定资产等也应进行有偿使用。

11.3　对责任中心的评价与考核

实行责任会计制度的企业，要为每个责任中心就其可控成本、收入和利润等编制责任预算。责任预算就是以责任中心为对象，为责任中心的成本、利润或投资编制的预算。责任预算是责任中心的工作目标，也是对责任中心进行考核的依据。责任预算是全面预算的补充和具体化。

在责任预算的执行过程中，应该设置一套账户对责任中心的经济业务活动进行记录。也可以在设计会计账户体系时考虑责任会计的要求，使会计账户体系既满足对外报告的需要，又能够满足责任会计进行管理的需要。

责任预算和对责任中心经济业务活动的记录是对责任中心进行考核的依据。考核责任中心通常是通过编制责任报告对责任预算的执行情况进行比较分析。不同的责任中心，其责任预算的内容和考核办法也不一样。下面分别介绍三类责任中心的考核办法。

11.3.1　对成本中心的评价与考核

由于成本中心没有收入，只能对成本负责，因而对成本中心的评价与考核应以责任成本为重点。成本中心编制的责任报告，亦称业绩报告。在编制责任报告时，既要注意报告的适时性和适用性，尽量使报告的时间与对生产经营活动进行规划、控制的时间相适应，使责任报告的内容最大限度地满足企业内部不同管理层次和管理人员的信息需要，又要注意报告的相关性和确切性，尽可能保证责任报告所提供的资料、数据的准确度和可信度。

成本中心的责任报告一般包括该成本中心可控成本的各明细项目的预算数、实际数和差异数。对不可控成本则可采用两种处理方式：一种是全部省略，不予列示，以便突出重点；另一种是把不可控成本作为参考资料列入业绩报告，以便管理当局了解成本中心在一定期间内耗费的全貌。

　　责任报告中的成本差异是评价与考核成本中心工作实绩的重要标志。如果实际数小于预算数，称为有利差异，它表示成本的节约额；如果实际数大于预算数，称为不利差异，它表示成本的超支额。责任报告中还应有差异原因分析，以便采取措施巩固业绩，纠正偏差。

　　由于各责任中心是逐级设置的，因而责任预算和责任报告也应自下而上，从最基层的成本中心逐级向上汇编，直至最高管理层次。在进行责任成本核算时，责任成本是由不同层次的责任成本逐级汇总计算的。某一责任层次的责任成本等于其所属的下一责任层次的责任成本之和加上本层次的责任成本。例如某企业的成本中心共设置三个责任层次，即班组、车间和分厂，则它们的责任成本由下而上逐级汇总计算的具体做法如下。

　　首先，班组责任成本由班组长负责，计算公式为

$$班组责任成本＝可控直接材料成本＋可控直接人工成本＋可控间接成本$$

　　其次，车间责任成本由车间主任负责，计算公式为

$$车间责任成本＝\sum 各班组责任成本＋车间可控间接成本$$

　　最后，分厂责任成本由分厂厂长负责，计算公式为

$$分厂责任成本＝\sum 各车间责任成本＋分厂可控间接成本$$

　　责任会计通过对各成本中心的实际成本与预算成本的比较，评价成本中心业务活动的优劣。其指标包括成本增减额和成本升降率。计算公式分别为

$$成本增减额＝实际成本额－预算成本额$$
$$成本升降率＝\frac{成本增减额}{预算成本额}\times 100\%$$

　　在对成本中心进行考核时，需要注意的是，如果预算产量与实际产量不一致，应按弹性预算的方法首先调整预算指标，然后再计算上述指标。

　　成本中心的业绩报告通常是按成本中心的可控成本的各明细项目列示其预算数、实际数和成本差异数，其基本形式如表 11－1 所示。

表 11－1　　××成本中心业绩报告

20××年9月　　　　　　　　　　　　　　　　　　　　　　　　单位：元

项目	预算数	实际数	成本差异数
下属单位转来的责任成本			
甲工段	8 000	8 400	400（U）
乙工段	9 600	9 920	320（U）
小计	17 600	18 320	720（U）
本车间可控成本			
间接材料	4 000	3 600	400（F）

项目	预算数	实际数	成本差异数
间接人工	2 000	1 920	80（F）
管理人员薪金	2 400	2 240	160（F）
设备维修费	1 200	1 280	80（U）
物料费	400	480	80（U）
小计	10 000	9 520	480（F）
本车间责任成本合计	27 600	27 840	240（U）
本车间不可控成本			
房屋租金	—	1 600	—
固定资产折旧费	—	3 200	—
其他分配费用	—	2 000	—
合计		6 800	
总计	27 600	34 640	240（U）

注：U 表示不利差异，F 表示有利差异。下同。

11.3.2 对利润中心的评价与考核

对利润中心业绩进行评价，主要是通过一定期间实际实现的利润与"责任预算"所确定的预计利润数进行比较，进而对差异形成的原因和责任进行具体剖析，借以对经营上的得失和有关人员的功过做出全面而正确的评估。实际工作中，在考核自然利润中心的业绩时，通常是以边际贡献与税前利润为重点，考核人为利润中心时，则是以内部结算价格为计算依据，重点考核内部利润的完成情况。

利润中心的考核指标是利润。但在责任会计里，利润的含义不是单一的，具体含义如下。

部门边际贡献＝部门销售收入总额－部门变动成本总额

部门可控利润＝部门边际贡献－部门可控固定成本

部门利润＝部门可控利润－部门不可控固定成本

部门税前利润＝部门利润－公司分配的各种管理费用等

以边际贡献作为评价依据不够全面，可能导致部门经理尽可能多支出固定成本以减少变动成本支出，尽管这样做并不能降低总成本。因此，业绩评价时至少应包括可控制的固定成本。

以部门可控利润作为评价依据可能是最好的，因为它反映了部门经理在其权限和控制范围内有效使用资源的能力。这一衡量标准的主要问题是可控固定成本和不可控固定成本的区分比较困难。即如果部门经理有权决定本部门雇用多少职工和决定他们的工资水平，则工资成本是其可控成本；如果部门经理既不能决定工资水平又不能决定雇员人数，则工资成本就是不可控成本。

以部门利润作为评价依据，可能更适合评价该部门对企业利润和管理费用的贡献，而不适合于对部门经理的评价。若要决定该部门的取舍，该指标可提供重要信息。

以部门税前利润作为评价依据通常是不合适的，因为公司总部的管理费用是部门经理无法控制的成本。由于分配公司管理费用会引起部门利润的不利变化，所以不能由部门经理负责。许多企业把所有的管理费用分配给下属部门，其目的是提醒部门经理注意各部门提供的贡献毛益必须抵补总部的管理费用，否则企业作为一个整体就不会盈利。其实，通过给每个部门建立一个期望能达到的可控贡献毛益标准，可以更好地达到上述目的。这样，部门经理可集中精力增加收入并降低可控成本，而不必在那些他们不可控的、分配来的管理费用上花费精力。

因此，对利润中心进行业绩评价的指标应选择部门可控利润。

利润中心编制的责任报告包括预算数、实际数和差异数。就销售收入来说，如果实际销售收入超过预算销售收入，其差异额为有利差异；反之，则为不利差异。对成本来说，如果实际成本超过预算成本，其差异额为不利差异；反之，则为有利差异。对利润来说，如果实际利润额超过预算利润，其差异额为有利差异；反之，则为不利差异。利润中心的业绩报告也是自下而上逐级汇编的，直至整个企业的息税前利润。利润中心业绩报告的基本形式如表 11 - 2 所示。

表 11 - 2　××利润中心业绩报告

20××年 9 月　　　　　　　　　　　　　　　　　　　　单位：元

项目	预算数	实际数	差异数
销售收入	216 000	222 000	6 000（F）
减：变动成本			
变动生产成本	111 600	115 200	3 600（U）
变动销售及管理费用	15 600	16 800	1 200（U）
变动成本合计	127 200	132 000	4 800（U）
边际贡献	88 800	90 000	1 200（F）
减：可控性固定成本	21 840	21 600	240（F）
责任中心可控利润	66 960	68 400	1 440（F）
减：不可控性固定成本	18 000	18 000	0
营业利润	48 960	50 400	1 440（F）

11.3.3　对投资中心的评价与考核

投资中心是最高层次的责任中心，它拥有最大的决策权，也承担最大的责任。投资中心必然是利润中心，但利润中心并不都是投资中心。利润中心没有投资决策权，而且在考核利润时也不考虑所占用的资产。投资中心可以看作是有投资决策权的利润中心，其权责都高于利润中心。它不仅要对成本、利润负责，而且必须对投资效益负责。因此对投资中心进行业绩评价时，要全面考核成本、利润和投资等方面的指标，重点考核投资经济效益方面的指标。一般来说，反映投资中心经营成果的指标主要有投资报酬率、剩余收益等。

1. 投资报酬率

投资报酬率（return on investment，ROI）又称投资的获利能力，是经营净利润与经营资产的比率，其计算公式为

$$投资报酬率 = \frac{经营净利润}{经营资产} \times 100\%$$

也可以将投资报酬率的计算公式变换如下。

$$投资报酬率 = \frac{经营净利润}{营业收入} \times \frac{营业收入}{经营资产} \times 100\%$$
$$= 销售利润率 \times 资产周转率 \times 100\%$$

运用投资报酬率指标时应注意：分子、分母均应为投资中心可控的因素，这里的经营净利润可以是税前净利，也可以是税后净利。经营资产是指按平均占用额计算的固定资产和流动资产的总额。

投资报酬率综合反映了投资中心的经营业绩。作为评价考核指标，它主要有四方面的作用：其一，投资报酬率属于相对数指标，剔除了因经营资产不同而导致的利润差异的不可比因素，有利于判断各投资中心经营业绩的优劣；其二，投资报酬率在评价部门业绩时，能同时兼顾利润与经营资产，计量企业资产使用的效率水平，可以反映投资中心的综合盈利能力；其三，可促使部门经理将其注意力集中于利润最大的投资，鼓励充分运用其现有资产，并鼓励仅取得足以增进投资报酬率的资源，有利于调整资本流量和存量；其四，以投资报酬率作为评价投资中心业绩的指标，有利于正确引导投资中心的管理行为，使其行为长期化。

不过，投资报酬率在使用过程中也存在自身的缺陷。该指标可能会使管理者拒绝接受超出企业平均水平投资报酬率而低于该投资中心现有报酬率的投资项目，有损企业的整体利益。同时，由于通货膨胀的影响，使资产账面价值失实，从而每年少计折旧，虚增利润，使投资利润率升高。为弥补这些缺陷，管理会计中引入了"剩余价值"这一评价指标来考核、评价投资中心的业绩。

2. 剩余收益

剩余收益（residual income，RI）是指投资中心的经营净利润减去按规定（或预期）的最低投资报酬率（或资金成本）计算的投资报酬后的余额，其计算公式为

$$剩余收益 = 经营净利润 - （经营资产 \times 最低投资报酬率）$$

这里的最低投资报酬率一般是指企业各投资中心的平均报酬率或整个企业的预期报酬率。这一指标的含义是：只要投资收益超过平均或预期的报酬额，就对企业和投资中心有利。利用剩余收益指标考核投资中心的业绩，要求投资中心不仅要努力提高投资报酬率，而且还要尽量增加剩余收益。这样，可以克服投资报酬率的片面性，使各投资中心的局部目标同整个企业的总体目标保持一致。它的缺点是该指标为绝对数指标，不利于不同投资中心之间的比较。因此，在进行业绩评价时，应综合考虑这两个指标的互补作用，不能只凭一个指标就下结论。

值得注意的是，责任业绩评价并非只局限于上述财务指标基础上的评价。面对企业

日益复杂的内外部环境，单纯的财务指标已经难以全面评价企业的经营业绩，只有突破单一的财务指标，采用财务指标和非财务指标相结合的多元化指标体系，才能对企业各个部门（责任中心）的经营业绩做出全面正确的评价。

由于投资中心不仅要对利润负责，而且还要对投资效果负责，所以投资中心的业绩报告应包括销售收入、成本、利润、投资报酬率及剩余收益等项内容。投资中心业绩报告的一般格式如表 11-3 所示。

表 11-3　××投资中心业绩报告

20××年 9 月　　　　　　　　　　　　　　　　单位：元

项目	实际数	预算数	差异数
销售收入	840 000	800 000	40 000（F）
变动成本			
变动生产成本	500 000	480 000	20 000（U）
变动销售管理费用	90 000	100 000	10 000（F）
边际贡献	250 000	220 000	30 000（F）
固定成本			
固定制造费用	120 000	120 000	0
固定销售管理费用	80 000	52 000	28 000（U）
税前净利	50 000	48 000	2 000（F）
经营资产平均占用额	100 000	100 000	0
销售利润率	5.95%	6%	0.05%（U）
投资报酬率	50%	48%	2%（F）
预期投资报酬率（30%）			
应取得投资报酬额	30 000	30 000	0
剩余收益	20 000	18 000	2 000（F）

11.4　内部转移价格

11.4.1　内部转移价格概述

1. 内部转移价格的概念

内部转移价格（interdivisional transfer price）也称内部结算价格，是指企业内部各责任中心之间相互提供产品（或半成品）和劳务并进行结算时所采用的一种内部价格标准。

在企业中要客观公正地衡量一个责任中心的业绩，就必须较好地解决各部门之间转移产品或劳务的计价问题。如果企业内每个部门只和企业外部发生往来，则产品和劳务的价格基本上由市场价格决定。但是，在很多实行分权管理的企业中，企业内各部门之间也要互相提供产品和劳务，这就必须借助内部转移价格来进行结算。实行责任会计制度的企业，不仅各利润中心或投资中心之间相互提供产品或劳务时，需要按内部转移价格进行结算，而且一个成本中心向其他成本中心提供产品或劳务时，也应按照适当的单位成本进行成本的结转，这种单位成本可以视为内部转移价格。

2. 制定内部转移价格的必要性

（1）制定内部转移价格是划分各责任中心经济责任的必要条件

划分各责任中心之间的经济责任是实行责任会计制度的重要内容，而制定合理的内部转移价格又是明确划分经济责任的必要条件。要划清各责任中心的经济责任，除正确计量和核算直接发生在各责任中心的成本外，还应合理确定由其他责任中心转来的材料、中间产品或劳务的结算价格。没有合理的内部转移价格，就无法划清各责任中心的责任界限，从而使责任会计制度流于形式。

（2）制定内部转移价格是客观、公正考评各责任中心的基础

合理的内部转移价格，能恰当地衡量企业内部各责任中心的工作实绩，准确计算和考核各责任中心责任预算的实际执行情况。因为内部转移价格充分考虑到了各责任中心的成本费用的消耗和补偿，并充分考虑到了各责任中心的经营成果，同时又充分考虑到了各责任中心的客观性和公正性，因而能够对各责任中心的工作实绩进行统一的比较和综合的评价，使业绩考评公正合理。

（3）制定内部转移价格是制定正确经营决策的重要手段

制定和运用内部转移价格，可以对企业内部各责任中心的业绩进行公正而客观的评价，因而企业的最高管理层可以根据各责任中心的业绩报告来决定哪些部门的业务应当发展，哪些部门的业务应当缩小或淘汰，哪些产品和劳务应当自制或外购。各部门的责任者也可以根据本部门责任预算执行情况的会计信息，做出有关本部门生产经营的决策。

3. 制定内部转移价格的原则

① 责任中心与整个企业目标一致的原则。由于内部结算价格直接决定着每个责任中心的利益，每个责任中心出于自身利益的考虑，会为争取最大利益而努力，如希望尽量压低购进的半成品的价格、尽量提高售出半成品的价格等，这样各责任中心的利益将会出现矛盾。因此，制定内部转移价格时，一定要从企业整体利益出发。如果因内部转移价格不合理，导致某一责任中心利润虚增或某一责任中心的利润反映不足，将影响各责任中心的积极性，进而使整个企业的经济效益受到影响。

② 凡是成本中心之间提供产品或劳务，以及有关成本中心的责任成本转账，一般应按标准成本或预计分配率作为内部转让价格。其优点是简便易行，责任分清，不会把供应单位的浪费或无效劳动转嫁给耗用单位去负担，能激励双方降低成本的积极性。

③ 凡企业内部产品或劳务的转让及责任成本的转账，涉及利润中心或投资中心的，应尽可能采用市场价格、协商价格或成本加成作为制定内部转让价格的基础。

④ 简便易行、易于操作的原则。企业内部各个层次的责任中心很多，包括要生产或提供多种多样的产品和劳务。因此，制定内部转移价格，确定转账、结算、计价方法时，一定要注意简便易行，以减少不必要的工作量，并使各责任中心心中有数，操作方

便。这样才能真正发挥内部转移价格的作用，达到责任会计制度的预期目的。

⑤ 力求稳定的原则。制定内部转移价格的方法一经确定，应力求稳定，使各责任中心安排任务、评价工作时有据可依，避免不必要的混乱。合理的、公正的内部转移价格有利于分清各责任中心的成绩与不足，也使各责任中心乐于接受。在这种情况下轻易改变内部转移价格会导致不利的影响。

11.4.2　内部转移价格的制定

1. 按标准（定额）成本制定转移价格

以标准（定额）成本作为内部转移价格，是制定内部转移价格最简便的方法。这种方法适用于成本中心之间相互提供产品或劳务。在管理工作较好的企业里，各种产品的定额资料比较完整，能够容易地计算出各中间产品和半成品的定额成本，而实行标准成本计算的企业则有更完整的标准成本资料。其优点是将管理和核算工作结合起来，避免了供应方成本的高低对需求方的影响，有利于调动供需双方降低成本的积极性。

2. 按标准成本加成制定转移价格

按标准成本加成制定转移价格，是指根据提供产品或劳务的标准成本，加上以合理的成本利润率计算的利润作为内部转移价格的方法。这种方法适用于提供产品或劳务的利润中心和投资中心。其优点是能分清供需双方的经济责任，有利于成本控制。但加成利润率的确定具有一定的主观性，一般认为以最终产品成本利润率确定较为合理。因为最终产品是各有关责任中心共同创造完成的，由此创造的利润应由有关责任中心参加的份额进行分配。各责任中心有了相同的利益，就能相互配合，更好地发展生产。

3. 市场价格

以市场价格作为内部转移价格，是指以产品和劳务的市场价格作为内部转移价格。在资本主义国家，通常认为市场价格是制定内部转移价格的最好依据。因为市场价格比较客观，对买卖双方均无偏袒，因而特别能促使卖方努力改善经营管理，不断降低成本。同时，市场价格也最能体现责任中心的基本要求，那就是在企业内部引进市场机制，造成一种竞争的气氛，使每个利润中心都成为独立的机构，各自经营，相互竞争，再通过利润指标来评价与考核其经营成果。但是，采用市场价格也有一定的局限性。比如有些产品或劳务没有现成的市场价格可供参考，或者只有非完全竞争条件下的市场价格。在这种情况下，只能借助其他方法来制定内部转移价格。

4. 双重价格

以双重价格作为内部转移价格，是指针对供需双方分别采用不同的内部转移价格而制定的价格。当某种产品或劳务有不止一种市场价格时，供应方希望采用较高的市场价格，而需求方则希望采用较低的市场价格。为了满足不同责任中心的需要，可允许双方各自按照自己希望的市场价格进行结算，而不强求一致。一般供应方以市场价格作为内部转移价格，而需求方则以供应方的变动成本作为购入产品的结算价格。双重市场价格的区别对待，可以较好地满足各责任中心在不同方面的需要，从而可以激励双方在生产经营中更好地发挥其主动性和积极性。

5. 协商价格

内部转移价格也可以通过供需双方协商确定，这种通过供需双方协商确定的价格叫作协商价格。协商价格适用于某种产品或劳务没有现成的市场价格，或有不止一种市场价格的情况。协商价格不仅要使供需双方乐于接受，而且不能损害企业的整体利益。一般来说，应把市场价格作为协商价格的上限，把标准成本作为协商价格的下限。双方经过协商，确定一个都能接受的"公允市价"作为计价基础。当具体情况发生变化时，双方可以重新协商，调整价格。

6. 共同成本分配法

共同成本，又称服务成本，它是由服务部门（如动力部门、维修部门等）为生产部门提供服务所发生的成本。由于这些服务使各生产部门共同受益，其服务成本需要各受益部门共同负担，故称之为共同成本。服务成本的分配，可以看成是内部转移价格的一种转换形式，是一种"广义的转移价格"。服务成本的分配方法主要有：按固定比例分配服务成本；按受益部门实用劳务量和实际单位成本分配服务成本；按受益部门实用劳务量和预算单位成本分配服务成本。

11.4.3 内部结算方式

我国在实行责任会计核算的实践中，除了要以内部转移价格作为计价标准进行计量外，还应采用适当的内部结算方式进行内部结算。具体做法是通过企业的内部结算中心（厂内银行）对各责任中心之间相互提供的产品或劳务，按照内部结算价格进行结算。

按照内部结算采用的手段不同，企业内部结算方式通常包括以下几种。

1. 内部支票结算方式

内部支票结算方式，是指由付款一方签发内部支票通知内部银行从其账户中支付款项的内部结算方式。内部支票结算方式主要适用于收付款双方直接见面进行经济往来的业务结算，如车间到仓库领用材料、车间将完工产品交库等。采用这种方式可以避免由于产品质量、价格等原因在结算过程中发生纠纷，影响责任中心正常的资金周转。

2. 转账通知单方式

转账通知单方式是指由收款一方根据有关原始凭证或业务活动证明签发转账通知单，通知内部银行将转账通知单转给付款一方，让其付款的一种内部结算方式。转账通知单方式适用于经常性的、质量与价格较稳定的往来业务，如辅助车间向生产车间供气、供水、供电等业务。但因转账通知单是单向发出指令，付款一方若有异议，可能拒付，需要交涉。

3. 厂币结算方式

厂币结算方式是指使用内部银行发行的限于企业内部流通的货币（包括内部货币、资金本票、流通券、资金券等）进行内部往来结算的一种内部结算方式。各责任中心有结算业务时，直接用厂币进行结算，而不必通过结算中心。因此，采用这种方式会削弱结算中心对各责任中心的监督、控制作用。这种结算方式一般只适用于收付款双方零星小额的款项结算，以及层次较低、未开设内部结算账户的责任中心之间的结算。

11.4.4　内部仲裁

内部仲裁是指在实行责任会计制度中，各责任中心责、权、利的确定并不一定完全符合各责任中心的愿望与要求，为专门协调各责任中心之间的经济关系，调停或裁决各种内部经济纠纷，由专门部门实施的一种特殊的仲裁行为。因此，内部仲裁就成为责任会计制度的一个必要组成部分。

实行责任会计制度的企业，其内部仲裁机构通常称为"经济仲裁委员会"，一般由企业最高管理部门和各职能部门领导组成。经济仲裁委员会负责调查研究和协商处理各种经济纠纷，以保障各责任中心的利益不受侵害，能够有效地行使自己的权利，履行规定的职责。但内部仲裁毕竟是一种补救性的措施，并且临时性的仲裁很难达到完全合理的、双方满意的结果。因此，责任会计工作的重点应放在分清经济责任、制定完善的经济责任制度上，把责任会计有关责、权、利的内容通过规章制度的形式明确和固定下来，以便在责任会计制度实行过程中有章可循。

思　考　题

1. 什么是责任会计？为什么建立责任会计制度？
2. 什么是成本中心？成本中心的考核指标是什么？如何对成本中心进行业绩评价？
3. 什么是利润中心？利润中心的考核指标是什么？如何对利润中心进行业绩评价？
4. 什么是投资中心？投资中心的考核指标是什么？如何对投资中心进行业绩评价？

习　　题

一、单项选择题

1. 只要有费用支出的地方，就可以建立（　　）。
   A. 利润中心　　　　　　　　　　B. 投资中心
   C. 费用中心　　　　　　　　　　D. 成本中心
2. 企业中以控制经营管理费用为主的责任中心是（　　）。
   A. 成本中心　　　　　　　　　　B. 费用中心
   C. 标准成本中心　　　　　　　　D. 利润中心

二、多项选择题

1. 与成本中心考核有关的成本有（　　）。
   A. 产品成本　　　　　　　　　　B. 责任成本
   C. 可控成本　　　　　　　　　　D. 不可控成本
   E. 机会成本

2. 与利润中心的考核有关的是（　　　）。

    A. 成本 　　　　　　　　　　　　　B. 剩余利润

    C. 投资报酬率 　　　　　　　　　　D. 收入

    E. 利润

3. 投资中心考核的重点包括（　　　）。

    A. 投资利润率 　　　　　　　　　　B. 销售收入

    C. 剩余收益 　　　　　　　　　　　D. 营业利润

    E. 边际贡献

4. 内部转移价格的类型有（　　　）。

    A. 市场价格 　　　　　　　　　　　B. 协商价格

    C. 双重内部转移价格 　　　　　　　D. 标准成本价格

    E. 变动成本价格

5. 责任中心的业绩考核是通过编制责任报告完成的，责任报告的形式有（　　　）。

    A. 报表 　　　　　　　　　　　　　B. 附注

    C. 数字 　　　　　　　　　　　　　D. 数据分析

    E. 文字说明

第12章

平衡计分卡

学习目标与要求

　　通过本章的学习，了解平衡计分卡提出的背景，理解平衡计分卡的基本内容和基本思想，掌握如何用平衡计分卡去评价企业。

12.1　平衡计分卡概述

12.1.1　平衡计分卡提出的背景

　　20世纪80年代以后，人类社会逐步迈入了知识经济时代。在工业经济时代，资本、土地等生产要素是较为稀缺的资源，企业的成败主要取决于所拥有的实物资源及其对实物资源的运用情况，财务评价注重财务指标的管理方法还是有效的。而在知识经济时代，企业要想得到长期的生存和发展，必须注重战略管理，以保证企业的持续经营和不断发展创新。

　　知识经济时代要求企业有较强的竞争能力，这不仅取决于企业的产品、服务、质量、价格，而且也取决于企业开发和利用无形资产的能力。企业要持续而稳定的发展，就必须加大对知识资本的投入和经营，重视为利益相关者服务，加强与其他企业的合作与协调。随着企业环境的变化及业务的扩大，企业的竞争优势越来越取决于无形资产的开发与利用、市场的占有程度及拥有的人力资源，单纯地以财务指标作为业绩评价标准显然无法适应企业发展的需要。于是，非财务指标的作用逐步开始得到重视。

　　基于以上环境的变化，客观上要求对企业经营绩效的评价不能仅观察企业当前财务成果的好坏，更应重视影响企业长期稳定发展的因素。显然，工业经济时代的企业经营绩效评价不能满足这一要求。

　　20世纪80年代末，美国著名的管理大师罗伯特·卡普兰（Robert S. Kaplan）和戴维·诺顿（David Norton），通过对12家业绩领先的企业进行了为期一年的研究，在总结了这12家大型企业的业绩评价体系成功经验的基础上，提出了平衡计分卡（balanced score card，BSC），并指出"企业需要在满足客户需要的同时提高工作效率和业绩，而把重点放在财务数字上的传统方法往往使其失去方向性，因为它忽略了影响未来财务业绩的非财务驱动因素，如文化、人员和战略"。

卡普兰和诺顿分别于 1992 年、1993 年和 1996 年发表了《平衡计分卡：良好的绩效评估体系》《平衡计分卡的应用》《将平衡计分卡用于战略管理系统》三篇论文，此后又出版了《平衡计分卡》《战略中心型组织》《战略地图》《组织协同》，其后的十几年，平衡计分卡得到了不断的细化和发展，并且形成了较为完善的理论体系。

平衡计分卡的提出得到了理论界和实务界的广泛推崇，其后迅速风靡全球，被《哈佛商业评论》评为"过去 75 年来最为强大的管理工具"。一项理论之所以能在实务界备受青睐，其核心力量就在于自创立伊始它就是一个理论和实务相结合的典范。

12.1.2　平衡计分卡的基本思想

1. 平衡计分卡的基本内容

平衡计分卡是一张从财务、客户、内部经营过程、学习与成长四个角度出发，应用一系列绩效考核指标，描述组织经营活动行为的表格。平衡计分卡认为，传统的财务会计模式只能衡量过去发生的事情（落后的结果因素），但无法评估组织前瞻性的投资（领先的驱动因素）。

平衡计分卡的基本思路是：将涉及企业表面现象和深层实质、短期结果和长期发展、内部状况和外部环境的各种因素划分为四个主要方面，并针对各个方面的目标，设计出相应的评价指标，以便系统、全面地反映企业的整体运营情况，为企业的战略管理服务。平衡计分卡的基本内容如图 12-1 所示。

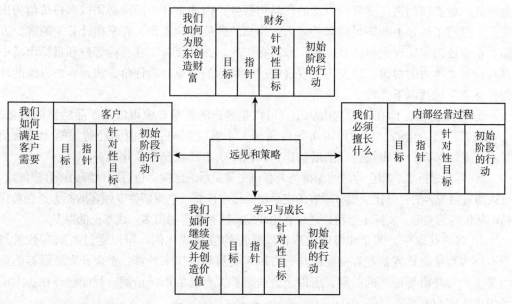

图 12-1　平衡计分卡的基本内容

（1）财务方面（financial）：我们如何为股东创造财富

财务指标是企业运营的最终目标，也是企业经营的综合体现，企业所有的改善都应指向财务指标。所以，平衡计分卡的设计不否认财务数据的重要性，财务目标是管理者在制定战略时首先考虑的目标。财务层面评价企业业绩的方法虽然已经很成熟，但仍具有一定的局限性，并且平衡计分卡还要求企业根据不同发展时期的不同要求，相应地选择不同的财务指标。

从财务的角度看，公司包括"成长""保持（维持）""收获"三大战略方向。与此相匹配，就会形成三个财务性主题："收入成长""成本降低——生产力改进""资产利用——投资战略"。财务方面的评价指标包括以下 3 个方面。

① 收入成长。收入成长因企业所处的发展阶段不同而有所区别，反映收入成长的指标主要有市场收入增长率、销售增长率、经济增加值等。

② 成本降低。成本降低是通过降低直接产品和间接产品及劳务的成本来达到的。用来评价成本降低的主要指标有成本费用利润率、单个员工所创收入等。

③ 资产利用。通过减少营运资本的运用生产出相同数额的产品和劳务，或者是通过资产运用率而不是增加营运资本来完成新增产品的生产。用于评价资产利用率水平的指标有投资收益率、资产收益率、知识资产利润率等。

当然，也可以根据企业的具体要求，设置更加具体的指标，平衡计分卡的财务方面用来体现股东利益，概括反映企业绩效。财务业绩评价方法显示了企业战略实施和执行后的最终经营结果，而这些结果表明了战略的实施是否对企业的利润产生了积极的影响。因此，财务方面是其他三个方面的出发点和归宿。

（2）客户方面（customer）：我们如何满足顾客需要

现代管理理念认为，客户满意度的高低是企业成败的关键，企业要想取得长期的经营绩效，就必须创造出受客户青睐的产品与服务。因此企业的活动必须以客户价值为出发点，只有了解并不断满足顾客的需求，产品的价值才能实现。在平衡计分卡的客户方面，企业要确定实现战略的目标客户和目标市场，并且要制定在目标客户和目标市场中具有较强竞争力的对策，以及为实现这些战略目标的企业业绩评价方法。客户方面的评价指标主要包括以下几种。

① 市场份额。即在一定的市场中（可以是客户的数量，也可以是产品销售的数量）企业销售产品的比例。企业所占市场份额的大小直接影响着企业的经营规模和经营前景。企业还可以计算市场份额的增长比率，以反映市场状况的变化趋势。

② 客户保持率。即企业继续保持与老客户交易关系的比例，也可以理解为顾客忠诚度，可以通过回头客的百分比或现有顾客的交易增长比来计算。企业留住老顾客的能力是企业保持市场份额的关键。实际上，留住老顾客比开发新顾客要容易得多，成本也低得多。

③ 客户获取率。即企业吸引或取得新客户的数量或比例，可以通过新顾客数量与原有顾客数量之比或新顾客交易额与原有顾客交易额之比来计算。企业开发新顾客的能力是企业提高市场份额的关键，所以企业若想扩大自己的市场份额，就应制订在扩大市场中扩大客户来源的计划。

④ 客户满意度。即反映客户对其从企业获得价值的满意程度，可以通过函询、会见等方法来加以估计。客户保持指标和客户获取指标都是结果指标，而客户满意度又是这些结果指标中最为关键的。只有客户满意了，才可能保持或拓展市场，企业才有生存的机会和发展的前景。研究表明，只有在客户购买产品时完全满意或极为满意的情况

下，企业才能指望他们反复购买自己的产品。但客户满意度在评价时有一定的局限性，因为它只是评估态度，而不是实际的行为，所以应与客户保持指标和客户获取指标相结合使用。

⑤ 客户利润贡献率。即企业为客户提供产品或劳务后所取得的利润水平，包括单个客户的利润贡献率和整体客户的利润贡献率。企业不仅要评价同客户做成的交易量，也要评价这些交易是否有利可图。特别是在特定的客户群体中，能否长期获利应成为决定保留或排除客户的关键。

以上 5 个指标存在密切的内在联系，客户满意度决定了客户保持率和客户获取率；客户享受企业的产品和服务，就要支付相应的价款，于是就形成了客户利润贡献率；企业留住老客户和赢得的新客户越多，市场份额就越大，竞争力就越强。以上 5 个指标的关系如图 12－2 所示。

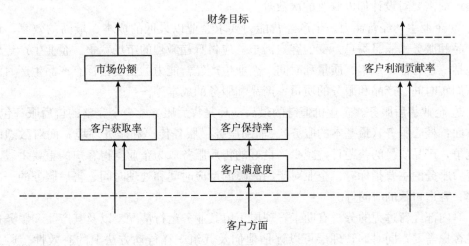

图 12－2　客户方面评价指标的相互关系

（3）内部经营过程方面（internal business processes）：我们必须擅长什么

内部经营过程是指从确定客户的需要开始到开发出能够满足客户需要的产品和服务项目，制造并销售产品和服务，最后提供售后服务、满足客户需要的一系列活动。每个企业都有一套独特的为客户创造价值和产生超额财务回报的流程。内部价值链模型提供了一个便利的模板，帮助企业制定其目标和内部经营过程的衡量手段。一般的价值链包括 3 个主要业务流程，如图 12－3 所示。

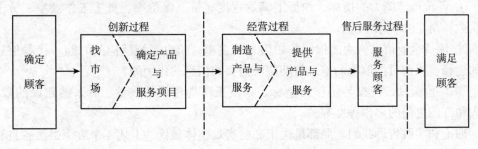

图 12－3　企业内部价值链流程

企业要实现财务目标，保持和吸引客户，就要创造出全新的产品和服务，以满足现有客户和潜在目标客户的需求。平衡计分卡内部经营过程方面的优势在于它既重视改善现有流程，也要求确立全新的流程，并且通过内部经营流程将企业的学习与成长、客户价值与财务目标联系起来。内部经营过程方面的评价指标主要包括 3 个方面。

① 企业创新能力。实际上，客户的满意度与企业的竞争力之间存在密切的联系，企业创新应从客户的需要出发分析整个过程，站在客户的立场上思考提供什么样的产品和服务。企业只有不断创新，才能获得稳定的利润。因此企业必须重视创新能力指标的设计，如研究开发费用率、研究开发成功率、新产品开发所用的时间、新产品销售额在总销售额中所占的比例、第一设计出的产品中可完全满足客户要求的产品所占的比例、在投产前需要对设计加以修改的次数等。

② 企业生产经营能力。生产经营能力要求企业以最低的成本、最高的效率、最好的产品和服务来满足瞬息万变的客户需求，应付日趋激烈的市场竞争。企业生产经营能力包括三个方面：成本、质量和时间。企业生产经营能力的主要指标有产品生产时间和经营周转时间、产品和服务的质量、产品和服务的成本等。

③ 企业售后服务。企业价值链的最后一环是售后服务。一个完整的售后服务包括 4 个方面：核心服务（最基本的服务）、辅助服务、服务传递和服务环境。面对激烈的市场竞争，产品质量的差距日益减少，良好的售后服务成为企业赢得客户的重要手段。企业售后服务的主要指标有：企业对产品故障的反应时间和处理时间、售后服务的一次成功率、客户付款的时间等。

对内部经营过程的分析有助于管理层了解其业务运行情况，以及其产品和服务是否满足客户需要；同时，管理层可以评估他们及其组织在行动方法上的有效性。通过评估，管理者可以发现组织内部存在的问题，并采取相应措施加以改进，进而提高组织内部的管理效率。

（4）学习与成长方面（learning and growth）：我们如何继续发展并创造价值

平衡计分卡的前 3 个层面一般只能揭示人才、系统和程序的现有能力和实现突破性绩效所必需的能力之间的巨大差距。为了弥补这些差距，企业必须投资，以使员工获得新的技能，并理顺企业的流程和日常工作，提高员工满意度。学习与成长方面的评价指标主要包括以下 3 个方面。

① 评价员工能力的指标。如员工满意程度、员工保持率、员工工作效率、员工培训次数、员工知识水平等。

② 评价企业信息能力的指标。如信息覆盖率、信息系统反应的时间、接触信息系统的途径、当前可能取得的信息与期望所需要的信息的比例等。

③ 评价激励、授权与协作的指标。如员工所提建议的数量、所采纳建议的数量、个人和部门之间的协作程度等。

理论和实践告诉我们，局部最优未必能实现整体最优。上述 4 个方面虽然各自有特定的评价对象和指标，但彼此之间存在密切的联系。财务方面是企业最终的追求目标；

要提高企业的利润水平，必须以客户为中心，满足客户需求，提高客户满意度；要满足客户，又必须加强自身建设，提高企业内部运作效率；提高企业内部效率的前提是企业及员工的学习与创新。也就是说，这四个方面构成了一个螺旋式上升的循环。

2. 平衡计分卡的平衡关系

具体来说，平衡计分卡在以下几个方面发挥了传统方法所不能起的平衡作用。

（1）外部和内部之间的平衡

平衡计分卡将评价的视线范围由传统的只注重企业内部评价扩大到企业外部评价，包括股东、客户；同时以全新的视角重新认识企业内部，将以往只看内部结果扩展到既看结果，同时还注意企业内部流程及企业的学习和成长这种企业的无形资产，从而达到企业内、外部的平衡。

（2）成果和执行过程之间的平衡

企业应当清楚其所追求的成果（如利润、市场占有率）和产生这些成果的原因，即动因（如新产品开发投资、员工训练、信息更新）。传统意义上的考核只关注财务这个结果，而不重视导致这个财务结果的行为和过程。这样，很容易掩盖或忽视一些真正重要的问题，也容易滋生管理人员的短期经营行为，不利于组织长期目标的实现。平衡计分卡正是按照因果关系构建的，加大了对执行过程指标的关注，同时结合了指标间的相关性，从而达到了成果和执行过程之间的平衡。

（3）定量和定性之间的平衡

除财务指标外，平衡计分卡增加了客户、内部经营过程和学习与成长方面的指标，使企业一方面追踪财务成果，另一方面关注能使企业提高能力并获得未来增长潜力的无形资产等方面的进展。定量指标所具有的优点是较准确，容易衡量，具有内在的客观性。但定量数据大多基于过去的事件产生，而定性指标由于其具有相当的主观性，甚至具有外部性，所以往往不具有准确性，有时还不容易获得，因而在应用中受到的重视程度不如定量指标，但这并不影响定性指标的相关性、可靠性。平衡计分卡引入定性指标，弥补了定量指标的缺陷，并将定量指标与定性指标结合，使评价体系具有新的实际应用价值。

（4）短期目标和长期目标之间的平衡

由于现代企业面临的环境特点及企业制度的特点，使得企业经理层会更多地关注短期目标，有时候甚至是牺牲长期目标来满足短期目标的实现。如果以系统论的观点来考虑平衡计分卡的实施过程，那么战略是输入，财务是输出，平衡计分卡就是从战略开始，也就是从企业的长期目标开始，逐步分解到短期目标。在关注企业长期发展的同时，平衡计分卡也关注了企业短期目标的实现，从而使企业的战略规划和年度计划很好地结合起来。

正如德鲁克所讲，管理者常常会面临一个困境：一方面，组织要求管理者做到有效性，另一方面，又常常限制或约束管理者做到有效性。平衡计分卡的提出可以较好地解决这个困境，因为它正是根据这一情况设计的，它能够使企业了解自己在未来发展的全方位情况。

3. 实施平衡计分卡的前提条件：企业必须有清晰的发展战略

从企业管理实践来看，平衡计分卡实施成功与否的一个前提条件是企业有无战略。而一个能够适应环境变化，使企业在竞争中立于不败之地的战略又取决于企业有无明确的战略目标。所以企业要想成功实施平衡计分卡就必须有清晰的发展战略，并且把企业的使命和战略转变为可衡量的目标和方法。平衡计分卡的每个角度都有一组绩效考核指标，这些考核指标可能是公司目前的绩效标准，也可能是下一阶段的奋斗目标。

平衡计分卡把业绩评价工作纳入战略管理的全过程，通过建立与整体战略密切相关的业绩评价体系，把企业的战略目标转化成可操作的具体执行目标，使企业的长远目标与近期目标紧密结合，并努力使企业的战略目标渗透到整个企业，成为人们关注的焦点与核心，实现企业行为与战略目标的一致与协调。把经营业绩与企业的战略相联系是平衡计分卡的灵魂。

平衡计分卡的宗旨是帮助企业的中高层就企业的使命，远景，长、中、短期目标，战略行动达成一致，并且作为一个沟通工具，使各个职能部门及其管理人员更加明确自己在企业经营发展战略中的权责，确保战略得以实施。一个设计良好的平衡计分卡如同一张由此岸（企业的现在）去往彼岸（企业的目标）的地图，各关键驱动因素之间如同链条环环相扣，战略实施一目了然。

平衡计分卡建立在一个较为完整而明确的价值链基础上，并通过价值链各个部分的传递来实现其功效。当一个纵向的指标穿越平衡计分卡的四个维度时，从上到下可以传达战略。平衡计分卡绩效管理体系使整个公司把焦点集中在战略上，是一套完整的战略执行理论，并且以支持战略所需要的团队努力为核心，提供了一种能够引发和指导变化过程的机制。

正如卡普兰所指出的："一种战略平衡计分卡制度不仅来源于公司的战略，反过来也应反映公司的战略，实行战略平衡计分卡制度的企业不能只看到战略平衡计分卡的表面现象，更应看到它的实质，看到战略平衡计分卡的目标和衡量手段背后的公司战略。如果战略平衡计分卡制度表现出足够的透明，则足以把公司的战略转变为一整套业绩评估手段。"

4. 平衡计分卡是一种有效的沟通工具

在企业针对大多数经营活动的多种形式的对话中，都可以使用平衡计分卡这一沟通工具。企业通过清晰地定义战略，始终如一地进行组织沟通，并将其与变化驱动因素联系起来，使每个人和每个部门都与战略的独特特征联系起来，用来调整公司的行为，使之与公司的愿景和奋斗目标相一致，还可以用来监控企业的行为，使之保持在平衡计分卡规定的范围内，这样有助于公司采取恰当的行动来实现公司的战略意图。

平衡计分卡还可以用来监控企业的行为，使之保持在平衡计分卡规定的范围内，这样有助于企业采取恰当的行动来实现其战略意图。正如苏泊尔公司平衡计分卡项目负责人所说："平衡计分卡给我们的经理层带来了一种思维上的转变，并且公司内部的沟通也大大加强了，因为平衡计分卡是从纵向、横向来'审察'企业的，这就使各部门不得不进行沟通。平衡计分卡使得部门经理从企业的战略出发，自发地与各部门沟通、横向协助。"戴尔公司董事会主席戴尔说，"在制定战略时，我要和客户进行沟通，和每个员工群体及其他人进行沟通。战略规划的一个关键环节就是把它传达出去。沟通是运营和执行的关键，也是整个流程不可或缺的部分。"

12.1.3　平衡计分卡的评价

平衡计分卡的一个重要创新之处是它实现了战略目标的战术转换，体现了短期目标与长期目标相结合。运用战略平衡计分卡指标体系将企业的战略目标转化为分阶段的战术目标，从而使战略目标分解为分阶段的、具体的、可操作的具体目标和测评指标。指标体系基本能够揭示企业价值创造的动因。

作为综合业绩评价方法，平衡计分卡的意义主要体现在：首先它将目标与战略具体化，加强了内部沟通；其次，它以客户为中心，重视竞争优势的获得和保持；再次，它重视非财务业绩计量，促进了结果考核与过程控制的结合；最后，利用多方面考核，促进了短期利益和长期利益、局部利益和整体利益的均衡。

平衡计分卡是一套新型的绩效管理系统，它将静态的结果（财务指标）和动态的行为过程（非财务指标）有机地结合起来，目的是要克服以财务指标为核心的绩效管理系统的缺陷，帮助企业摆脱困境。

平衡计分卡将创新能力纳入业绩评价体系，鼓励经营者在追求短期利益的同时，充分考虑企业的长远发展。为了促使企业获得长期成功，经营者必须不断提高企业的产品创新能力、服务创新能力、市场创新能力及管理创新能力，以便更好地满足现实的与潜在的消费需求。创新的过程是创造企业未来价值，提高未来财务绩效的过程。平衡计分卡对传统业绩评价体系的创新，有助于增强企业的核心竞争力，提高企业的价值。

平衡计分卡存在的不足之处：一是平衡计分卡的具体指标设计没有充分考虑企业的具体特征，因此不同的企业需要设计不同的指标体系，开发成本很高，且平衡计分卡在理论中并没阐述如何"计分"；二是非财务指标的量化较困难，例如平衡计分卡中的有些指标，如客户满意程度、员工满意程度等，难以进行量化；三是财务指标和非财务指标的权重比例如何确定；四是评估的结果如何与企业的激励机制有机结合；五是它必须以完善的信息系统为基础，如果无法实现，就会出现业绩信息不及时、管理时效性差、上下级指标无法对接等问题。

12.2　平衡计分卡案例应用

12.2.1　平衡计分卡早期使用者成功案例

1. 平衡计分卡应用案例之一：可口可乐（瑞典）饮料公司

可口可乐瑞典饮料公司（CCBS）正在其不断发展的公司中推广平衡计分卡的概念。若干年来，可口可乐公司的其他子公司已经在做这项工作了，但是总公司并没有要求所有的子公司都用这种方式来进行报告和管理控制。

CCBS 采纳了卡普兰和诺顿的建议，从财务层面、客户和消费者层面、内部经营流程层面及组织学习与成长层面四个方面来测量其战略行动。

作为推广平衡计分卡概念的第一步，CCBS 的高层管理人员开了 3 天会议，把公司的综合业务计划作为讨论的基础。在此期间每一位管理人员都要履行下面的步骤：

- 定义远景；
- 设定长期目标（大致的时间范围是 3 年）；
- 描述当前的形势；
- 描述将要采取的战略计划；
- 为不同的体系和测量程序定义参数。

由于 CCBS 刚刚成立，讨论的结果是它需要大量的措施。由于公司处于发展时期，管理层决定形成一种文化和一种连续的体系，在此范围内所有主要的参数都要进行测量。在不同的水平上，把关注的焦点放在与战略行动有关的关键测量上。

在构造公司的平衡计分卡时，高层管理人员已经设法强调了保持各方面平衡的重要性。为了达到该目的，CCBS 使用的是一种循序渐进的过程。

第一步，阐明与战略计划相关的财务措施，然后以这些措施为基础，设定财务目标并且确定为实现这些目标而应当采取的适当行动。

第二步，在客户和消费者方面也重复该过程。在此阶段，初步的问题是"如果我们打算完成我们的财务目标，我们的客户必须怎样看待我们？"

第三步，明确了向客户和消费者转移价值所必需的内部过程。CCBS 管理层问自己的问题是：自己是否具备足够的创新精神、自己是否愿意为了让公司以一种合适的方式发展而变革。经过这些过程，CCBS 能够确保各个方面达到平衡，并且所有的参数和行动都会向同一个方向变化。但是，CCBS 认为在各方达到完全平衡之前有必要把不同的步骤再重复几次。

CCBS 已经把平衡计分卡的概念分解到个人层面上。在 CCBS，很重要的一点就是，只依靠那些个人能够影响到的计量因素来评估个人业绩。这样做的目的是通过测量与他的具体职责相关联的一系列确定目标来考察他的业绩。根据员工在几个指标上的得分而建立奖金制度，这样公司就控制或者聚焦于各种战略计划上了。

在 CCBS 强调的既不是商业计划，也不是预算安排，而且也不把平衡计分卡看成是一成不变的；相反，对所有问题的考虑都是动态的，并且每年都要不断地进行检查和修正。按照 CCBS 的说法，在推广平衡计分卡概念过程中最大的挑战是：既要寻找各层面的不同测量方法之间的适当平衡，又要确保能够获得所有将该概念推广下去所需要的信息系统。此外，要获得成功，重要的一点是每个人都要确保及时提交所有的信息。信息的提交也要考虑在业绩表现里。

2. 平衡计分卡应用案例之二：沃尔沃汽车公司

自从 1993 年与雷诺汽车公司的兼并计划被取消以来，整个沃尔沃集团经历了重大的变革。首先，公司把大量的时间与资源花在了阐明沃尔沃集团各个子公司的远景与战略上。1995 年年初，沃尔沃汽车公司提出了新愿景："成为世界上最理想、最成功的专业汽车品牌"。基于该愿景，公司为每个部门都阐明了详细的战略。通过以行动为基础的商业计划，这些战略在整个公司得以实施。

在阐明战略的过程中，公司的管理层意识到沃尔沃集团的预算和计划体系无法提供可靠的预测，管理控制体系没有正确地估计技术、产品及成为市场上有力竞争者所需要的进程。公司需要一个灵活的管理控制工具，该工具能够模拟现实情况并且能够对商业环境中的变化做出快速反应。这些因素导致公司开始引入"新计划过程"。

新计划过程是一种报告和控制，在该过程中公司一年中至少准备 4 次长期预测和短期预测，同时还把关注的焦点放在目标和当前的经营计划上。新计划过程不强调预算安排，甚至会传递这样一种信息："不需要预算。"依照管理的要求，预算已经成为一种形式。

利用新计划过程，沃尔沃汽车公司想把关注的焦点从细节转向目标。沃尔沃汽车公司认为决策的制定应该尽可能地靠近客户。这就要求有一个能够提供早期预警信号的管理控制体系，一旦现实情况开始偏离预期，应该采取积极行动来使公司朝着已经确定的目标调整。

沃尔沃汽车公司的管理控制是通过测量各个部门的业绩指标来进行的，业绩指标以图形显示在平衡计分卡上。业绩指标应该是相关的和易于测量的，并且它们应该包含货币或者非货币的参数，而且它们在短期和长期应该与财务业绩或者资本使用之间有直接或者间接的联系。

每一个业绩指标都对应相应的目标，目标设定过程应该开始于对部门理想状况的清晰定义。通常情况下，在业务发展和战略阐明过程中这个步骤已经完成了，下一步是引导部门朝着理想情况发展。关键的成功要素指标变成可测量的目标，目标应该是有可能实现的、便于理解的、能够分解为次要目标并能够应用于公司不同部门的。应该设定完成每个目标的最后期限，对目标实现的过程能够进行短期或长期的预测。

长期预测每季度进行一次，短期预测按月进行分解。长期预测是针对未来两年的，这样包括过去的两年，就有 5 年的时间段在被关注的范围内。用这种方法，可以警告沃尔沃汽车公司的管理层注意将要发生的变化，并采取相应的行动策略。在一年中，绩效的评估是连续不断地对每一个绩效指标都进行经常的预测和控制。

沃尔沃汽车公司业绩报告包括沃尔沃汽车公司各部门提交的报告。在业绩指标的基础上通过平衡计分卡对每一个部门进行监督（指标事先由沃尔沃汽车公司的质量管理人员确定）。除了平衡计分卡，还要对趋势、差异及值得关注的事件发表评论；对任何差异都要提出一个行动计划。这种报告不仅要用书面形式加以记录，而且在每月举行的会议上还要同 CEO 或者 CFO 进行口头陈述。根据沃尔沃汽车公司业绩报告，公司的管理层了解到许多业绩指标的完成情况，包括利润、客户的满意程度、质量、成本及营运资本等。

通过不断比较真实业绩与预期业绩，公司总是可以保证有一套行动计划来完成确定的目标。按照沃尔沃汽车公司的规定，这些特点构成了业绩报告和年度预算之间的主要区别。但是，存在一个扩展的目标设定过程，在此过程中值得注意的是短期目标和长期目标总是保持不变，而预期目标却经常随着实际情况的改变而进行修正。因此，也可以看到补救行动计划是如何较好地完成的。

3. 其他平衡计分卡应用成功案例

美孚石油美国营销及炼油事业部于 1993 年引入平衡计分卡，帮助美孚从一个高度中央集权的、以生产为导向的石油公司转变为一个分散的、以客户为导向的组织。产生的结果是迅速和富有戏剧性的。1995 年，美孚的行业利润率从最后一名跃居第一名，并连续四年保持了这个地位（1995—1998 年）。不良现金流发生了戏剧性转变，投资回报率位居同行业榜首。

信诺保险集团财产及意外险事业部于 1993 年引入平衡计分卡，帮助信诺从一个亏损的多元化经营者，转变成一个位居行业前列、专注主营业务的企业。其结果同样迅速且富有戏剧性。两年内，信诺扭亏为盈。1998 年，该公司的绩效迈入行业的前四分之一强。

Brown&Root 能源服务集团 Rockwater 分公司于 1993 年引进了平衡计分卡，用以帮助两个新合并的工程公司明确战略并达成共识，将他们从低成本的小贩转变为有高附加值的合作伙伴。平衡计分卡的设计过程被用于构建团队、鉴别客户价值目标的不同观点及为企业目标达成共识。1996 年，该公司的增长率和获利率均在本行业位居榜首。

汉华银行（现在的汉华大通）于 1993 年引入平衡计分卡，以帮助银行吸收一家并购银行。3 年内，其获利率增长了 20%。

12.2.2 万科公司平衡计分卡应用分析

1. 万科公司背景介绍

（1）万科公司简介

万科企业股份有限公司成立于 1984 年，1988 年进入房地产行业，是目前中国最大的专业住宅开发企业。一直以来，万科以其绝对领先的销售业绩稳居中国房地产行业龙头老大地位。万科在制度和流程管理上拥有健全和成熟的企业系统，并善于不断创新，在企业内部形成了"忠实于制度""忠实于流程"的价值观和企业文化，在众多房地产开发商中，万科以品牌、服务和规模获取高价值。在发展过程中万科凭借治理和道德准则上的优秀表现，连续六次获得"中国最受尊敬企业"称号，并先后登上《福布斯》"全球 200 家最佳中小企业""亚洲最佳小企业 200 强""亚洲最优 50 大上市公司"排行榜。

多年来，万科以其稳健的经营、良好的业绩和规范透明的管理赢得了投资者和社会各界的好评。

（2）万科公司的企业文化

万科的企业文化主要有四点：一是客户是我们永远的伙伴；二是人才是万科的资本；三是"阳光照亮的体制"；四是持续的增长和领跑。可以看出，强烈的客户意识贯串于万科的企业价值观中，而这四点正好可以与平衡计分卡的客户、内部流程管理、成长与创新等理念相呼应，可见万科的企业文化为引进平衡计分卡奠定了基础。

（3）万科公司的管理组织

万科通过专注于住宅开发行业，建立起完善的内部控制制度体系和先进的人力资源管理系统，组建专业化团队，树立专业品牌，以"万科化"的企业文化（简单不复杂；规范不权谋；透明不黑箱；责任不放任）享誉业内。

（4）万科公司运用平衡计分卡的历程

对企业利润过度关注，对于利润无节制地攫取，单纯依靠阅读财务报表来把握企业，这是大多数企业的传统做法。但万科在这个过程中感受到了自身业务和管理上的发展瓶颈。在关注企业可持续发展能力的基础上，万科在2000年进行了人力资源部的新定位，开始接触并实践平衡计分卡，平衡计分卡的引入正是奠定在人力资源部门新定位的基础之上。

平衡计分卡在万科的运用是逐年推动、循序渐进的。万科从2001年引进平衡计分卡的概念，并主动在管理层推进，一线经理们在这个过程中开始意识到平衡计分卡的好处；2002年平衡计分卡初具规模；2003年，平衡计分卡在万科基本上扎下了根。在应用平衡计分卡的过程中，万科用文字明确总结了公司的宗旨远景价值观，形成了滚动的中期战略制定与检讨系统，开展了每年一度的集团战略全国宣讲活动，发展并完善了对公司的评价指标库并用来考核所有一线公司。

万科引进平衡计分卡的原因主要有两点：一是万科很早就投入大量精力进行企业制度建设，而平衡计分卡所倡导的管理思想正好弥补了万科自身业务和管理上的缺陷，为万科积极引进并应用提供了可能；二是平衡计分卡作为一种管理工具，必须要与企业本身的价值与理念互相契合，才能够被平稳地嵌入，平衡计分卡在强调可持续性发展方面，非常适合万科。

2. 万科公司的战略地图

战略地图是以平衡计分卡的四个层面目标（财务层面、客户层面、内部经营过程层面、学习与成长层面）为核心，通过分析这四个层面目标的相互关系而绘制的企业战略因果关系图。其核心内容包括：企业只有通过运用人力资本、信息资本和组织资本等无形资产（学习与成长），才能创新和建立战略优势和效率（内部经营过程），进而使公司把特定价值带给市场（客户），从而实现股东价值（财务）。通过绘制战略地图，可以帮助企业较全面地阐释它们的战略与主张，并找出其中的因果关系，通过学习与成长层面推进到关键业务的内部流程，进而传递到目标客户的价值主张，最终的目的是企业的利益最大化，这里的利益兼顾短期和长期，更重在企业的可持续发展。

图12-4为万科平衡计分卡初步确定时采用的战略地图。

以下从四个层面分析万科的企业战略。

（1）财务层面

万科以股东利益最大化为财务目标。

在短期维度方面，万科提出"住宅产业化"以缩短研发周期、降低研发成本及研发导致的其他成本、提升所研发产品的品质感。提高资产利用率、降低成本，增加收入机会——分别从生产率战略和收入增长战略对财务层面的总目标进行分拆。

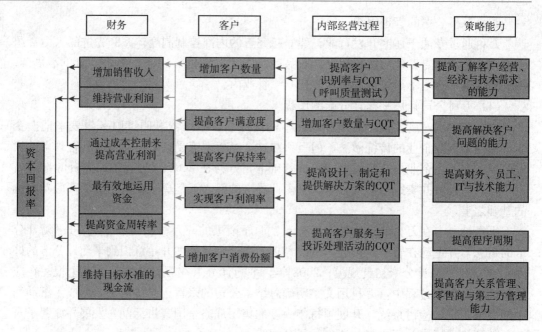

图 12-4　万科的战略地图

在长期维度方面，万科广州副总付凯的文章《用平衡计分卡透视万科》中关于财务层面曾着重强调了可持续发展问题。万科提出了"以客户为中心"的概念，兼顾客户心理与实质质量的需求，强调其服务质量，以提高客户忠诚度。

万科在财务层面的战略制定中充分考量了长、短期战略平衡的问题，从 2002 年深圳万科金色家园、2003 年天津万科花园新城、2004 年武汉万科四季花城遭遇客户群诉的事件中，吸取教训，看重长久的效应与持续的增长，为此可以放弃短期效应，注重保持客户群体及品牌价值。

为体现这样的长期指标，万科对"营业收入"进行了细致的分解，提出"万科的定位是客户的终身锁定，从他大学毕业刚刚进入职场时的小户型公寓，到他娶妻生子的三居室，再到他事业有成时身份象征的独立别墅，一直到他退休后入住的老年住宅，万科都要做。万科已经不再将自己定位于只做城乡接合部中高档房的公司了，而是为客户提供终身所需要的地产产品"。

（2）客户层面

对于客户，万科从"未来业主、准业主和业主的视角"进行分析。在万科的价值观里，"客户是我们永远的伙伴"被列在第一条，这是对万科平衡计分卡客户维度的总结性阐释。强调客户至上、以客户为中心的概念，并将这种主张与绩效评价挂钩，贯彻到每个万科职工的价值观中。

客户的满意来自于产品，更来自于服务。为此，万科成立了万科会员俱乐部，借以联系万科与客户之间的情感。该俱乐部被誉为万科第五专业的客户关系中心，承载着防止客户满意度受损、修复已经受损的客户关系、创造性提升客户满意度和客户价值的职责。

万科客户层面的描述，同样可以用上述第一方面中万科的定位来阐释，其强调了针对不同阶段的人士的需要提供不同的住宅，"为客户提供终身所需要的地产产品"。

（3）内部经营过程层面

在关键流程的选择定位上，万科提出"抓大放小"。在剖析价值链后，万科提出了"住房产业化"的概念。为此，关于产品研发周期，万科内部有个说法叫"三五二"——三个月做定位与规划设计、五个月做实施方案、两个月做施工图。

万科集团创始人王石说："房地产是存在技术层面优势的，其中重要的就是产业化的程度，整体上看，中国住宅产业化的程度不过是 5％，而万科已经做到 8％，明显高于同行业的平均水平。这个数字是不是就表明万科做得很好了呢？让我们看看日本，它的住宅产业化程度已经达到了 64％，一比你就看出来，万科的差距有多大。未来五年，万科的目标是将住宅产业化程度提高到 50％。"

（4）学习与成长层面

在这一层面上，万科关注的是"核心竞争力"，其运作与管理系统、职业经理人、企业文化构成了万科平衡计分卡的第四维度。

经过多年的积累，万科已经积累了一系列业务与管理方面的规范与流程，经过多年的使用和完善，这套系统已经成为万科核心竞争力的重要组成部分，对公司的健康、持续、高速发展起到了决定作用。

在这套制度基础上，万科的总经理郁亮提出："制度不是万能的，因为制度的执行是有成本的。而以'七个尊重'为核心的人文精神和企业价值观的形成和认可，是万科这套系统正常运转、制度真正执行、指引充分使用的基石，这才是万科最珍贵的。"郁亮所说的"七个尊重"，源自《万科周刊》的一篇文章：用心尊重人。所谓用心，指平等、理解、信任、公平的回报、发展空间、严格的要求和宽容。

以下是万科的核心企业价值观。

第一，客户是我们永远的伙伴。

- 客户是最稀缺的资源，是万科存在的全部理由。
- 尊重客户，理解客户，持续提供超越客户期望的产品和服务，引导积极、健康的现代生活方式。这是万科一直坚持和倡导的理念。
- 在客户眼中，我们每一位员工都代表万科。
- 我们 1％的失误，对于客户而言，就是 100％的损失。
- 衡量我们成功与否的最重要的标准，是我们让客户满意的程度。
- 与客户一起成长，让万科在投诉中完美。

第二，人才是万科的资本。

- 热忱投入，出色完成本职工作的人是公司最宝贵的资源。
- 尊重人，为优秀的人才创造一个和谐、富有激情的环境，是万科成功的首要因素。
- 我们尊重每一位员工的个性，尊重员工的个人意愿，尊重员工的选择权利；所有的员工在人格上人人平等，在发展机会面前人人平等；万科提供良好的劳动环境，营造和谐的工作氛围，倡导简单而真诚的人际关系。

- 职业经理团队是万科人才理念的具体体现。持续培养专业化、富有激情和创造力的职业经理队伍，是万科创立和发展的一项重要使命。
- 我们倡导"健康丰盛的人生"。工作不仅仅是谋生的手段，工作本身应该能够给我们带来快乐和成就感。在工作之外，我们鼓励所有的员工追求身心的健康，追求家庭的和睦，追求个人生活内容的极大丰富。
- 学习是一种生活方式。

第三，"阳光照亮的体制"。

- 专业化 ＋ 规范化 ＋ 透明度 ＝ 万科化。
- 规范、诚信、进取是万科的经营之道。
- 我们鼓励各种形式的沟通，提倡信息共享，反对暗箱操作。
- 反对任何形式的官僚主义。

第四，持续的增长和领跑。

- 万科给自己的定位是，做中国房地产行业的领跑者。
- 通过市场创新、产品创新、服务创新和制度创新，追求有质量、有效率的持续增长，是万科实现行业领跑、创造丰盛人生的唯一途径。
- 在新经济时代，万科要以大为小、灵活应变、锐意进取，永怀理想与激情，持续超越自己的成绩，持续超越客户的期望。

3. 万科公司的平衡计分卡

为了避免企业一味追求短期利润而忽略可持续发展，万科于 2001 年引进平衡计分卡，两年后该体系逐渐成熟。下面从平衡计分卡的四个层面对万科进行分析，如图 12-5和图 12-6 所示。

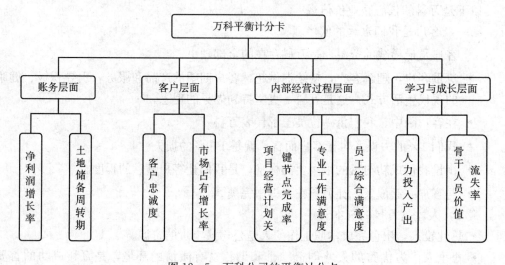

图 12-5　万科公司的平衡计分卡

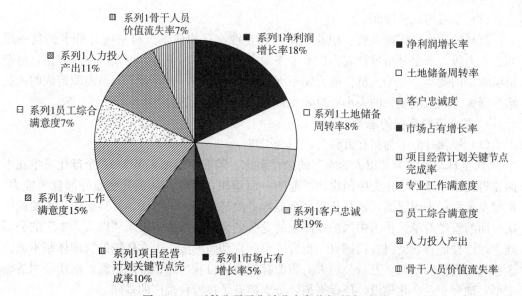

图 12-6 万科公司平衡计分卡各指标所占比重

（1）财务层面

财务报表是公司经营的结果，但万科的平衡计分卡的财务维度不仅如此，还用净利润、集团资源回报率考核各一线公司；同时，各一线公司还要证明在上述财务指标之外，公司实现了价值的增值，这些价值不以实际利润的形式存在，但能影响一段时期的收益。例如土地储备周转期，周转期越短，该资产带来利润的能力就越强。

（2）客户层面

"客户是我们永远的伙伴"被列在万科价值观里的第一条，是对万科平衡计分卡客户维度的总结性阐释。有研究表明：客户忠诚度提升 5％，公司利润提升 25％~85％。万科从 2002 年开始聘请独立第三方进行客户满意度和忠诚度调查，从 2003 年开始，集团总部设立总额为 100 万元的客户忠诚度大奖，用于奖励在客户忠诚度建设方面成果最突出的一线公司，从 2004 年开始，客户忠诚度下降的一线公司受到总部通报批评……这一系列动作，都表明万科对客户层面的重视程度在同行业中处于领先地位。

（3）内部经营过程层面

内部经营过程维度，需要回答的问题是：为支持客户维度和财务维度，万科需塑造产品与服务的哪些独特属性。此处我们以项目经营计划关键节点完成率为例。万科共分了 14 个节点：取得国土使用权证；交地；完成方案设计；完成初步设计；完成施工图设计；取得施工许可证；项目开工；售楼处、样板区开放；取得预售许可证；开盘；景观施工进场；竣工备案；交房；交房完成率 95％。不影响上述 14 个关键节点的，各职能部门可自行调整计划，只需将结果抄送公司；影响上述 14 个节点中取得国土使用权证、项目开工、开盘、竣工备案、交房节点的，各职能部门必须上报公司，由公司严格考核项目关键节点的按时达成率。专业工作满意度和员工综合满意度由公司内部问卷调查完成，旨在了解员工总体满意度和改善后的情况，进而提高产品质量。

（4）学习与成长层面

万科的运作与管理系统、职业经理人和企业文化构成了万科平衡计分卡的这一层面。人力投入产出是指单位人力成本带来的净利润，表示了人力投入产生的回报，可衡量组织部门效率；骨干人员价值流失率则从相反的角度，表现骨干人员离职造成的人员培养损失，从造成损失的大小衡量公司骨干人员的保有能力。

4. 关于万科实例的思考

（1）平衡计分卡为何在万科公司顺利引进

① 全球化竞争与"以人为本"的公司理念。随着中国加入 WTO，全球化竞争在中国显得越来越激烈，作为中国房地产业的一面旗帜，不论是从提升企业外部竞争能力、拓宽企业发展渠道层面，还是从提高企业本身内部管理水平方面，万科公司都需要做一次全面的管理改革。作为中国房地产业的龙头老大，万科公司秉承"以人为本"的公司理念，这样的理念使得公司拥有一批肯干事、肯动脑的员工，在传统的管理体制不适应企业发展需要的时候，万科公司人力资源部门能够自我反思、推陈出新，推动公司战略变革，加强企业文化建设，使得平衡计分卡拥有了在万科推广的基础。

② 公司的制度基础使得平衡计分卡的运用成为可能。平衡计分卡自 1992 年提出以来，已经为许多公司所应用并证明了其在企业管理中的有效性。但作为现代企业新的战略管理体系，平衡计分卡有它的应用前提。平衡计分卡的实施，需要企业有完善的战略管理体系、人力资源管理体系及全面的质量管理体系，这使得许多尚未建立完善的现代企业制度、基础管理水平薄弱的中小企业望尘莫及，而万科公司很早就投入了大量的精力进行企业制度建设，公司的内部管理水平本来就优于同业，运用更高层次的战略管理系统也就顺其自然了。

③ 平衡计分卡与公司的发展理念相契合。平衡计分卡作为一种管理工具，必须要与企业本身的价值与理念互相契合，才能够被平稳地嵌入。平衡计分卡在强调可持续性发展方面，确实非常符合万科的心思，它体现的正是万科在前 20 年发展历程中所总结的"均好"的特质。"正是当时的万科感受到自身业务和管理上的发展遇到瓶颈之时接触到了平衡计分卡。而平衡计分卡所倡导的管理思想与我们当时的想法比较吻合，所以我们才会对平衡计分卡如此倾心"。

（2）万科引用平衡计分卡的逻辑路径

在充分了解了平衡计分卡理论之后，结合自身发展实际，万科公司首先进行了自我定位，通过各个层次的沟通，确定了企业的使命、远景与战略，在此基础上绘制了企业战略地图，从财务、客户、内部经营过程和学习与成长四个维度出发，对公司全面进行战略定位。之后以战略地图为基础，建立了平衡计分卡的各项考核指标，将战略转化为行动，使得平衡计分卡能够真正在公司中得到推广运行。在运行过程中，不断对各个维度的战略进行发展与深化，对各个层面的指标进行完善与改进，使之适应公司不断发展与创新的需要，从而使得平衡计分卡始终以一种全新的状态在公司运行。

（3）万科成功运用平衡计分卡的原因

① 业绩评价与企业战略相结合。平衡计分卡把企业战略与业绩评价系统联系起来，通过各项细化指标达到微观与宏观的结合。作为以房地产业为主的万科公司，其在运用

过程中，在宏观层面，将平衡计分卡与企业的最终发展目标相结合，走自主发展与创新发展的道路，从而达到了战略的率先性；在微观层面，将平衡计分卡与员工的绩效评价相结合，将每一项指标细化到每一个员工身上，责任到人。这种运用方式使得企业的业绩考核与长期发展相吻合，必然促进企业的不断进步。

② 循序渐进，逐步引入，逐层改进。万科公司在引入平衡计分卡的时候，并不是大刀阔斧地全面变革，在最初引入时由于对该体系的理解不透彻，公司也遇到了一些挫折，之后公司吸取教训，放缓脚步，逐年推动，循序渐进。从 2001 年开始，每一年的老总在述职中必须包括平衡计分卡的推进情况，一线经理们在这个过程中开始意识到平衡计分卡的好处；2002 年平衡计分卡初具规模；2003 年，平衡计分卡在万科基本上扎下了根，这一年万科用平衡计分卡考核集团下 16 家一线公司的销售业绩，考核结果直接与一线公司老总的奖金挂钩，同时一线公司将平衡计分卡指标体系分解到自己的部门，最后在一些关键部门将一些部门指标分解到关键的具体员工，这样便促成了平衡计分卡的成功。

（4）平衡计分卡的优、缺点

作为新的企业战略管理体系，平衡计分卡有着其特有的功能。首先，它从公司整体角度出发，强调营销、生产、研发、财务、人力资源等部门之间的协调统一，争取整体最优；其次，平衡计分卡不仅考虑到了短期收益，而且考虑到了公司的长期持久发展，目光长远；再次，平衡计分卡有助于推动企业跨部门团队合作，增强了企业内部的横向联系，使得企业实现信息共享；最后，与传统的业绩评价体系相比，平衡计分卡考虑了非财务的指标，将财务数据以外的信息纳入考核范围，能够更全面地衡量公司的整体成绩。

但是在实用过程中，平衡计分卡的运用还是有一定难度的，这主要体现在非量化指标上。在平衡计分卡的指标体系中，有大量的非量化指标，如客户满意度、客户忠诚度、员工满意度等，这些指标具有较大的灵活性，在具体操作层面具有一定的困难。此外，某些可以量化的指标也难以得到准确的数据，如市场占有率等，对企业数据信息统计造成了一定障碍。

（5）与平衡计分卡相符合的激励机制

设立与平衡计分卡业绩评价系统相配合的员工激励机制，有助于提高公司整体工作层面的进取心，提高企业效益。赋予平衡计分卡四个维度的各项指标以一定的权重，最终加权平均以确定员工的奖惩程度，可以使得平衡计分卡贯穿公司各项作业的始终，如合理运用，将会收到意想不到的结果。

本 章 小 结

平衡计分卡是一张从财务、客户、内部经营过程、学习和成长四个角度出发，应用一系列绩效考核指标，描述组织经营活动行为的表格。

平衡计分卡的基本思路是：将涉及企业表面现象和深层实质、短期结果和长期发展、内部状况和外部环境的各种因素划分为四个主要方面，并针对各个方面的目标，设计出相应的评价指标，以便系统、全面地反映企业的整体运营情况，为企业的战略管理服务。

作为综合业绩评价方法，平衡计分卡的意义主要体现在：首先它将目标与战略具体化，加强了内部沟通；其次，它以客户为中心，重视竞争优势的获得和保持；再次，它重视非财务业绩计量，促进了结果考核与过程控制的结合；最后，利用多方面考核所具有的综合，促进了短期利益和长期利益、局部利益和整体利益的均衡。

思 考 题

1. 什么是平衡计分卡？其特点和内容分别是什么？
2. 编制平衡计分卡一般需要哪几个步骤？
3. 平衡计分卡有哪些优点和缺点？

第13章

战略管理会计

学习目标与要求

通过本章的学习，了解战略管理的内涵、基本程序及层次；了解战略管理会计的内涵、特点及基本内容。

13.1 战略管理概述

1. 战略与战略管理的含义

"战略"一词来自希腊语 strategos，其含义是"将军指挥军队的艺术"。在我国，《辞海》中对"战略"一词的定义是："军事名词。对战争全局的筹划和指挥。它依据敌对双方的军事、政治、经济、地理等因素，照顾战争全局的各方面，规定军事力量的准备和运用。"随着经济的发展，"战略"一词已经被广泛应用于社会、经济、文化、教育和科技等领域。概括地说，"战略"是指重大的、全局性的、长远性的谋划。

"战略管理"一词是 1976 年由美国学者安索夫在《从战略计划走向战略管理》一书中首先提出的。战略管理的重点不是战略而是动态的管理，它是一种全新的管理思想与方式。它的特点是，指导企业全部活动的是企业战略，全部管理活动的重点是制定战略和实施战略。战略管理的任务就在于，通过战略制定、战略实施、监控和评价战略业绩及必要时的战略调整，实现企业的战略目标。综上所述，战略管理是确定企业使命，根据企业外部环境和内部经营要素设定企业的组织目标，保证目标的正确落实并使企业使命最终得以实现的一个动态过程。

2. 战略管理的基本程序

战略管理的基本程序是从根据企业内外部环境分析制定战略开始，到评价和控制战略管理，最后又回到企业内外部环境分析的一整套贯串企业管理始终的循环过程。

（1）制定战略

由企业高层管理者分析企业的内外部经营环境，明确企业的目标，选择企业的战略，制定企业的政策。

（2）战略实施

在明确企业战略后，就要建立一个战略实施计划，将企业战略具体化，使之在时间安排和资源分配上有所保障。要根据新战略来调整企业的组织形式、人员配备、领导方式、财务计划、生产管理制度、企业文化等各项管理活动，目的是通过这些战略措施使企业战略的实施更为有效。

（3）战略的评价和控制

战略实施到一定阶段，应对其执行的过程和结果及时进行评价，并将评价后所得到的信息及时、准确地反馈到企业新的战略管理的各个环节中，并加以改善。当出现战略实施的进度和结果与原计划有偏差时，企业管理当局应该从战略实施的计划体系、实施措施或企业的政策、战略、目标、宗旨等方面进行检查纠正。值得注意的是，如果这种偏差源于企业外部经营环境中的关键因素发生了重大或根本性的变化，而不是源于企业自身，那么企业的整个战略都要重新制定。

3. 战略管理的基本层次

企业总体战略管理、经营部门战略管理及职能部门战略管理构成了一个企业的战略管理层次，它们之间相互作用、紧密联系。只有企业战略管理的各个层次相互配合、密切协调才能增强企业的凝聚力，才能更有效地贯彻与实施企业战略。

（1）企业总体战略管理

企业总体战略管理是企业最高管理层为整个企业确定的长期目标和发展总方向。一方面，从企业全局出发，根据内外部环境选择企业所从事的经营范围和领域；另一方面，在确定所从事的业务后，明确发展方向，并以此为基础在各经营管理部门之间进行资源分配，以实现企业整体的战略意图，这也是企业战略实施的关键所在。

（2）经营部门战略管理

经营部门战略管理包括竞争战略管理和合作战略管理，它处于战略管理的第二个层次，它把企业总体战略中规定的方向和意图具体化，是针对各项经营事业的目标和策略。

（3）职能部门战略管理

职能部门战略管理主要是确定各职能部门（如生产、市场、财会、研究与开发、人事等部门）的近期经营目标和近期经营策略。它是在高层次战略方针的指导下，规划出如何充分发挥人力、物力和财力，创造出优异的工作业绩，为实现企业总体的战略目标服务。

13.2 战略管理会计概述

1. 战略管理会计的产生

20 世纪 80 年代以来，企业面临的制造环境发生了很大的变化，企业的竞争日趋激烈，而传统管理会计在成本计算系统、成本控制系统和业绩报告系统等方面已不适应新的制造环境。企业管理也逐步发展到战略管理阶段。鉴于传统管理会计存在上述问题，为适应战略管理的需要，战略管理会计逐渐形成。1981 年英国学者西蒙斯首次提出了"战略管理会计"一词，他也被公认为是战略管理会计之父。

2. 战略管理会计的内涵

关于战略管理会计的定义有很多观点。

西蒙斯认为："战略管理会计是提供并分析有关企业和其竞争者的管理会计数据，以发展和监督企业的战略。"他认为战略管理会计应该侧重于本企业和竞争对手的对比，收集竞争对手关于市场份额、定价、成本、产量等方面的信息，并认为"战略管理会计"就是未来管理会计发展的方向。

布罗姆威奇（Bromwich）和比姆尼（Bhimani）相互合作，在发表的 CIMA 论文中，将战略管理会计定义为："提供并分析有关公司产品市场和竞争者成本及成本结构的财务信息，监控一定期间内企业及竞争对手的战略。"

克拉克（Clarke）将战略管理会计的主要要素归结为："从战略角度提供有关公司市场和竞争者信息，同时也强调内部信息。"

目前，在经济发达国家，该理论仍处于发展初期，无论是基本内容还是基本方法都尚未成熟化、规范化。但无论何种观点，对战略管理会计需要解决的主要问题的看法是基本一致的，即如何适应变化中的内外部条件，企业资源在内部如何分配与利用，如何使企业内部之间协调行动以取得整体上更优的战略效果。

本书认为，战略管理会计是以实现企业价值最大化为目标，从战略的角度审视企业内部和外部信息，搜集、加工和整理企业财务信息与非财务信息、数量信息与非数量信息，并据此来帮助管理当局进行战略的制定、执行和考评，揭示企业在整个行业中的地位及其发展前景，建立预警分析系统，以维持和发展企业持久的竞争优势。

总之，战略管理会计是在当今企业经营环境瞬息万变、全球化市场竞争空前激烈的情况下，为满足现代企业实施战略管理的特定信息需要而建立的新的管理会计信息系统。它对现代会计体系将产生深远的影响。

3. 战略管理会计的目标

战略管理会计的目标是指战略管理会计工作预期将要达到的目的，它可以分为最终目标、直接目标和具体目标三个层次。

战略管理会计的最终目标应与企业的总目标一致。传统管理会计的最终目标是利润最大化。它能促使企业加强核算和管理，但是没有考虑企业的长远规划和市场经济条件下重要的因素——风险。战略管理会计克服了利润最大化的短视性和忽略市场风险因素的缺点，立足于企业的长远发展，考虑了货币时间价值和风险因素，把企业价值最大化作为自己的最终目标。

战略管理会计的直接目标是为企业战略管理和决策提供信息支持，该信息应包括有助于企业实现战略目标的财务信息和非财务信息。

战略管理会计的具体目标主要包括以下四个方面：协助管理当局确定战略目标；协助管理当局编制战略规划；协助管理当局实施战略规划；协助管理当局评价战略管理业绩。

4. 战略管理会计的特点

战略管理会计之所以产生并发展，既是配合企业战略管理的兴起，也是原有管理会计自身基本思想、基本理论和基本方法不断丰富和发展的产物。对比传统管理会计，战略管理会计具有以下几方面的特点。

（1）会计主体范围的广泛性

传统的管理会计发挥的预测、决策、规划、控制和考评的职能只限于企业本身这个会计主体。而战略管理会计超越了某一会计主体范围，延伸到企业之外更为广泛的领域。例如，企业所处的宏观经济环境、社会文化背景和经济法律制度，尤为重要的是企业所处的行业竞争环境、竞争对手的状况等领域。

（2）开放性

传统管理会计是一种"封闭型"的管理会计，强调对企业内部管理服务的职能，忽视了企业所处的外部环境。而战略管理会计从企业战略管理的角度出发把目光不仅放在本企业内部，还更多地投向了影响企业的外部环境，提供超越企业本身的更全面、更有用的信息，是一种"开放型"的管理会计。这些外部环境（如经济市场、经济政策、法律制度、竞争对手、顾客等）的变化都会影响企业的战略目标。因此，开放的战略管理会计，增强了管理会计信息的相关性和有用性。

（3）长远性和整体性

传统的管理会计着眼于有限的会计期间，以"利润最大化"为目标，注重短期利润最大，忽视了企业长远的经济利益。战略管理会计从时间的角度来看，超越了单一的期间界限，着眼于企业的长远发展，着重从长期竞争地位的变化中把握企业未来的发展方向；战略管理会计从空间的角度来看，就是把企业管理作为一个整体，以企业管理的整体目标为最高目标，通过不同部门之间相互协调和配合保证目标的实现。因此，战略管理会计需要为企业提供适用于企业评价、分析和控制整体经营战略的全面信息。

（4）多样性

传统管理会计提供的会计信息局限于财务货币信息，而战略管理会计将信息扩展到更广的范围和更深的层次，包括财务的、非财务的、数量的、非数量的等各方面的信息，目的在于帮助企业高层领导在进行战略管理和决策时，能从更广阔的视野和更深的层次去分析研究。

（5）及时性和有效性

传统管理会计的业绩报告一般是每月或每周编报一次，因为大多数企业的管理会计系统是手工系统，管理会计信息及时性不高。而当今企业处于高度机械化和自动化制造环境中，企业内外部环境处在不断变化中，这就使得战略管理在信息需求的数量上和速度上大大提高。因此在当今电算化的管理会计信息系统下，编制管理会计业绩报告的时间大为缩短，使得管理会计在问题发生的当时或当天就能提供相关的信息。

（6）风险管理性

战略管理会计能把握各种潜在的机会，回避各种可能的风险。例如，从事多种经营而导致的风险；由于流动性差导致的风险；由于行业结构发生变化导致的风险等。

5. 战略管理会计的基本假设

战略管理会计的基本假设是实现战略管理会计目标的前提条件，它同传统会计一样也是建立在会计主体、会计分期、持续经营和货币计量四个方面的基本假设基础上，但是内容有所不同。

（1）会计主体多元化假设

会计主体是对会计活动空间范围的界定。传统的财务会计和管理会计都把会计主体局限于一个企业或一个单位，仅仅提供一个会计主体的信息。在战略管理条件下，会计主体一元化假设已经不适用于战略管理会计，必须加以修正。战略管理会计在会计主体上应具有更大的灵活性，它不再局限于单个企业或企业内各责任单位，还应包括整个企业集团或跨国企业及企业的外部环境，如竞争对手等。它既可以是上述实体单位，又可以是诸如网络企业那样的虚拟单位。因此，战略管理会计的会计主体不再是单一主体，而是多重主体或虚拟主体。

（2）灵活分期假设

虽然战略管理会计在很多领域还涉及会计分期，但已不局限于月、季、年的传统分期，而是根据企业自身情况灵活进行分期，并且借助于信息技术的高速发展，将来完全有可能以事项会计为基础，实现报告的实时性。灵活分期假设即把企业持续不断的经营活动和分析、决策、评价活动划分为一定的期间，以便及时提供有用的信息。战略管理会计的分期根据企业战略管理的实际需要进行，具有很大的灵活性。可以短到 1 天、1 周或 1 季，也可以长到 10 年、20 年，而不受财务会计的月、季、年分期的限制。

（3）持续经营假设

虽然从目前及长远的发展情况来看，经济活动日趋复杂，金融创新工具不断涌现，企业风险不可避免，并且企业随时都有破产或被兼并的可能。但是，在进行战略管理会计理论研究时，仍有必要回避企业所面临的各种生存风险，为企业设定一个无期限的运行方式，以此作为战略管理会计运行的必要前提。持续经营假设是指战略管理会计主体在可预见的未来不会被清算或终止，企业将无限期地延续下去，唯有如此，才能确保战略管理会计的一系列原则和专门方法稳定而有效地得到运用。战略管理会计致力于企业长期发展和长期竞争力的培养，尤其需要强调设立这一假设的特殊意义。

（4）货币与非货币计量假设

知识经济时代，大量非货币信息充斥于社会经济活动中。管理的重心将从有形资产转向无形资产，从财务资源转向知识资源。战略管理不仅要利用货币计量的信息，尤其要利用非货币计量的信息，这就要求战略管理会计除提供必要的财务信息外，还要比传统管理会计提供更多的非财务信息，如产品质量、市场占有率、顾客满意程度等。显然，传统的货币计量手段无法满足这一要求，因此采用多种计量手段是战略管理会计科学而现实的选择。货币与非货币计量假设是指战略管理会计在进行预测、决策、控制、分析和业绩评价时，除使用大量的货币计量手段外，还要使用大量的非货币计量手段，如以实物量、时间量、相对数等为单位进行计量。

13.3　战略管理会计的基本内容

如前所述，战略管理过程是由战略制定、战略实施、战略评价和控制三个环节构成，相应地，战略管理会计的基本内容也应当包括战略制定会计、战略实施会计和战略评价和控制会计三项，它们既分别服务于战略管理的相应环节，又相互联系，形成一个完整战略管理会计内容体系。此外，由于战略管理会计的开放性，有助于企业在外部环境中处于优势地位的战略成本管理也是战略管理会计的重要内容。结合多方观点，本书认为战略管理会计的基本内容应包括以下几个方面。

（1）战略分析

战略分析是制定企业战略目标的前提。战略分析具体又包括企业外部环境分析（包括经济环境、竞争环境）和企业内部环境（资源条件）分析。通过对企业内外部环境的战略分析，使企业更好地把握当前和未来所面临的机会与威胁及优势与劣势，制定出既切合实际又可行的战略目标。

（2）战略决策分析

战略决策分析就是在战略分析的基础上，制订出各种备选战略方案，并运用各种管理会计方法，对备选方案进行分析评价，选出最优的战略方案的过程。战略决策分析应包括企业总体战略决策分析、经营部门战略决策分析、职能部门战略决策分析及长期投资决策分析。

（3）构建平衡计分卡

通过战略分析和战略决策分析，可以帮助企业确定战略目标。然而，战略管理的关键在于实施。20世纪80年代末平衡计分卡的出现解决了战略实施问题。平衡计分卡是哈佛大学教授Robert Kaplan与诺朗顿研究院的David Norton于20世纪90年代在《平衡计分卡：良好绩效评价体系》一文中提出的一种新的绩效评价体系，该计划的目的在于找出超越传统的以财务会计量度为主的绩效衡量模式，以使组织的"策略"能够转变为"行动"。平衡计分卡从财务、顾客、内部业务流程、员工学习与成长这四个维度，将企业的战略进行了系统化、定量化和具体化。它很好地平衡了近期与远期目标、财务与非财务指标、内部与外部因素之间的关系，将企业战略有效地转化为组织各个层次的行动。自20世纪90年代出现以来，它被公认为是一种卓越的企业战略实施和业绩衡量的管理工具，获得日益广泛的应用。因此，构建平衡计分卡（包括组织各个层次的平衡计分卡，即分级平衡计分卡）是战略实施会计的重要内容。

（4）全面预算

全面预算不仅是传统管理会计实施规划职能的重要手段，而且还是保证战略实施的重要手段。现行的全面预算的编制存在很多问题，其中一个重要问题就是，很多企业的预算与战略联系不紧密。解决这个问题的一个途径就是采用"平衡计分卡驱动预算程序"。该程序首先根据企业战略编制战略预算，然后以分级的平衡计分卡确定的各种目标、指标、目的为依据编制各级的经营预算和财务预算，从而使得投资支持平衡计分卡目的的实现，以及最终保证企业战略和战略目标的完成。

（5）战略成本管理

正如成本管理是传统管理会计的重要内容一样，战略成本管理也是战略管理会计的重要内容。战略成本管理产生于20世纪八九十年代的发达资本主义国家，它是指为了获得和保持企业持久竞争优势而进行的成本分析和成本管理，即根据企业所采取的战略建立相应的成本管理系统。战略成本管理的方法包括战略定位分析、战略成本动因分析、价值链分析、目标成本计算和改进成本计算、产品生命周期成本计算等。

(6) 风险管理

企业所处的不断变化的经济环境和竞争环境决定了企业的任何一项经济行为都会有一定的风险。一般而言，报酬与风险是并存的，报酬越大，风险也就越大。风险增加到一定程度，就会威胁企业的生存。由于战略管理会计着重研究全局的、长远的战略性问题，因此它必须考虑风险问题。而战略管理会计会针对企业在经营与投资管理中所面临的风险，采用一些方法进行分散和管理。例如，采用资产重组、投资组合、并购与联营等方法。

(7) 战略业绩评价

战略业绩评价是将业绩评价指标与企业所实施的战略相结合进行分析和评价，针对企业不同的战略目标，采用不同的业绩评价体系。战略业绩评价是一个过程，包括以下几个步骤：选出必须评价的业绩；规定业绩标准；测定实际业绩；将实际业绩与业绩标准进行比较，揭示差异，并分析原因。战略业绩评价包括财务与非财务业绩指标的评价。对于责任中心财务业绩指标的评价，可以采用传统的责任会计方法；对于责任中心非财务业绩指标的评价，则要以分级的平衡计分卡为依据，收集并加工数据，定期编制报告，做出业绩评价。

以上内容中，第 (1)、(2) 项属于战略制定会计的内容；第 (3)、(4)、(5)、(6) 项属于战略实施会计的内容；第 (7) 项属于战略评价会计的内容。它们共同构成了一个逻辑清晰的战略管理会计的基本内容体系。

13.4 战略管理会计的方法

战略管理会计在其长期的理论研究和实践探索中，形成了许多有别于传统管理会计的全新的方法。下面主要介绍以下几种方法。

(1) 作业成本计算

作业成本法是基于作业的成本计算法，是指以作业为间接费用归集对象，通过资源动因的确认、计量，归集资源费用到作业上，再通过作业动因的确认、计量，归集作业成本到产品或顾客上去的间接费用分配方法。它既是核算产品成本的一种方法，又是以生产方式的计算机化、自动化为基础，同适时生产系统（JIT）与全面质量管理（TCM）紧密结合的一种成本管理方法。按照作业成本法的原理，企业每完成一项作业，都要消耗一定的资源，同时也对最终产品产生价值增值的作用，一系列作业都应该成为企业产品价值增值的动力，最终产品凝结了各个作业链所形成的最终提供给客户的价值，这一价值的形成和增值过程就叫作价值链。所以，作业链就表现为价值链，即作业的转移伴随着价值的转移。作业成本计算是以作业为中心，通过确认企业设计、生产、销售等经营过程中所有与产品相关的作业及相应资源耗费，按成本动因分配计量作业成本，对所有作业活动进行动态的反映，尽可能消除"不增值作业"，改进"增值作业"，优化"作业链"和"价值链"，从而得出相对合理的产品成本，为经营决策提供有用的信息。

（2）价值链分析法

一项产品或服务从设计到最后交到消费者手中，需要经过一系列的增加环节，每个环节都聚集了一定的成本，同时形成一定的价值，直到最后构成转移给顾客的价值。这一系列的环节，就形成了价值链。美国学者迈克尔·波特将价值链分为横向价值链和纵向价值链。从横向角度看，波特将企业行为分为九种相关的活动，包括基本活动（进货、生产、发货、营销、售后服务五个环节）和辅助活动（采购、技术开发、人力资源管理、一般管理四个环节）。价值链上的每项活动都占用着企业的资源，消耗一定的成本，因此每项活动的成本要受到所分配的资源的数量和使用效率的影响。为了获得竞争优势，就必须分析各项活动的成本效益状况，将资源和成本分配到这些活动中去，然后确定每项活动的成本动因并将其影响予以数量化，从而揭示出各种成本动因的相对重要程度。从纵向角度看，是从整个行业对价值增值活动进行规划，考虑供应商、经销商和顾客在价值链中的作用与影响。通过以上分析来了解企业当前所处的地位，以及各个环节对其价值形成的作用，从而确定企业由目前的位置沿着价值链向前向后延伸是否有利可图，以提高企业的整体优势。

（3）竞争对手分析

当今竞争战略是建立在与竞争对手对比基础上的，不能准确地判断竞争对手就无法制定可行的竞争战略。竞争对手分析主要是从市场的角度，通过对竞争对手的分析来考察企业的竞争地位，为企业的战略决策提供信息。对竞争对手的分析包括：竞争对手是谁；竞争对手的目标和所采取的战略措施及其成功的可能性；竞争对手的竞争优势和劣势；面临外部企业的挑战，竞争对手是如何反应的。

（4）产品寿命周期分析

任何产品投入市场后最终都会被新产品取代然后退出市场，都存在一个生命周期。根据产品生命周期理论，这一周期可分为产品投放期、增长期、成熟期和衰退期。在不同的阶段，企业会面临不同的机会和挑战，应采取不同的竞争战略。如在投放期，主要关注消费者的满意度和产品的缺陷，以便在技术上改进和完善；在成长期，主要以提高市场占有率为目标；在成熟期，主要以保持市场份额和竞争地位为目标；在衰退期，主要以维护生产能力和力争现金流入为目标，甚至不惜牺牲部分市场份额。

（5）质量成本分析

在全面质量管理制度和适时采购与制造系统下，为了使产品达到零缺陷，企业开始非常重视质量成本分析。质量成本分析是以质量成本核算提供的数据为基础，结合相关的计划、定额、统计和技术资料，运用一定的方法对产品质量各组成因素变动的内因和外因及相互间的关系进行的分析。产品质量成本可分为预防成本、鉴定成本、内部损失成本和外部损失成本。质量成本分析有利于企业完成质量成本计划，激励和评价各种改进质量的业绩，从更新的角度进行全面质量管理。

应当指出，战略管理会计的方法远不止以上几种，并且会随着战略管理会计的发展而不断发展和完善。

思 考 题

1. 简述战略管理的基本程序。
2. 简述战略管理的基本层次。
3. 简述战略管理会计的特点。
4. 简述战略管理会计的基本内容。

习题参考答案

第1章

一、单项选择题

1. D   2. D   3. C

二、多项选择题

1. ABCDE   2. ABC

第2章

一、单项选择题

1. C   2. D   3. A   4. C   5. B

二、多项选择题

1. ACD   2. ABC   3. BCD   4. AB

三、计算题

1. 混合成本为 $y = 724 + 267x$

2. $y = 36 + 0.31x$

3. （1）高低点法

高点：$x_1 = 400, y_1 = 1\,520$

低点：$x_2 = 280, y_2 = 1\,100$

高低点法的混合成本公式为 $y = 120 + 3.5x$

回归直线法的混合成本公式为 $y = 107.6 + 3.61x$

（2）1 623.8 元

4. （1）$y = 15\,000 + 0.35x$ （2）162 750 元

5. （1）$y = 160 + 20x$ （2）26 160 元

第3章

一、单项选择题

1. B   2. D   3. B   4. C   5. C   6. D

二、多项选择题

1. ABCD   2. AB   3. ABD   4. AB   5. ABCD   6. ABCD

三、计算题

1. （1）两种方法下单位产品成本

	完全成本法/元	变动成本法/元
第一年	4＋24 000/6 000＝8	4
第二年	4＋24 000/8 000＝7	4
第三年	4＋24 000/4 000＝10	4

（2）两种方法下期末存货成本

	完全成本法/元	变动成本法/元
第一年	0×8＝0	0×4＝0
第二年	2 000×7＝14 000	2 000×4＝8 000
第三年	0×10＝0	0×4＝0

（3）两种方法下期初存货成本

	完全成本法/元	变动成本法/元
第一年	0	0
第二年	0×8＝0	0×4＝0
第三年	2 000×7＝14 000	2 000×4＝8 000

（4）两种方法下各年营业利润

	完全成本法/元	变动成本法/元
第一年	6 000×10－48 000－6 000＝6 000	6 000×10－4×6 000－（6 000＋24 000）＝6 000
第二年	6 000×10－42 000－6 000＝12 000	6 000×10－4×6 000－（6 000＋24 000）＝6 000
第三年	6 000×10－54 000－6 000＝0	6 000×10－4×6 000－（6 000＋24 000）＝6 000

（5）

	两种成本法营业利润差额	完全成本法期末存货固定制造费用－期初存货固定制造费用
第一年	6 000－6 000＝0	0×4－0＝0
第二年	12 000－6 000＝6 000	2 000×3－0×4＝6 000
第三年	0－6 000＝－6 000	0×6－2 000×3＝－6 000

2.（1）完全成本法

职能式利润表

项目	第一年	第二年
销售收入	20 000×15＝300 000	30 000×15＝450 000
销售成本	20 000×11＝220 000	360 000
期初存货成本	0	10 000×11＝110 000
本期制造成本	30 000×（5＋180 000/30 000）	24 000×（5＋180 000/24 000）＝300 000
减：期末存货成本	10 000×11	4 000×12.5＝50 000
营业毛利	80 000	90 000
期间费用	25 000	25 000
税前利润	55 000	65 000

（2）变动成本法

贡献式利润表

项　目	第一年	第二年
销售收入	300 000	450 000
变动成本	20 000×5＝100 000	30 000×5＝150 000
贡献毛益	200 000	300 000
固定成本	180 000＋25 000＝205 000	205 000
税前利润	－5 000	95 000

第一年完全成本法和变动成本法差异（60 000元）＝完全成本法下期末存货固定制造费用－期初存货固定制造费用＝10 000×6－0＝60 000元。

第二年完全成本法和变动成本法差异（－30 000元）＝完全成本法下期末存货固定制造费用－期初存货固定制造费用＝4 000×7.5－10 000×6＝－30 000元。

3.（1）变动成本法

项　目	第一季度	第二季度	第三季度	第四季度
销售收入	0	0	0	500 000×20＝10 000 000
变动成本	0	0	0	500 000×10＝5 000 000
贡献毛益	0	0	0	5 000 000
固定成本	50 000＋2 000＝52 000	52 000	52 000	52 000
税前利润	－52 000	－52 000	－52 000	4 948 000

（2）完全成本法

项　目	第一季度	第二季度	第三季度	第四季度
销售收入	0	0	0	10 000 000
销售成本	0	0	0	5 200 000
期初存货成本	0	1 050 000	2 300 000	3 650 000
本期制造成本	100 000 (10＋50 000/100 000) ＝1 050 000	120 000 (10＋50 000/120 000) ＝1 250 000	130 000 (10＋50 000/130 000) ＝1 350 000	150 000 (10＋50 000/150 000) ＝1 550 000
减：期末存货成本	1 050 000	2 300 000	3 650 000	0
营业毛利	0	0	0	4 800 000
期间费用	2 000	2 000	2 000	2 000
税前利润	－2 000	－2 000	－2 000	4 798 000

4.（1）完全成本法单位产品成本＝（20 000＋15 000＋40 000）/5 000＝15（元）

变动成本法单位产品成本＝（20 000＋15 000＋20 000）/5 000＝11（元）

（2）完全成本法利润＝4 000×20－4 000×15－10 000＝10 000（元）

变动成本法利润＝4 000×20－4 000×11－20 000－10 000＝6 000（元）

5. 根据题意，本期制造成本为150 000元，生产量为10 000件，单位成本为15元。

单位固定制造费用＝40 000/10 000＝4（元）

单位变动成本＝15－4＝11（元）

变动成本法

贡献式利润表

20×4年　　　　　　　　　　　　　　　　　　　　　　单位：元

销售收入	200 000
变动成本	8 000×11＝88 000
贡献毛益	112 000
固定成本	40 000＋50 000＝90 000
税前利润	22 000

完全成本法和变动成本法差异（8 000元）＝完全成本法下期末存货固定制造费用－期初存货固定制造费用＝2 000×4－0＝8 000（元）

6.（1）

职能式利润表

单位：元

销售收入	2 400 000
销售成本	1 740 000
期初存货成本	0
本期制造成本	840 000＋900 000＝1 740 000
减：期末存货成本	0
营业毛利	660 000
期间费用	120 000＋300 000＝420 000
税前利润	240 000

（2）完全成本法

职能式利润表

单位：元

销售收入	7 000×400＝2 800 000
销售成本	7 000×290＝2 030 000
期初存货成本	1 500×290
本期制造成本	6 000×290
减：期末存货成本	500×290
营业毛利	770 000
期间费用	300 000＋（120 000/6 000×7 000）＝440 000
税前利润	330 000

变动成本法

贡献式利润表

单位：元

销售收入	7 000×400＝2 800 000
变动成本	7 000×140＝980 000 120 000/6 000×7 000＝140 000
贡献毛益	1 680 000
固定成本	1 200 000
税前利润	480 000

第4章

一、单项选择题

1. D   2. A   3. A   4. A   5. C   6. D

二、多项选择题

1. ABCD   2. BCD   3. ABC   4. ABCD   5. CD

三、计算题

1. (1) 50 元

   (2) 4 200 件；129 000 元

   (3) 184 285.71 元

   (4) 6 500 件

   (5) 42 514.29 元

2. (1) 盈亏临界点销售量为 3 000 件，保本作业率为 60%

   (2) MS＝2 000 件，MSR＝40%

3. 盈亏临界点的销售额为 200 000 元

4. (1) 单位变动成本为 1 元；单位边际贡献为 4；盈亏临界点销售量为 30 件

   (2) 11 元

5. (1) 10 000 件，100 000 元

   (2) MSR＝20%

6. A 产品的保本销售量为 1 600 件，保本销售额为 72 000 元；B 产品的保本销售量为 1 000 件，保本销售额为 88 000 元；综合保本额为 160 000 元

7. 多品种产品的保本额为 180 000 元；甲品种的保本额为 54 000 元；乙品种的保本额为 54 000 元；丙品种的保本额为 72 000 元；全部产品盈利额为 5 100 元

8. (1) 保本销售额为 50 000 元；税前利润 4 000 元

   (2) 保本销售额为 50 887.85 元；税前利润为 4 596 元

   (3) 略

   (4) 略

第5章

一、单项选择题

1. A   2. D   3. D   4. C   5. D

二、多项选择题

1. BD   2. ABCDEF   3. ABD   4. ABD   5. BCDE

三、计算分析题

1. 108 800 元

2. （1）算术平均法：44 000 万元

   加权平均法：44 500 万元

   （2）指数平滑法：44 200 万元

3. 高低点法：$y = 8\,500 + 375x$

   当 $x = 115$ 台时，$y = 8\,500 + 375 \times 115 = 51\,625$（元），单位成本 ≈ 449 元

   回归分析法：$y = 11\,360 + 312x$

   当 $x = 115$ 时，$y = 11\,360 + 315 \times 115 = 47\,240$（元），单位成本 ≈ 411 元

4. 1.5

5. （1）5

   （2）32 000 元

   （3）100 件

6. 105 个单位

第6章

一、单项选择题

1. B   2. D   3. C   4. B   5. D

二、多项选择题

1. ABC   2. BC   3. ABCD   4. ABCD

三、计算分析题

1. （1）

优选产品 B

项　目	产品 A	产品 B
销售单价/（元/件）	45	30
单位变动成本/元	12	15
单位贡献毛益/元	33	15
剩余生产能力/小时	12 000	12 000
单位产品定额台时/（小时/件）	5	2
预计可生产量/件	2 400	6 000
贡献毛益总额/元	79 200	90 000

（2）

优选产品 A

项 目	产品 A	产品 B
销售单价/（元/件）	45	30
单位变动成本/元	12	15
单位贡献毛益/元	33	15
剩余生产能力/h	12 000	12 000
单位产品定额台时/（h/件）	5	2
预计可生产量/件	2 400	6 000
贡献毛益总额/元	79 200	90 000
新增专属成本/元	20 000	40 000
剩余贡献毛益总额/元	59 200	50 000

2.（1）

深加工，开发 B 产品

方 案	A 产品	B 产品	差量
相关收入/元	100 000×5＝500 000	80 000×10＝800 000	−300 000
相关成本/元	0	80 000×3＝240 000	−240 000
相关损益/元			−60 000

（2）

A 产品直接出售

方 案	A 产品	B 产品	差量
相关收入/元	100 000×5＋30 000＝530 000	80 000×10＝800 000	−270 000
相关成本/元	0	80 000×3＋60 000＝300 000	−300 000
相关损益/元			30 000

3.（1）

优选外购

方 案	自制	外购	差量
相关收入/元	0	0	0
相关成本/元	3 600＋85 000＋3 000＝91 600	4 000＋105 000＝109 000	−17 400
相关损益/元			17 400

因为差量损益大于 0，所以选择自制方案。

（2）当年需要量为 650 件时，两方案均可；当年需要量小于 650 件时，自制方案；当年需要量大于 650 件时，外购方案。

4.（1）不应考虑调价。

（2）应考虑调价。

第 7 章

一、单项选择题

1. B　　2. D　　3. B　　4. D　　5. A　　6. C　　7. B　　8. B　　9. A　　10. C

二、多项选择题

1. BCD　　2. ABCD　　3. BCD　　4. ABDE　　5. ABC　　6. ABC　　7. BC

三、计算题

1. 由于还款现值大于贷款现值，所以外商计算错误。

2. （1）$NCF_0 = -200$（万元），$NCF_1 = 0$，$NCF_{2\sim6} = 60 + 40 = 100$（万元）

（2）144.62 万元，可行

3. （1）$NCF_0 = -100$（万元），$NCF_{1\sim4} = 20 + 19 = 39$（万元），

$NCF_5 = 20 + 19 + 5 = 44$（万元）

（2）投资回收期为 2.56 年，投资报酬率为 20%

（3）50.95 万元

4. （1）1 000 万元

（2）300 万元

（3）5 年（不包括建设期），7 年（包括建设期）

（4）92.95 万元

5. 因为 B 机器的平均年成本小于 A 机器的平均年成本，所以应选用 B 机器。

第 8 章

一、单项选择题

1. D　　2. C　　3. B　　4. B　　5. A　　6. A　　7. C　　8. C　　9. D　　10. A

11. D

二、多项选择题

1. AD　　2. BC　　3. ABC　　4. ABC　　5. ABCDE　　6. ABCDE　　7. ABCD

8. ABDE　　9. BCD　　10. ABCE

三、计算题

1. （1）138 500　　（2）−12 259　　（3）28 000

（4）15 741　　（5）15 691　　（6）143 250

（7）29 000　　（8）1 250　　（9）17 152

（10）17 152　　（11）32 248　　（12）28 474

（13）7 000　　（14）87.5　　（15）21 386.5

2.

现金预算表　　　　　　　　　　　　　　　　　　　　　单位：元

摘　　要	第一季度	第二季度	第三季度	第四季度	全年合计
期初现金余额	8 000	5 000	5 000	5 000	8 000
加：现金收入	60 000	70 000	96 000	95 000	321 000

续表

摘　　要	第一季度	第二季度	第三季度	第四季度	全年合计
可动用现金合计	68 000	75 000	101 000	100 000	329 000
减：现金支出					
直接材料	35 000	45 000	48 000	35 000	163 000
制造费用	25 000	30 000	30 000	28 000	113 000
购置设备	8 000	8 000	10 000	10 000	36 000
支付股利	2 000	2 000	2 000	2 000	8 000
现金支出合计	70 000	85 000	90 000	75 000	320 000
现金余缺	(2 000)	(10 000)	11 000	25 000	9 000
银行借款（期初）	7 000	15 000	—	—	22 000
归还本息（期末）	—	—	(6 000)	(17 000)	(23 000)
期末现金余额	5 000	5 000	5 000	8 000	8 000

3.

利达公司现金预算表

单位：元

项　目	季度				全年
	一	二	三	四	
期初余额	4 000	10 800	10 040	10 780	4 000
现金收入	60 000	75 000	85 000	100 000	320 000
现金支出					
材　料	35 000	32 000	28 000	30 000	125 000
人　工	31 000	33 000	30 500	29 000	123 500
其　他	24 000	22 000	21 000	25 000	92 000
购置固定资产	16 000				16 000
现金余额	(42 000)	(1 200)	15 540	26 780	(32 500)
银行借款	55 000	14 000	0	0	69 000
归还银行借款	0	0	2 000	14 000	16 000
支付利息	2 200	2 760	2 760	2 680	10 400
期末余额	10 800	10 040	10 780	10 100	10 100

第 9 章

一、单项选择题

1. A　　2. A　　3. C　　4. A　　5. C　　6. D　　7. A

二、多项选择题

1. ABCDE   2. BCE   3. CE   4. ABCD   5. BC   6. ACE

三、计算题

1. （1）－1 328 元

（2）直接材料价格差异为－1 200 元，直接材料数量差异为－128 元

2. 人工成本总差异为 4 900 元，工资率差异为 2 500 元，人工效率差异为 2 400 元

3. （1）4 个

（2）5 657 件

（3）2 000 件

4. 由于增加的净收益大于零，故应调整经营的品种。

5. 4 000 kg，应采购 5 000 kg

6. 2 078.46 kg

7. 应采用折扣购货

第 10 章

一、单项选择题

1. B   2. C   3. D   4. A   5. D

二、多项选择题

1. ABCD   2. ABC   3. ABD   4. A D   5. BCD

三、计算题

单位：元

作业中心	成本库	动因量	动因率	甲产品	乙产品
材料处理	18 000	600	30	12 000	6 000
材料采购	25 000	500	50	17 500	7 500
使用机器	35 000	2 000	17.5	21 000	14 000
设备维修	22 000	1 100	20	14 000	8 000
质量控制	20 000	400	50	12 500	7 500
产品运输	16 000	80	200	10 000	6 000
合计总成本	136 000			87 000	49 000
单位成本				96.67	163.33

第 11 章　责任会计

一、单项选择题

1. D   2. B

二、多项选择题

1. ABC   2. ADE   3. AC   4. ABCDE   5. ADE

参 考 文 献

[1] 孙茂竹，文光伟，杨万贵. 管理会计学. 6 版. 北京：中国人民大学出版社，2012.

[2] 余绪缨，汪一凡. 管理会计学. 3 版. 北京：中国人民大学出版社，2010.

[3] 曹海敏. 管理会计学. 北京：北京交通大学出版社，2004.

[4] 吴大军，牛彦秀，王满. 管理会计. 大连：东北财经大学出版社，2005.

[5] 潘飞. 管理会计. 北京：清华大学出版社，2007.

[6] 刘运国. 管理会计学. 北京：中国人民大学出版社，2011.

[7] 王文清，甘永生. 管理会计. 北京：清华大学出版社，2007.

[8] 张巧良，牛成喆. 管理会计学. 北京：经济科学出版社，2006.

[9] 钟新桥，龙子午. 管理会计学. 武汉：武汉理工大学出版社，2007.

[10] 余恕莲. 管理会计. 北京：对外经济贸易大学出版社，2004.

[11] 高树凤. 管理会计. 北京：清华大学出版社，2006.

[12] 张华伦. 管理会计. 西安：西安交通大学出版社，2009.

[13] 葛家澍，常勋. 管理会计. 沈阳：辽宁人民出版社，2009.

[14] 刘金星，薛祖云. 管理会计. 上海：上海财经大学出版社，2009.

[15] 亨格瑞. 管理会计. 北京：北京大学出版社，2011.

[16] 余恕莲，李相志，吴革. 管理会计. 北京：对外经济贸易大学出版社，2013.

[17] 冯巧根. 管理会计. 北京：中国人民大学出版社，2013.

[18] 许萍. 管理会计. 厦门：厦门大学出版社，2010.

[19] 张一贞，胡静. 管理会计. 上海：上海财经大学出版社，2013.

[20] 孙世敏. 管理会计. 北京：清华大学出版社，2013.

[21] 林万祥. 成本会计研究. 北京：机械工业出版社，2008.

[22] 王平心. 作业成本计算理论与应用研究. 大连：东北财经大学出版社，2001.

[23] 王广宇，丁华明. 作业成本管理：内部改进与价值评估的企业方略. 北京：清华大学出版社，2005.

[24] 胡玉明. 管理会计研究. 北京：机械工业出版社，2008.